新媒体视域下大学生教育管理研究

乔　晶　著

中国水利水电出版社
www.waterpub.com.cn
·北京·

内 容 提 要

本书主要围绕新媒体视域下大学生教育管理进行深入探讨。全书内容包括：新媒体概述（新媒体的界定、特征、影响、发展）、大学生网络心理行为与教育辅导、大学生事务管理的内容与发展历程、大学生事务管理的理论基础与方法、大学生就业形势与就业准备（就业形势分析、必备素质、应聘技巧）、大学生创业资源与创业准备、大学生创业团队建设与创新能力培养、新媒体视域下大学生教育管理的手段、高校大学生事务管理网站的建设及应用。

本书可供高校中学生管理方向的教师、学生以及相关研究人员参考。

图书在版编目（CIP）数据

新媒体视域下大学生教育管理研究／乔晶著. —北京：中国水利水电出版社，2018.10

ISBN 978-7-5170-7114-3

Ⅰ.①新… Ⅱ.①乔… Ⅲ.①大学生—教育管理—研究 Ⅳ.①G645.5

中国版本图书馆 CIP 数据核字（2018）第 249141 号

责任编辑：陈 洁　　　　封面设计：王 斌

书　　名	新媒体视域下大学生教育管理研究 XIN MEITI SHIYU XIA DAXUESHENG JIAOYU GUANLI YANJIU	
作　　者	乔 晶 著	
出版发行	中国水利水电出版社 （北京市海淀区玉渊潭南路 1 号 D 座　100038） 网址：www. waterpub. com. cn E-mail：mchannel@ 263. net （万水） 　　　　　sales@ waterpub. com. cn 电话：（010）68367658 （营销中心）、82562819 （万水）	
经　　售	全国各地新华书店和相关出版物销售网点	
排　　版	北京万水电子信息有限公司	
印　　刷	三河市元兴印务有限公司	
规　　格	170mm×230mm　16 开本　16.75 印张　297 千字	
版　　次	2019 年 1 月第 1 版　2019 年 1 月第 1 次印刷	
印　　数	0001—3000 册	
定　　价	72.00 元	

前　言

随着时代的进步，以互联网技术为代表的新技术革命已经推动人类进入信息化社会，为人们创造了新的生活、学习、交往方式。对于高校而言，互联网这一新事物使得新媒体视域下的大学生教育管理面临新的机遇与挑战，原因就在于互联网对大学生的影响十分深远。如今，在信息化时代背景下，高校如何有效加强并改进大学生教育管理研究，提高工作的时代性与实效性，已成为大学生教育管理工作者的重要课题之一。

近些年来，相关学者对大学生新媒体视域教育管理的研究还存在许多空白。为了在一定程度上填补该空白，推动大学生教育管理的发展，作者撰写了本书。

本书共分九章，第一章主要围绕新媒体进行大致阐述；第二章对大学生网络心理行为与教育辅导进行了具体探讨；第三章主要围绕大学生事务管理的内容与发展历程进行具体阐述；第四章对大学生事务管理的理论基础与方法做了一番探讨；第五章重点讨论了大学生就业形势与就业准备；第六章对大学生创业资源与创业准备进行了分析；第七章针对大学生创业团队建设与创新能力培养展开具体论述；第八章对新媒体视域下大学生教育管理的手段展开具体探讨；第九章作为本书的最后一章，主要论述了高校大学生事务管理网站的建设及应用。

大体上讲，本书内容翔实，具有一定的学术价值，力图从基本概念出发建立基本理论体系，同时结合了一些最新的教育案例，以激发读者的阅读兴趣，增强读者对新媒体视域下大学生教育管理研究的全面认识和理解。

本书是在参考大量文献的基础上，结合作者多年的教育与研究经验撰写而成的。在本书的撰写过程中，作者得到了许多专家学者的帮助，在这里表示真诚的感谢。另外，由于作者的水平有限，虽然经过了反复的修改，但书中仍难免会存在疏漏之处，恳请广大读者批评指正。

作者
2018 年 6 月

目　录

第一章　新媒体概述

随着第三次科技革命的开展，新的媒介载体如雨后春笋般不断涌出。从过去 15—17 世纪只能依靠远渡重洋才能发现地球的广大无垠，到现如今依靠卫星、网络技术，就可以轻松地与地球上任何角落的人联系。这在依靠口语传播、印刷传播和电子传播的时代是无法想象的。

新媒体对全世界各行各业的影响是广泛的、深远的，它不仅改变我们的生活方式和思维习惯，也深刻地影响着各个国家的政治、经济的发展。各国纷纷利用新媒体作为国家政策方针的宣传工具，新媒体的非线性传播特征和跨边界国际传播影响力，为全球人民构筑了一个全新的信息传播空间。

但新媒体传播所具有的多元性、复杂性、广泛性等特点，使得传播内容出现信息真假难辨、价值观引导混乱等问题，同时，新媒体技术又是意识形态传播的一种有效手段，因此许多西方国家开展了与 YouTube、Facebook、MOOC 平台等新媒体媒介的合作，利用新媒体传播手段对人们的社会生活全面渗透。

为促进我国政府工作的透明性，保证人民群众参与公共事务的热情，我国不同区域、不同职能的政府部门也积极开设微博、微信等账号，借以发布官方信息。新媒体高速发展所营造的一个全新信息传播环境，使社会化媒体以势不可挡的势头渗透到世界各国政治、经济、思想以及文化等诸多领域，推动了全球一体化迅速发展，加强了各国之间的联系。

第一节　新媒体的界定与特征

新媒体作为一个新兴的网络技术，它产生于虚拟的网络环境之中，并且随着技术的发展而处于一个动态的变化发展过程里，因此，对于新媒体的界定，不同的研究者和应用者会从不同角度对其进行概括，并且作为一种相对的概念，吸引着更多的学者从新的角度进行研究。随着对新媒体概念的内涵和外延研究内容的日趋丰富，对新媒体概念和特征的界定也不再仅仅局限于技术层面，还需要从社会环境和用户心理特点等层面进行分析。

一、新媒体的定义

1967年美国哥伦比亚广播电视网（CBS）技术研究所所长戈尔德马克发表的一份关于开发电子录像（EVR）的报告中，他把电子录像称为"新媒体"。两年之后，美国传播政策总统特别委员会主席罗斯托在向尼克松总统提交的报告书中多次使用"新媒体"一词，由此，"新媒体"一词开始在美国社会流行并逐渐扩展到全世界。新媒体是一个相对的概念，是在报刊、广播、电视等传统媒体之后发展起来的新媒体形态，包括网络媒体、手机媒体、数字电视等。新媒体也是一个宽泛的概念，包含了利用数字技术、网络技术，通过互联网、宽带局域网、无线通信网、卫星等渠道，以及计算机、手机、数字电视机等终端，向用户提供信息和娱乐服务的传播形态，严格地说，新媒体应该称为数字化新媒体。

目前，不同学者由于研究角度的不同，对新媒体的定义也各不相同，从国内的研究现状来看，清华大学新闻与传播学院熊澄宇教授从技术的角度上认为，新媒体是指依托于计算机技术出现和影响的媒体形态。

上海戏剧学院的学者陈永东重点从新媒体与传统媒体差异性进行研究，提出："新媒体是在传统媒体应用形式拓展和延伸的基础之上发展而来的。目前主要有计算机媒体、移动媒体、数字互动媒体、车载移动媒体、户外媒体及新媒体艺术等，其中最具代表性的是微信和微博等新兴媒体普及，极大地体现了新媒体时代的特征。"从其定义上可以看出，新媒体本质上也是一种信息传播的媒介，但它的传播机制和传播过程，与传统媒体截然不同。研究传统媒体向新媒体的演变过程，不难发现，新媒体中仍然蕴含着传统媒体的部分功能和属性，而且新媒体这一概念是一个不断发展的概念，电视对于广播来说，电视是新媒体，网络对于电视来说，网络是新媒体。

新媒体的"新"，实际上体现出的是技术手段和传播形态方面的"新"，起初，许多研究者只从技术的角度，认为新媒体是在计算机技术的应用和发展下创造出的一种媒介形态。但随着数字技术和网络技术的不断发展与创新，新媒体的形式发生了延伸和扩展，比如传统媒体与新媒体的融合，产生了数字电视、电子报刊等。因此，根据时代发展的特点，研究者们需要从狭义和广义两个角度对新媒体概念进行重新研究。

（一）从狭义角度研究

在对新媒体的定义进行理解的过程中，可以从其本质上进行分析。新媒体之所以"新"，除了传播机制和特点与传统媒体不同之外，它所依赖的技术与传统媒体也有极大的不同。例如报纸媒体采用的是激光照排技术，电视媒体采用的是影像传播技术，新媒体则采用的是数字化技术，即对文字、图像、语音、视频等传播内容进行数字化处理，使之依靠二进制代码的形式传递给不同位置的终端个体。并且借助于计算机技术和通信技术，使得媒体介质具有强大的存储、保存、处理的能力，不同用户之间还可以实现信息的共享和交换。

在数字技术的影响下，产生了多种形式的终端形态，如计算机客户端、移动客户端，这些媒介载体与传统媒体或者借助数字技术演化出的新形态传统媒体也具有非常显著的区别。例如从信息传播的特点上看，无论是计算机客户端，还是移动客户端，用户可以自主地发布和传递信息，改变了传统媒体时代受众被迫接收信息的状态。因此，在对新媒体的研究过程中，仅从技术的角度对其进行研究是远远不够的，还要重视对新媒体所具有的交互式特征等传播特点和大众行为进行分析。

（二）从广义角度研究

除了从技术层面和新媒体与传统媒体显著差别的基础上对新媒体进行界定，从其他学科和视角对新媒体进行解读，对更加全面和完整地理解新媒体的内涵将有巨大帮助。

从广义的角度上对新媒体的概念进行研究，往往是对新媒体的载体或者是传统媒体的数字化进行研究分析，包括新媒体的传播特点、用户传播行为、用户传播心理等方面。其中传统媒体在向新媒体发展过程中，传播者与接受者之间的地位发生了巨大的改变，普通社会大众也具有主动获取和发布信息的权利和自由，人们使用传播媒介的门槛降低了，人类社会信息传播的格局打破了传统媒体的垄断地位，虽然这种改变并没有对社会整体的运行产生实质性的影响，但也诱导出一系列社会问题，并给整个人类思维习惯、社会活动带来了深刻的影响。

另外，利用网络技术发展起来的新媒体，并不是传统媒体的复制和模仿，而是在新技术上衍生出诸如搜索引擎、微博、微信、游戏、音乐等新媒体休闲娱乐与社交沟通模式，并且这些新的娱乐和沟通工具具有十分可观的经济附加值，为人类社会生活带来极大的便利。但是新媒体作为一种新型的媒介形态，尚未形成系统的理论体系，这就需要在研究新媒体时，从其他学科视角，进行全方位、多方面的研究。

正如前面所说，新媒体技术处于一个动态发展过程中，对于新媒体广义的理解还存在着诸多争议，目前学术界尚未形成统一的论断，广义的新媒体不仅利用计算机网络技术作为发展的基础，并且根据传播主客体之间的相互作用，新媒体还具有多媒体性、交互性、虚拟性、广泛性、个性化等时代特征，这些特征所引发的的网络舆论、意识观点的碰撞，给社会发展带来了直接的变革。

二、新媒体的特征

前文从狭义与广义两个角度，详细地论述了新媒体的概念，并指出新媒体所具有的多媒体性、交互性、虚拟性、广泛性、个性化等传播特征。相比传统的广播、电视、报纸等媒体载体而言，新媒体的出现使大众传播方式产生质的改变。信息传播不再是一对多，而是多对多的传播，下面将对新媒体的特征进行全面论述。

（一）多媒体性

与传统媒体不同，新媒体的功能更加强大，它不仅可以将多种媒介形式整合到一起，而且将传统媒体诸如报纸、广播、电视等媒介内容进行数字化，使得新媒体的内容资源极其庞大与丰富。而且通过新媒体平台，可以便捷地对各种资源实现组织和管理。除此之外，在不同媒介形式不断地融合过程中，不同信息、资源、品牌、影响力不断交叉合作，使新媒体的功能更加强大和丰富。例如目前使用较为广泛的微信，起初它只是一种社交工具，如今已经发展成为一种集合文字、语音、图像、视频等多种媒体形态的综合体。

对多媒体特征的理解主要包括两个方面：第一，从多媒体产生的机制上看，它是在计算机网络技术的推动下产生的；第二，从多媒体传播的影响上看，大众传播已不再是单一媒介传播，而是多种媒介相互融合的产物，因此也可称为融合传播。

（二）交互性

通俗来说，交互性是指人们可以通过新的媒介载体，实现非面对面的交流。在传统媒体时代，受众只能被动地接受信息，无法发表自己的意见和看法，但在新媒体传播形态下，用户可以自由地对所获信息进行评价，并且也可以主动地发布各种信息。交互性在传统大众传播中也存在，如面对面的谈话，但这种传播交流的方式过程缓慢、效率不高。而新媒体传播的交互性非常强大，由于计算机、智能手机、互联网等数字终端和网络技术的进步，媒体操作、处理、运算的性能得到加强，使得人们信息传递呈现出即时性、海量化的特征，如产生了 QQ 聊天、微博、微信朋友圈等众多新媒体功能平台。

如果新媒体的产生是由于信息传播互动性所导致，那么新媒体的互动性则是由于网络信息发布低门槛和信息传播灵活多样所带来的结果。在互动的环境中，对信息内容的选择、看法和观点，已经不再是信息的发布者所能控制，信息参与者主动性的增强，信息发布者身份的弱化，充分调动了广大新媒体用户的参与性与积极性，使新媒体交流的人际互动方式也活跃起来，这也正是新媒体深受欢迎的直接原因。交互性还将现实社会环境中的舆论传播转移至网络平台，致使人人都能参与到社会问题的讨论中，对培养公民主人翁意识和社会责任意识具有极大的帮助。

（三）虚拟性

除了多媒体性和交互性之外，虚拟性是新媒体不同于传统媒体的另一个突出特点，在传统媒体时代，信息只能通过报纸、广播、电视等渠道发送，并且信息发布者和传播者通常会保留自己的姓名或所属的单位和公司，因此，可以轻易地追查到该信息是哪个人、哪个单位所发布，但随着网络技术的迅速发展，大量网民进入网络世界当中，网络 IP 协议使得所有用户都隐藏于屏幕的背后，一方面，用户在网络上发布信息可以不使用现实社会的真实信息；另一方面，网络渠道的范围广泛，难以确定具体的信息发布者。这就导致了整个网络空间属于一种虚拟的时空，各种五花八门、真假信息充斥在这个环境当中。

可以看出，虽然新媒体为人们提供了一个便利的信息发布平台和社交平台，但也引发了一系列消极的影响。例如虚假信息、低俗淫秽信息的传播；网络谣言、网络暴力对人们精神与心理的伤害。随着时代的不断发展，新媒体所构筑的文化场所正逐渐影响着人们的价值观、人生观和世界观。现实社会中各种道德、伦理观点的冲突、碰撞和讨论已经聚集在网络平台上，并极易迅速传播，反作用于现实社会中人们的行为活动。对于大学生教育管理工作而言，如何利用网络空间和新媒体工具，正确地引导大学生积极、健康地学习和生活，成为大学教育管理工作者重点思考的问题。

（四）广泛性

经济全球化的快速发展，加深了各国之间经济与贸易的往来，网络技术的发展，使全世界真正成为麦克卢汉所预测的"地球村"。相对于传统媒体，新媒体不仅打破了传统媒体所营造的信息传播壁垒，而且还逐渐使不同国家、种族、产业之间信息交流与传播的界限越加模糊。人们只要通过网络这一渠道，就可以获得各种各样的信息，并且由于网络传播的瞬时性、即时性、广泛性等特点，加快了人们之间传播信息的速度，随之而来的是网络使用者自主意识的增强，常常会选择自己感兴趣的内容，但对于正处于人生重要学习阶段的大学生群体来说，他们的自控能力还较为薄弱，对事物正确与否的辨别能力有待提高，这就需要大学生教育管理者起到正确引导的作用，避免学生群体沉迷于网络，以致误入歧途，被不法分子所利用。

由于新媒体信息传播是一种碎片化的传播，因此在传播的过程中，新媒体会呈现出对社会文化的消解和重构特征，新媒体的出现带来媒介生态结构的改变，进而会引起人类社会生活和社会结构的变化，在新媒体逐渐形成的特点中，蕴含了鲜明的后现代性，同时这种后现代性对文化起到一定消解作用。微博、微信的"微传播"方式使文本被拆解、嫁接，完整的文本意义可以被反复加工和重新解读，这使得新媒体文本传递的本意被谣言消解，媒体如未能客观再现事实本身，将不仅造成事实本身和再现事件的裂变，而且会增加其负面影响。

新媒体在给大学生日常学习带来诸多便利的同时，也给高校教育管理工作带来许多挑战，成为当前高校教育环节中一个不可回避的现实问题，大学生的意识形态建构和道德成长在新媒体的冲击下面临消解和重构的新情境。在新媒体时代，一对多的传播方式被多对多的传播方式取代，每个人都可以自由地扮演传播者和信息加工者的角色，对信息的加工和取舍被赋予个人色彩和个人偏好，网络舆论领袖的崛起，也使受众辨别信息的能力日趋弱化，社会文化被消解重构的同时，个性化的需求却逐渐发展起来。

（五）个性化

随着社会的不断发展，个人需求呈现出多元化和个性化的特点，新媒体作为一种传播的工具，其核心是信息的共享和交流。新媒体环境破除了以往人们沟通交流的阻碍，使人们交流与传递信息打破了时间和空间的束缚。在过去，媒介载体只是人们被动获取信息、了解世界的窗口，但在新媒体所营造的网络环境下，人们不再满足于通过媒介载体获取信息，根据职业、个性、文化水平的不同，人们对于新媒体提出了新的需求，例如沟通交流、娱乐休闲等，这就使得新媒体为满足不同兴趣爱好的用户，呈现出一种个性化的发展特征。

在新媒体传播中，随着云计算和大数据技术的发展，受众只需通过鼠标或手指轻轻一点，便可以在网络空间中迅速获取到自己所需要的信息，并且处于网络技术平台背后的运营者，可以根据用户的使用习惯、访问网页的内容，进行个性化的推送服务，极大地节约了用户的时间，提高了用户在广阔的信息海洋中抓取关键信息的效率。此外，各种社交软件的出现，如微博、微信、论坛等，使得人人都有"麦克风"，每个人都有可能成为新媒体环境中心。

三、新媒体与传统媒体的差异

（一）新媒体与传统媒体的对比

新媒体之所以为"新"，是在与传统媒体具有显著区别的基础上提出的，无论是新媒体还是传统媒体，其基本功能属性都是为了拉近人与人之间的距离，使信息传递高效且便捷。因此，本书将从传播的角度，细分传统媒体与新媒体的区别。

1. 传播形式比较

根据技术的发展，传播学中将信息传播的载体发展分为报纸、广播、电视。近些年，由于网络技术的迅猛发展，涌现出了诸多新型的媒介载体，于是学者们便将报纸、广播、电视称为传统媒体，将以网络技术为代表的计算机终端、智能手机终端称为新媒体。传统的大众传播方式是利用电磁原理，通过对卫星传递出的信号，进行编码和解码的方式，向受众传递声音、图像、视频等内容。

（1）传统媒体。从新媒体产生的宏观背景上分析，无论是传统媒体还是新媒体，都是一定时代社会经济、科技发展的产物。因此都具有一定的时代局限性，传统媒体与新媒体相比具有明显的劣势。其中以报纸、广播、电视三大媒介为例。

1）报纸媒体。随着造纸术和印刷术的发明，报纸媒体便应运而生。早在13、14世纪航海大发现时代，报纸最初的形态是航海商人之间传递的"小道消息"，随后发展为商品贸易中不同地区人们交换信息的载体。

直至第一次工业革命时期，蒸汽机的发明和应用使得报纸广泛传播成了可能。

随着近代社会科技的不断发展和进步，报纸从过去只在工商业、贵族之间流传，逐渐发展成为一种大众化的信息传播形态，并且形成了独特的信息传播特点。如为了使读者阅读和携带方便，报纸的版面十分有限，一份报纸上内容往往只能涵盖部分地区发生的部分新闻事件，而且由于欧美等国的报纸机构和集团都是以营利为主的私人企业，为了追求利润和收益，吸引眼球，扩大销售量，经常会刊登一些暴力、色情、侮辱诽谤等不良信息，对读者和他人带来十分恶劣的消极影响。

除此之外，报纸的更新速度需要以"天"或者"月"来计算，采编、印刷等流程烦琐而复杂，极大地影响报纸发布信息的速度，并且报纸发行范围只能在当地一定区域。因此，与新媒体相比，报纸媒体已不能满足人们对于信息的需求，而且由于报纸传递信息的时效性和丰富性完全落后于新媒体，发行的数量和范围也无法与新媒体相提并论，导致报纸媒体如今正处于没落的状态。

2）广播媒体。广播媒体是在第二次工业革命之后科技发明的产物，随着电话和留声机的发明，电缆的制造铺设，使得声音远距离传输成为可能。但广播媒体也具有十分明显的缺陷，即声音传播稍纵即逝，不易保存，易受到干扰，保真性差，并且广播媒体传播信息需要铺设电缆，成本较高，与后来的电视相比，广播只能传播声音，无法传播图像，传播形式单一。

3）电视媒体。电视利用了人眼的视觉残留效应，让一帧帧渐变的静止图像，形成视觉上的活动图像。虽然电视结合了声音、图像、文字等多种媒介形式传递信息和内容，但无法与网络媒体相比，一方面，电视媒体的节目内容和种类十分有限，仍然需要漫长而烦琐的制作周期；另一方面，对于受众来说，电视媒体仍然是被动地接受信息，无法与他人进行交流和互动，并且电视频道也受到地域的限制，如目前只能收到国内主要的电视节目频道，而且电视媒体和广播媒体一样，也是单向线性的传播方式，无法保存。

（2）新媒体。在探讨传统媒体与新媒体传播方式和特点的不同之后，不难发现，新旧媒体虽然出现的时间有先后差别，技术层面也有高低差别，但对于新媒体的研究，强调的是带给人们一种理念的革新。因此，除了从技术层面研究新旧媒体的区别之外，还可以从人类的社会活动和行为习惯等方面，将新媒体具体划分为以下三种形式。

1）网络媒体。20世纪60年代，人们为了处理复杂、庞大的数字，开始研究一种数字处理工具，即计算机的前身。20 世纪 90 年代，互联网技术的发现和应用，使基于计算机技术的网络媒体真正开始在全球范围内流行开来。自从进入新世纪以来，互联网技术发展日新月异，并逐渐成为继报纸、广播、电视之后，传播形态的主流工具。虽然互联网诞生的时间早，但仍然把其称作为"新媒体"，主要还是因为网络媒体给人们的生活方式带来与其他媒体无法比拟的社会变革。

对新媒体特征的研究和归纳，实质上也是对互联网传播特点的归纳和总结。新媒体的产生和发展是建立在互联网技术基础之上的，目前对人们社会交往、信息获取、休闲娱乐影响较大的新媒体形态和工具包括各种搜索引擎、电子邮箱、论坛、社交平台、网络广播和视频等，其中影响范围最大的当属社交工具——QQ、微信和微博。

在远古时代，人们通过群居生活抵御自然灾害和野兽的伤害，聚居生活成为人类社会主要的生活状态，伴随而来是社会交往和交流日益密切和加深。作为社会群体的一员，绝大部分人都渴望交流，但由于地域环境的分割，人与人之间的距离十分遥远，因此，社交工具成为人们极易热衷和喜爱的工具。

从 1999 年的 QQ 到 2009 年的微博，直至如今的微信，每一次社交工具的诞生和变革，都给人类的生产生活方式带来翻天覆地的变化。从社交工具的内容上看，这三种传播工具都是可以实现人与人之间即时聊天，发布文字、图片、视频，并具有转发、评论和分享等功能的社交平台。随着社交平台人数的逐渐增加，各种信息的汇集，逐渐构筑起一种文化场所，其影响和辐射范围正广泛地影响到生活的方方面面。

2）智能手机媒体。随着计算机软硬件集成化程度越来越高和智能手机的研发，网络技术与手机终端的融合性越来越高。使得手机从原先的即时通讯工具逐渐发展成为现如今的微型计算机，凡是计算机终端所能解决的问题，手机移动终端也都能够解决，并且手机移动终端所具有的便捷性、移动性、功能性等特点，终端甚至都无法企及。从智能手机的功能上看，传统手机只具有即时通话、短信发送等基本功能属性，现阶段则已经具有上网、浏览网页、玩游戏、看视频、聊天、听音乐等多种功能集于一体的综合属性。从智能手机的传播特点上看，毋庸置疑，手机已经完全具有数字化、交互性、互联化、非线性化等新媒体基本特征。自移动通信技术从 2G 发展到如今的 4G，再到已经开始试运营的 5G，智能手机改变的不仅是手机的性能，而且飞快地提高了手机上网速度，满足了人们日常工作、生活、学习的需要，并且手机集合了文字、声音、图像、视频等多种媒体处理方式，以及所具有的移动性、便捷性、场景化等特征，使手机上网人数已超过计算机终端。

如今，智能手机移动终端已经成为第三次科技革命的"风口"，它不仅给人们生活带来很多改变，如手机移动支付手段的广泛运用，使得人们的支付方式更加便利。互联网行业认为，智能手机已经成为继报纸、广播、电视和互联网之后，社会未来发展主流的新媒体。智能手机的普及，也带动了更多的互联网就业机会，例如各种手机 APP 的开发，内容付费模式的推行，无不给互联网企业创造出巨大的经济效益。

3）数字电视媒体。数字电视（Digital Television），是指从节目摄制、编辑、存储、发射、传输到信号的接收、处理、显示等全过程完全数字化的系统。数字电视媒体是在传统卫星电视媒体的基础上发展而来，结合数字技术之后，电视媒体被注入了新的活力，受到了广大用户的欢迎。它不仅电视节目种类极大地丰富，而且电视节目信号更加稳定，还可以与互联网相连，直接利用海量的云计算平台，搜索用户所感兴趣的节目内容。与此同时，用户还可以使用订阅、回看、下载、录播等多种方式，满足了受众的个性化需求，提高了用户与机器之间的交互性。

除了上文所提到的新媒体之外，在科技的推动下，还涌现出一些与传统媒体形式不同，但又不属于新媒体范畴的媒介形式，如在公共交通工具上和电梯里的移动电视视频、楼宇电视视频、巨型 LED 显示屏等形式。虽然这些媒体形式与传统媒体相比，是一种极大的创新和发展，但其特征与新媒体又有所不同，从这些新的媒介形式的特点上来看，只是电视媒体的一种延伸，缺乏交互性，不属于本书所论述的新媒体范围，因此，本书将不加以详解。

2. 传播手段比较

（1）从传播机制来看。首先，传统媒体传播信息最大的特点是一种单向直线的传播方式，即通过纸质或电缆，将信息印刷或输送至用户终端，用户首先不能选择自己所感兴趣的内容，因为这些信息在传递至受众手中之前，是需要经过媒体从业人员的筛选，而媒体从业人员在筛选信息的过程中，是带有一定的主观能动性和意识形态，并且由于传统媒体所能承载的信息容量十分有限，所以传统媒体无法满足人们日益增长对于文化和信息的需求。从传播学角度来说，这个过程称为"议程设置"或者"把关人"。其次，正是由于传统媒体是一种单向直线传统，这也造成传统媒体与新媒体具有显著区别的特点，即缺乏反馈机制。无论是报纸媒体、广播媒体，还是电视媒体，信息内容一旦输送至用户，便无法撤销和收回，而且由于用户是一个个具有独立思想的完整个体，从心理学的角度来说，人类作为一种高级生物，尤其在经过科学系统的知识文化学习之后，他们的头脑中会具有系统的知识体系和结构，并产生思维能力，即一种对客观事物评价和表达意见的思维能力。因此，在传统媒体时代，受众接收完信息之后，虽然具有表达和反馈的动机，但是由于反馈机制较为烦琐，并难以实现，使得受众的表达需求一直得不到满足。

在新媒体时代，用户可以自由充分地表达自己的想法和观点，而且由于网络传播的特点，它可以使用户信息的传播呈现出病毒式的蔓延和发散式的传播，即由一个人，在网络空间中向四面八方传递信息。这也给高校教育管理者带来一种启示，在新媒体时代，任何信息和内容是无法隐藏和掩盖的，当在大学生日常管理工作的过程中出现问题时，首先应该主动地去解决问题，疏导问题，而不是压制问题，另外，高校教育管理者可以借助新媒体工具，在业余时间里，以一种朋友的身份，主动地与大学生群体进行交流，了解大学生的思想状态，解答大学生生活过程中的各种难题和困扰，从而起到引导和缓解的作用。

（2）从传播环节来看。传统媒体除了传播方式与新媒体截然不同之外，在传递信息方面还具有明显的劣势，如传统媒体的传播环节十分复杂和烦琐，导致了信息传播存在一定的滞后性和延迟性。以报纸媒体为例，一份普通报纸的发行，需要经过记者的采访、编写、审核、排版、印刷、运输等一系列过程，通常是今天的新闻，明天才能见报，当然也不排除一些记者现场报道和突发新闻，广播媒体和电视媒体同样也是如此。

从新闻学的角度来说，新闻信息最大的特点是追求时效性。在新媒体时代，微博、微信的广泛使用使得人人都是"信息源"，往往社会中发生的许多新闻事件和重大信息都是从这些社交网络平台中率先出现，这就对传统媒体带来了巨大的挑战，由于传统媒体的时效性较弱，从而降低了传统媒体的竞争力。除此之外，由于许多网友对某个新闻事件的关注和讨论，引发网络讨论的热潮，形成舆论场所，间接地左右了现实社会中事件发生的方向。

（3）从传播准入门槛来看。传统媒体虽然是一种大众传播载体，但其匿名性极其薄弱，只要出现任何违背道德标准、社会主义价值观、破坏民族团结、煽动性的言论都会被直接消除，并且公众可以轻易调查出利用传统媒体发布信息的个人信息。但在新媒体环境中，网络平台具有的虚拟性特征，使新媒体相对于传统媒体来说，可以发表任何信息，由于不同的用户只需要一个虚拟的账号 ID，社会普通大众没有专业的技术手段进行调查，就无法知晓这个虚拟账号背后发布信息者的真实身份。这就导致了网络生态环境的"乌烟瘴气"，存在一些不符合社会主义价值观的言论。

3. 传播内容比较

（1）从传播内容的权威性来看。新媒体发展至今，也不过有十几年的发展过程，而传统媒体，从报纸的诞生到走向没落，已经经历了上百年的历史过程，使得传统媒体无论是信息内容的制作还是发行，都已经形成完整、系统的体系和流程，它所具有的权威、严谨等特点，是新媒体难以比拟的巨大优势。

我国具有影响力的《人民日报》《南方周末》等平面媒体，经过数十年的发展过程，在广大人民群众中树立了良好的口碑，其发布的信息不仅能够把握时代的脉搏，紧跟当下的趋势，而且能以群众喜闻乐见的方式，生产制造出具有权威性和真实性的信息内容。

在新闻学中，新闻信息除了追求时效性之外，另一显著特点便是追求真实性，但在新媒体的发展过程中，由于媒体使用者的低门槛、匿名性等特点，导致用户良莠不齐，并且还有一些不法分子利用网络空间传播一些不良和虚假信息，达到一些非法企图。

（2）从信息的容量来看。由于传统媒体经过几十年，甚至几百年的发展历程，已经形成了一种规范化、标准化的信息内容排版和发布方式。例如报纸的版面设计经过了卷副式、书册式、单张双面，而且在版面设计和排版内容的过程中，文字、图片、标题、字体、字号都有十分严格的规定，久而久之就会给用户产生厌倦感和单一感，并且传统媒体的载体十分有限，导致了载体所能够承载的信息内容也十分有限。

但在新媒体传播的过程中，网络载体完全没有信息承载过量的担忧，而且发布信息内容的方式多种多样，没有严格的标准和要求，可以是几个字、一段话、一个标题、一张图片、一段视频，只要能引起广大用户的兴趣和关注度，都可以迅速成为网络热点。

（3）从传播内容的差异来看。传统媒体与新媒体不仅在传播内容的真实性和准确性有巨大的差别，而且在传播过程中内容的保真性上也具有十分明显的区别。以我国传统媒体发展为例，在报纸、广播、电视媒体传播信息的过程中，通常是由国家主导，符合国家的意识形态，受外界影响较少；而西方则是完全由市场主导，把追求经济效益作为首要目标，易受到政治团体、企业个人的影响和主导。

同时，由于传统媒体不易受到外界的干扰，因此，在传递信息的过程中能够完整地保存信息内容的原貌，不易偏颇。但在新媒体时代，由于每个人都可以自由地发表信息，而且一条普通的新闻或者信息，经过多人的转发、评论、解读可能会在传播的过程中被曲解和变味，最终成为一种无中生有，甚至带有恶意中伤的谣言。

随着新媒体的不断发展，使得具有共同兴趣爱好的用户逐渐聚集在一起，组成一种社群文化，如早期的豆瓣、百度论坛等，用户会在因共同兴趣组成的社群空间中发布自己的看法和观点，而且还会营造独特的社群文化，形成社群组织，组织成员之间相互交流，使得信息传播范围更加广泛，价值认同趋于统一。

微博、微信出现之后，用户不再仅仅满足于加入同一个社群空间，而是共同关注所感兴趣的微博大 V 或者微信公众号，并且自己成为某一网络社群组织的引领者，引导着网络社群的话语权和舆论走向。并且这一时期涌现出许多具有才华的网络用户，他们通过自己编写的内容，聚集到一大批忠实的粉丝，并创造具有特色的网络文化圈。

4. 传播效果比较

（1）从传播互动程度来看。新中国成立以来，我国的新闻媒体传播信息都是由官方所垄断，进入现代社会以后，这一模式仍在继续推行。国家掌握着信息传播的主要资源，但新媒体出现以后，传统媒体的话语垄断地位被彻底打破，民间舆论场逐渐形成，并且在重大事件和政策推行的过程中，民间舆论场都起到至关重要的作用。

除此之外，在民间场所中，也存在许多社会精英人士，包括经济、科学、文化等社会各行各业的专家学者、社会名人，他们借助于新媒体渠道，也可以发表自己的观点看法，对社会发展的方向能够起到一定的正确引导作用。并且社会公众通过对新媒体的运用，也可以更好地监督政府部门的工作，有助于国家健康有序的发展。

（2）从受众对新媒体与传统媒体的参与程度来看。判断受众对媒体信息影响程度多与少的一个重要标准，是受众对媒体的使用频率与参与度。通过调查发现，目前绝大部分家庭基本已经告别了报纸和广播，乃至电视，手机和平板电脑成为人们获取信息日常休闲与娱乐的主要工具，而且许多用户都有在网络平台上发表对某件事物看法、评价、行为的欲望。

在公共场所里，可以发现无论是在地铁公交还是在公园商场，有许许多多"低头族"，他们都在聚精会神地玩着自己的手机，聊天、刷微博微信、玩游戏、听音乐、看视频，甚至朋友之间的聚会和娱乐活动，也是各自玩着手机。由此不难看出，新媒体时代带给人们的影响是如此之大，用户参与的积极性和热情是如此之高。这就与传统媒体时代用户的媒体参与度形成鲜明的对比。

（3）从受众对媒体的需要程度来看。虽然新媒体呈现出极大的活力，吸引了大批受众，而传统媒体则日趋没落，但一种新媒介形式的出现，并不意味着旧的媒介形式的消亡。传统媒体仍然有其存在的价值和意义。首先，用户对于接触的媒介具有一定的主观能动性，对于重大消息和事件，用户们更乐意通过传统媒体获得，而对于休闲娱乐信息，则大部分通过新媒体渠道获取。

其次，就传递信息内容的特点上来看，新媒体传递信息主要呈现出的碎片化的方式，传播的内容短小精悍，注重标题的醒目，而传统媒体则内容翔实，清晰准确地概括事物的来龙去脉。因此，新媒体的传播效果更像是一种"快餐化"的传播，真正能让用户记住的实质性内容并不多，而传统媒体深入浅出的叙事风格，则能加深用户对事件的印象。

另外，用户在新媒体传播的过程中，也极易受到别人的影响，尤其是社会名人和来自于身边亲朋好友的影响。在传播学中，有一个著名的"意见领袖"的概念，即在社会当中具有一定影响力和公信力的人，当他们发表对某件事物的看法和观点时，能够引起他人的赞同和认可。而且在新媒体传播的过程中，用户们也容易盲目跟风，从众的心理，即社会大多数人的观点，会影响到少数不赞同此观点的人，转变观念，趋于认同。

5. 传播管理比较

从我国传统媒体的属性上来看，我国的传统媒体一直是党和国家的"喉舌"，起到了对内宣传方针政策，对外展现综合国力的重要作用，因此，我国的传统媒体在管理的过程中，具有显著的政治色彩，而新媒体的运营和发展，则大都是私人企业，他们以追求经济效益、获取点击率和流量为根本目标，因此在传播信息的过程中容易产生无序化，违背社会主流价值形态的问题，而且由于我国尚未制订严格的监督体系和法律体系，使得新媒体领域易出现混乱状态。

（二）新媒体与传统媒体比较的启示

新媒体与传统媒体相互交融、相互影响的过程，也对大学生教育管理活动带来深刻变化，改变着教育管理者的思维习惯和教育管理方式，主要体现在以下几个方面。

1. 新媒体是一种势不可挡的新技术革命浪潮

新媒体的产生和发展，是一种技术革命，它是传统传播技术的革新和进步，同时为人们的生活带来了极大的便利。第一，从长远的角度来说，它提高了人们获取信息的方式，使得知识文化信息不再集中于上层社会，普通民众也可以获取一定的知识文化信息，对于未获得过系统文化教育的人们来说，可以在一定程度提高他们的知识文化水平。

第二，从技术的角度来说，新媒体可以使人们之间信息的传递更加便捷，并且新媒体工具可以被用来为社会生产和工作服务，大大缩短了工作时间，提高了人们的工作效率。

第三，从经济的角度来说，新媒体的诞生，离不开一批具有创新力、知识文化水平高的技术型人才的推动，并且在互联网技术的推动下，新媒体行业也衍生出许多新兴的工作岗位，如新媒体广告策划、设计、运营等。

第四，从公民政治的角度来说，新媒体为普通社会大众参与公共事务管理，创造了极为有利的条件，对于一个国家的政治生态发展、大政方针政策的制订、公职人员的监督，都起到十分重要的作用。

第五，从哲学的角度来说，任何新生事物在发展的过程中总是曲折上升的，新媒体的发展也是同样如此，并且新媒体的发展已经展现出强大的生机和活力。

通过以上分析可以发现，新媒体并不是从传统媒体中演化而来，而是一种技术和传播理念上创新的结果。因此，在大学生教育管理工作过程中，应该顺应新媒体的发展潮流，并利用其优势，更好地指导大学生管理工作。

2. 新媒体的产生，并不意味着传统媒体的灭亡

在电视媒体产生之后，许多人悲观地认为报纸与广播媒体正逐渐消亡，互联网等新媒体产生后，也有人认为它将取代电视、报纸、广播，但事实证明，新媒体的产生并不意味着传统媒体消亡，而是呈现出新媒体与传统媒体相互融合的局面，达到一种"我中有你，你中有我"的状态。

虽然传统媒体具有强烈的政治色彩和阶级属性，但其规范、标准的信息生产方式，成熟完整的管理体系，反而使得传统媒体在运营发展的过程中，较新媒体更为稳定和可靠。另外，对于我们老一辈的用户受众来说，由于他们所处的特殊时代，已经养成了接收传统媒体信息的习惯，并且传统媒体所具有的权威性和真实性，使其仍然拥有一批忠实而广泛的使用人群。

3. 新媒体与传统媒体相互融合，是未来新媒体发展的趋势之一

虽然新媒体在发展过程中呈现出了巨大的优势，但传统媒体管理者和运营者也在积极探索传统媒体的发展之路。从实践的角度来看，无论是传

统媒体还是新媒体，在其发展的过程中都显示出其优缺点。虽然报纸媒体已经日渐没落，但通过与数字技术的结合，依然能活跃在受众的视野当中。这就有力地证明了一种新媒体的产生，并不意味着旧媒体的消亡，传统媒体也可以借助新媒体的优势，使其重新焕发出新的"活力"。

由此可以看出，两种媒体形式的产生和发展，并不是处于完全对立的关系，反而二者之间通过取长补短，优劣互补，共同在传播形态和方式上进行不断创新，深化合作，可以取得更加客观的经济效益，也更能为社会和人民带来便利。

4. 高校要创新管理手段，引导新媒体发挥较好的服务作用

互联网技术的发展，使得新媒体成为人们日常学习工作中重要的信息交流工具，但新媒体新技术在给人们生活带来便利的同时，也带来了一系列的社会问题，诸如利用网络技术进行信息诈骗，盗取他人个人信息和企业商业机密；通过使用虚拟网络账号，大肆宣传网络谣言和反动言论，破坏社会稳定和治安；利用网络的便利性，将冒名顶替他人的智力成果进行传播，以获取经济回报。但由于信息网络传播的匿名性和隐蔽性，这些违法犯罪分子难以管理，使得新媒体发展漏洞百出。

从个人的角度来说，科技作为一把双刃剑，本身没有正确与错误之分，关键是与技术使用者的个人道德思想品质有密切关系。从新媒体发展的趋势来看，新媒体带给人们的好处远远大于其缺点，因此，无论是政府管理者，还是普通民众，一定要认识到新媒体不可磨灭的价值和功能，同时，需要发挥政府的干预和管理职能，通过制订严格、系统的监督和管理法律体系，使网络行业有法可依，成为互联网行业管理的重要途径。

同时，要发挥政府的舆论引导功能，加强对普通民众思想政治的教育和宣传，充分扮演好"舆论领袖"和"把关人"的角色，社会公众也可以发挥舆论监督的功能，只有多方面群体协调配合，共同管理，才能构建出一个和谐稳定的网络环境。

对于大学生教育教育工作来说，大学校园既是一个小型的社会环境，也是一个完整的网络环境，高校老师和管理人员，也需要充分发挥自身的管理职能，制订科学的规章制度，规范大学生网络行为，使当代大学生能够正确、合理使用新媒体工具。当代大学生是一批充满活力、激情和热血的群体，充满干劲但缺乏是非辨别能力，因此，高校管理工作需要充分发挥新媒体的服务功能。

第二节　新媒体的影响与发展

一、新媒体的影响

新媒体的出现和发展，极大地改变了人们获取信息的方式，推动了社会的变革，同时渗透到人们的日常生活中，对我们的社会生活、价值观念都产生着深远的影响。

（一）新媒体对个体生存的影响

美国著名传播学学者尼葛洛庞帝（Negroponte）在其代表作《数字化生存》一书中提出的关于信息技术发展的诸多预言，如今有许多已经实现。在其著作中，尼葛洛庞帝描绘了数字科技为我们的生活、工作、教育和娱乐带来的各种冲击和其中值得深思的问题，信息人类社会交往中最重要的元素。尼葛洛庞帝向我们展示出这一变化的趋势，即传播媒体已经从"小众化"发展为"大众化"，再到如今又重新回归"小众化"。现代社会下的"小众化"与过去经济、技术十分落后的"小众化"具有极大不同，过去由于经济、技术水平较低，信息传播速度慢，范围窄，而如今根据用户需求的不同，信息正逐渐被划分为不同的"信息流"，分别向不同的受众群体传播。

在《数字化生存》一书中，尼葛洛庞帝对20世纪信息时代的起源、发展，信息技术的原理、特点、概念都进行了详细介绍，阐明了网络技术对于人们生产生活的巨大价值和影响，并且绝大部分得到应验。因此，他的研究对于如今信息技术的发展具有十分重大的研究价值。

"数字化生存"这一概念和个体的生存状态引起研究者们的思考，信息时代改变了人的生存状态了吗？如何改变？又如何使之成为可能？"数字化生存"是主动的还是被动的？带着这样的疑问，追溯人类历史上媒介环境的每一次改变对人类生存状态的影响，这些都被纳入到研究者的视野中。

人们传播的方式经历过了口语、文字、印刷、网络等方式的变革，在生产力落后的农业社会里，人们依靠语言、对话进行信息传播，但是随着工业革命和科技革命的展开，新型的传播手段不断革新，人们在家里就可以获得千里之外的任何信息资讯。如果说，最开始传播媒介的产生，只是人们为了打破地域的界限，使信息能够在全球范围内流通，但在现代传媒形态的发展过程中，媒介形态已不再仅仅是传递信息的工具，它经所有受众构造出一种虚拟环境，或者成为媒介环境，并与现实环境相互依存，相互影响，深刻地改变人们生活的方方面面。

1972 年唐纳德·肖（Donald Shaw）和麦克斯威尔·麦克姆斯（Maxwell McCombs）提出的"议程设置"理论，得到许多学者的认可和支持，"由于大众传播媒介对复杂多样客观世界的表述，它的所有表述本身就足以构成我们生存的新的环境，即非个人客观环境的、经过加工转述创造出来的媒介环境。"在今天的新媒体环境下，这种所谓的媒介环境也往往被人们理解为数字化环境。

构成数字化环境的主体是媒介事件和媒介人物、媒介受众，古希腊哲学家柏拉图在《国家篇》中提出著名的"洞穴理论"，就是媒介环境对人的生存环境和意识观念产生影响的贴切说明，尽管柏拉图所关注的领域并非媒介，但涉及了情景影响。他将缺乏思考能力的人比喻为古代黑夜中待在洞穴里的人，由于黑暗的洞穴之中只有一堆可以照明的火光，而洞穴墙壁上照映着他们斑驳的影像，智慧尚未开化的人们却把这些影像当成现实社会中的人。

正如现代社会中人们通过媒介只能看到世界的表象一样。在"洞穴理论"中，我们可以观察到众多社会科学的基本理念，人的自我意识、信息传播的渠道以及人与环境的关系。

信息时代的到来，让人们对个体和环境的关系有了新的思考。在数字环境下，人们只能通过"媒介"的间接经验去认识世界，人的行为不再是对客观环境及其变化的反应，一个微博的网民可能会对一件"不在场"的事件，根据自己的主观判断发表言论，而言论本身无法保证其客观性。在这种复杂的信息环境下，人的行为和思维被媒介所左右，人的精神自由就被置于信息时代的牢笼之中。

（二）新媒体对社会舆论的影响

随着新媒体的高速发展，新媒体的传播影响力通过舆情事件对政治、经济、意识形态和价值观等社会舆论领域产生着影响。新媒体环境下，公共事件舆情传播的途径和影响趋于复杂，传统媒体和新媒体（网络媒体、智能手机）相互作用，使新媒体舆情事件的影响力不仅仅局限于个别领域，甚至会波及整个行业和政府决策，新媒体环境下的复杂传播也伴随着一些规律和问题。

1. 新媒体环境下的舆情规律

（1）舆情易被观测。新媒体舆情事件的信息源依然来自传统媒体，我国政府对互联网信息管理和发布做出了明确的规定，只有传统媒体创办的网站，经过审批才有新闻首发权，其他网站只能转载传统媒体或新闻网站新闻。相关舆情事件中，首发报道依然是纸媒。但新媒体舆情事件的发生、发展的不同阶段，都会体现出一定的规律性。从社会燃烧理论的角度看，传统媒体为某次舆情事件的发生提供了"燃烧材料"，在实际报道中，记者出于对"新闻效果"的报道需要，对文本进行了加工，剔除了不具备炒作潜力的内容，用文本技巧引导读者阅读。网站等新媒体传播平台在进行转载过程中，使用了"洗稿"等文本技巧，突出标题和内容的"眼球效应"。在舆情发展过程中，大量不具备新闻报道规范的文本被反复加工，成为舆情传播的"助燃剂"。

（2）联动性加强。在新媒体舆情事件的发生过程中，新旧媒体间的传播过程更趋于复杂化，如传统纸媒提供素材，门户网站推高关注，地方媒体深入挖掘选题，后续媒体紧跟热点挖掘相似选题。在此过程中，体现出较强的跨地域联动特征，一次舆情事件会涉及几个主要策源地。新媒体的出现开辟了媒体传播的新方法和途径，使新媒体传播环境更趋复杂。

网络的交互性体现在多方面，比如微信的"摇一摇"、论坛的"留言板"，网民可以实时地通过在线投票和留言表达自己的观点，这种交流模式加强了网络传播的互动性，但同时也暴露出其信息碎片化、表达情绪化等负面影响。

（3）新媒体打破了以往社会分层的对话机制和模式。从社会学角度出发，根据人们财富、权利和声望等条件的不同，可以把人们分为不同的层级，不同层级掌握的社会资源和所占据的社会地位各不相同，因此在传统环境中对信息的敏感程度，受影响度也各不相同。但在新媒体环境下，各种信息得到充分地涌流，社会各阶层都可以平等地通过网络平台获得各类信息，这对于缩小不同阶层之间的差距具有极大的帮助。

（4）舆情事件对现实生活产生的影响日趋明显。舆情事件甚至可以影响一个企业的兴衰成败。媒体的批评者将这类传播中出现的负面问题进行了总结，媒体给我们提供了许许多多可能与现实生活相矛盾的陈腐形象，即使媒体过度渲染了社会问题的严重性，但是很多人都低估了媒体对它的影响力。例如，2013年《新快报》的陈永洲假新闻事件中，媒体记者收受贿赂、操纵舆论最终对中联重科的股价产生实质性的影响，都体现出舆论话语权对现实社会的影响。

　　舆情传播的方式在新媒体环境下具有传播模式复杂、传播内容随机、传播影响力难以评估等问题，在研究方法上尝试实证和质性方法相结合，必须从符号学、语言学、传播学等多学科的交叉视角去把握和分析，寻找舆情传播的规律性特征。"萨皮尔-沃尔夫"理论的提出者之一、语言学家本杰明·李·沃尔夫认为，人们定义或者"标签"某种状况的方式对他们行为产生影响，即所使用的词汇塑造了所能感知的现实。这种深层次的语义技巧被有经验的媒体从业人员广泛地应用到舆情事件中。

　　鉴于此，应对传媒行业的自律和他律有所思考。网络编辑是当前媒体网站从业者的核心群体，与我国现阶段规模庞大的传统媒体编辑记者相比，网络媒体编辑人员从规模上已经远远超过传统媒体，这使得该行业出现了职业素养良莠不齐、媒介传播理念存在差异等问题。面对新媒体时代庞杂的信息传播量，我国还缺少像美国"哈钦斯委员会"和新闻监督员制度等机构，对制造虚假新闻、失实新闻的惩戒也缺乏有力的他律措施。鉴于新媒体复杂的传播环境，媒体从业人员可以巧妙地利用传播技巧规避自身所承担的责任，媒体行业的自律和他律效果更难以实现。以学者和研究人员为主体的第三方媒体监督机构应成为规范媒体行业标准、把握媒体伦理范围的外部力量之一，加强新媒体环境下的媒介素养教育。

　　2. 新媒体环境下面对的舆情问题

　　（1）舆论影响力巨大。基于新媒体技术的传播方式，媒体在信息传播领域展现出强大的社会影响力，从"5·12"汶川特大地震时传统媒体和新媒体的共同实现高效即时的信息传播，到现如今各级政府网站都开通微博账号，重视微博宣传的作用，新媒体所具有的传播效果和广泛的影响力，已经渗透到人们生活的方方面面。在新媒体巨大的影响力下，有效甄别信息的真伪、对新媒体传播特质的深刻认识都能帮助受众进行理性思考，反之则被新媒体的强大影响力"绑架"，只能随着商业媒体追逐眼球和利益的指挥棒人云亦云。正是由于新媒体使用的日渐频繁与广泛，身陷其中的应用者在获取信息的同时，也依赖新媒体平台发出自己的声音，由新旧媒介组成的舆论平台对现实生活产生影响并反作用于受众。通过最近几年网络舆论事件发生的背景来看，新媒体无不起到重要的作用。

　　（2）网络舆论传播复杂。新媒体的舆论发展导向与传统舆论发展方向具有显著的区别，主要表现在舆论主体的匿名特征和参与渠道的广泛性、舆论焦点的自发性和舆情发展的不确定性、价值观多元特征和批判性、非理性和极端化，诸如此类的舆情特征，都依赖于新媒体的传播特征而形成。在这种情况下，互联网成为社会舆论的集散地，逐步成为公民参政议政、表达诉求的重要平台。

除此之外，新媒体还有利于民众更好地参与公共事务管理，调动民众社会积极性，在政府与民众之间搭建了一座沟通的"桥梁"，便于政府更好地解决人民群众遇到的问题，也为民众监督政府工作提供了条件。但是，值得注意的是，舆情的可引导性和民众的非理性，往往成为恶意传播者们利用的工具和手段，通过系统的引导手法和公关技巧，有经验的传播者可以通过各种引导手法，对民众做出正面或者负面的引导效果。

互联网能缓解社会的不满情绪，人们通过匿名上网和非理性言论来缓解个人的心理压力，并将网上的非理性言论比喻为"垃圾筐"，在社会娱乐事件中，虽然有一部分发表的意见过于偏激和消极，但也正是由于新媒体平台的便利性，使得广大受众拥有一个抒发内心不满和消极情绪的渠道，在一定程度上有利于缓解社会矛盾。在评价新媒体舆论作用的时候，网民这种不负责任的网络行为，往往被归功于新媒体具备"社会解压"作用，能舒缓所谓的"社会转型期的结构性压力"。但这一类观点未能充分定义"什么是社会转型期结构性压力"，将不规范的网络管理制度和网民的非理性行为归结为社会问题，而忽略了网民作为公民应遵循的公民道德和新媒体的负面影响等问题，因此，这类论述还缺乏科学论证。

（3）媒介形态多元化。无线移动技术以及手机的便携性使信息传播打破了时空障碍，使手机媒体成为更有力的舆论传播载体。在突发公共事件中，人们许多时候是通过手机在第一时间获取信息。特别是在危机事件中，受众对人际传播信息的需求比在日常生活中要高出很多。随着我国三网融合和新媒体技术的发展，移动媒介平台和互联网的交互性越来越强，手机用户可以用手机访问互联网，或者在网上进行购物、阅读新闻，手机媒体提供的个性化信息，使用户具有高度互动性与参与性。手机的便携性和微博、微信共同构筑了新的传播网络，人成为最终的移动传播终端，用户可以在户外、地铁、公车站任何有手机信号的地方实现信息的交流，手机传播模式的开放性，决定了人人皆可为传播者，支持手机的 APP 游戏、软件应用层出不穷，曾经依赖学校参与社会活动的大学生，完全可以通过随身携带的手机随时参与社会化活动，手机传播信息主题的多样性与信息的海量性，使得手机的传播效果大幅增加，在整个传播过程中，手机媒体传播点对点的精准性与及时性，决定了信息在每一个传播节点，都可以被全面而准确地发送，并进行及时地交互与反馈，从而实现传播效果的最大化。

微博迎合了即时网络的发展趋势，缩短了从信息源发布到信息传播的路径和时间，从而实现了信息传播的零时间。正是因为即时性保证了瞬时传播，高度的互动性才成为可能。2010 年国内微博迎来了春天，微博像雨后春笋般崛起，四大门户网站均开设微博。根据公开数据表明，微博、微信的使用人数增长趋势明显，手机已经成为网民上网的主要工具。

据最新研究表明，在众多手机 APP 软件中，社交通信类 APP 仍然是目前下载量和使用人数最多的手机软件，并且智能手机移动用户年龄分布，正呈现出"由中间向两端增长"，即老人和小孩的使用人数正逐渐增多。从使用习惯上看，手机支付，正成为人们日常生活中手机应用的主要方式。

移动终端提供的便利性和多媒体化，使得微型博客用户体验的黏性越来越强。微博在重大舆论事件中屡屡展现传播威力，不断改变着社会舆论的生成、存在与传播方式，不断对既有的社会管理模式提出新的挑战，它以其独特的开放性与匿名性，给新兴的网络民众提供了平等的行动机会与空间。由于低成本、高效率、高便捷度的政治参与渠道的存在，社会各阶层、各利益群体均能通过网络，更直接地表达自己的政治意见与利益诉求。借助新媒体舆论，代表着不同利益群体的各种声音都可以找到自己的社会基础。但值得反思的一点，来自互联网上鱼龙混杂的声音，是否能代表民主？网民不是政治学研究者，因此，打着民主幌子的网络暴力也值得警惕。

（4）信息真实性难以甄别。新媒体传播平台以其匿名性与快速传播性极易成为谣言的"助推器"和"放大器"。畅通的言论通道与开放型舆论环境给人们交流思想提供了极大的便利，同时蔓延于网络的"情绪型舆论"，有时产生的负面影响很大，从而加剧了群众的盲从与冲动，也使网络冲突与网络暴力现象日益突出。低学历的网民在我国网民结构中占有较大比例，这决定了我国大量网民的思想认识水平及对事物的认识深度与广度是有局限性的。未来一段时期，网络暴力行为还将长期存在，特别是在有效管理手段和监管技术没有成熟之前，在相关的规制体系和公民有序参与的各种行为规范没有建立之前，这种"网络暴力"现象会成为一种常态。

（5）新媒体舆论的社会影响。新闻媒介的公共话语监督是一种特殊的社会监督形式，随着新媒体技术的发展，公众通过新媒体平台行使政治和公共事务监督权的能力得到极大提升，各种新媒体舆论监督"越位"的现象也越来越多。随着我国新媒体发展的深入，更多的商业媒体进入媒体市场，被金钱和利益左右的媒体往往成为公关公司的工具，通过微信公众号软文和"车马费"等媒体潜规则，商业媒体打着"社会监督"的幌子，通过文本传播引导手法，借助新媒体平台产生的社会舆论影响力，对大众评价和社会进程产生着不容忽视的影响，甚至成为企业之间相互竞争的媒体工具。例如，360和腾讯的"3Q"大战中，两家企业纷纷利用手中的新媒体工具维护自身企业利益，媒体充当了资本打手的角色。恶意引导的负面网络评价会在网民中自发进行，甚至演化为现实中的侵扰，从而影响事件的发展。

从新媒体舆论的发展现状及其发展特点可以清晰地看到，新媒体对社会舆论的形成与发展起着关键的作用，同时，也使社会舆论的生成、演化、发展产生了巨大的变革。可以说，社会舆论的生成与强化，与新媒体的发展有密不可分的关系，特别是在当前全媒体时代，很难出现不产生舆论影响的媒介活动。新媒体舆论没有局限在自身媒介形式的影响力之内，而是透过传统媒体影响到整个社会舆论。新媒体舆论的关注热点同整个社会舆论的关注热点高度重合。新媒体舆论是社会舆论的发生、发展的重要阵地，也是社会舆论的重要表现形式。

针对新媒体舆论的传播特征，首先，要理解新媒体舆论传播的作用，既要充分和网民进行沟通，提高舆论引导的能力，也要积极推动信息透明化，确保把新媒体产生的负面效果（谣言和毁谤）等问题在扩散开前消除，这就要求发布者和应用者有较高的新媒体认知素养，在甄别信息方面有较强的能力。其次，国家也要加快新媒体的舆论法制建设，从预防和治理两个方面双管齐下做好新媒体舆论的规范管理，并对广大网民进行必要的新媒体素养教育。

有效利用新媒体的传播渠道首先要提高使用者的新媒体素养，了解新媒体应用的相关知识，学会利用新媒体快速、便捷、海量的特性搜索信息，了解舆情。同时，要善于利用新媒体参与社会，解读舆论中深层次意义，利用新媒体参与舆论表达，进行舆论引导。此外，要在尊重网络民意的同时，提高对网络民意的甄别能力。既不能阻碍新媒体舆论的传播渠道，又要防止被网络民意所挟持。

新媒体出现之前，传统的社会管理方式存在着被动、反应速度慢等制约因素，难以满足人们的需求。新媒体对政务信息提出了快速及时、准确、权威的新要求。建立高效沟通的渠道，改变被动的社会管理方式，学会主动出击，成为当前新媒体情境下管理者们都要面临的问题之一。例如，大学生教育管理活动中，既要充分利用新媒体的沟通便利性和学生建立起充分的交流，随时跟踪教学效果和改进教学方法，也要深入挖掘新媒体所蕴含的隐性价值观教育特征，充分利用新媒体开展新形势下的大学生教育教学课程，及时吸纳新出现的新媒体热门应用形式推进教学工作，并根据此应用的具体特点，利用其发布特定的信息，了解学生共同关注的热点问题。

二、新媒体的发展

新媒体展现出如此强大的发展潜力，主要依托于新媒体技术的高速发展和新媒体市场的日趋成熟。国家高度重视新媒体技术的发展，不仅在政策和资金上给予极大的支持和帮助，而且倡导从国家层面，做强做大一批具有世界范围影响力的新闻信息平台，同时，鼓励民间私有资本利用互联网技术，建设具有自身企业特色的综合性网站，从而推动互联网行业健康有序发展。

（一）"新新媒介"出现

基于新媒体（New media）的第一代网络媒介，有学者提出新新媒介（New new media）的概念，与原有新媒体，如电子邮件、电子商务、BBS等载体相比，新新媒介是指互联网上的第二代媒介，以微博、推特网、微信这类交互式社交平台为主，其特征和原理主要包括：①其消费者也是生产者；②其生产者多半是非专业人士；③个人能选择适合自己才能和兴趣的新新媒介去表达和出版；④新新媒介平台是免费的；⑤新新媒介之间的关系，既相互竞争又相互促进；⑥新新媒介的服务功能胜过搜索引擎和电子邮件；⑦新新媒介没有自上而下的控制；⑧新新媒介使人人成为出版人和制作人。关于新新媒介的界定，我们可以看作是对新媒体种类的一个细分，包含了所有新媒体所具备的特性，同时又具备网络世界的虚拟性、非真实性所带来的弊端，比如知识产权侵权、谣言煽动、网络人肉搜索等。

根据互联网媒体的交互性和自主性差异，可以将其作为区分新媒体和新新媒体的标准，然而所谓"新新媒介"的概念，并没有得到研究者们的广泛认同，但可以将其看作对新媒体研究领域细分的一种探索。

（二）新媒体产业日趋成熟

2008年北京奥运会，新媒体首次作为奥运会独立传播机构与传统媒体一起被列入奥运会的传播体系。互联网等新媒体平台被正式纳入赛事转播渠道，充分表明新媒体作为一种新传播渠道的社会价值和商业价值。奥运的巨大商机推动新媒体布局和发展，新媒体版权保护受到重视。

互联网和移动增值作为新媒体最重要的两个领域，得到了快速发展。随着智能终端的普及，移动互联网购买用户将不断得到提升，移动互联网的用户收入结构不断得到改善。新信息通信时代，移动互联适逢其时，掌握全球大势，将会有助于更好地把握本土移动互联网产业与市场的发展方向，从而在移动互联网发展浪潮中获得更好更健康的发展壮大机会。

移动互联网应用主要表现在手机游戏、移动音乐、移动搜索、移动支付等方面，并且都有很大的发展前景，但是也面临着很大的困难。移动互联网相对于固定互联网的最大特点是随时随地和充分个性化。移动用户可随时随地便捷地接入无线网络，实现无处不在的通信能力，移动互联网的个性化表现为终端、网络和内容/应用的个性化，互联网内容/应用个性化表现在采用社会化网络服务（SNS）、Widget 等 Web 2.0 技术与终端个性化和网络个性化相互结合，使个性化效应极大释放。这是移动互联网应用所面临的新型技术环境，很多企业都在这方面进行深入地研究发展，以达成移动互联网应用最大的发展。

2010 年中国移动互联网细分行业构成中，移动增值服务份额最高，手机游戏基于智能手机平台的游戏市场带动，份额居于其次。移动互联网应用拥有很大的发展机会，但也遭遇着诸多挑战。移动运营商要根据国内外移动互联网发展现状和发展趋势的分析，实行战略部署，要加强产业链合作实现共赢，为整个移动互联网产业发展开辟了更加广阔的空间，所以移动互联网应用具有很大的投资和发展潜力。

（三）交互式媒介平台广泛应用

从 2002 年博客正式在中国兴起以来，从最早的博客到后来出现的微博、微信等新媒体工具，交互式媒体的形式发展日趋丰富，集文字、图形、音频、视频为一体的超媒体特征为信息传播打破了传统媒体的局限，使交互式的公共对话模式打破了传统的社会分层对话模式，"21 世纪的传媒时代，新媒体正在将公共领域逐步侵蚀"，借助哈贝马斯形成公共领域的三大条件为衡量尺度，对传统的大众媒体和新媒体进行深层次的剖析，发掘新媒体对构建公共领域的正面价值，在新旧媒体更迭之际，研究者指出新媒体所展现的截然不同的积极和消极社会影响，即为公共话语传播对社会舆论、对意识形态的建设形成新的挑战，又由于交互式媒体所具备的即时性、自主性、开放性和互动性为人们提供了一定程度的话语自由，这种自由颠覆了"把关人"的传播概念，使交互式媒体传播的内容良莠不齐、泥沙俱下，对人们的价值观产生或好或坏的影响。

（四）文化软实力的建设

随着新媒介平台的高速发展，我国的新媒体产业结构也发生着巨大的变化，我国学者提出："新媒体产业是文化创意产业、文化传媒产业和信息技术产业融合而成的一种新兴产业形态，是涵盖了新兴科技和人性化体验的新兴产业。"在复杂的国际环境和多元文化背景下，探讨民族精神培育、增强国家软实力成为高校教育管理的重大现实问题，新媒体产业的形成，为我国发展文化软实力、借助文化创意产业在新世纪寻找新兴的经济发展龙头成为可能，作为知识密集型服务业的一种特定类型，新媒体产业也具备科技服务性、知识智力密集性、效益的高外部性等特征。

三、当代新媒体的动态发展格局

新媒体的发展延续了媒体发展的便利和效率。然而，当前的新媒体形势突出了与一般媒体不同的情况，新媒体比以前任何媒体都更加活跃，每个新媒体用户都更加深入生活。同时，由于技术平台的多样性和技术的不平等性，新媒体创造了各种具有不同特色的新媒体共存局面，并且在共存中继续沟通、融合和转型，倾向于创造新的边缘和多功能产品。当前的新媒体正在形成自己独特的生态圈。这个生态圈是复杂的，但它密切关注用户体验的营养土壤，并继续向用户群效应发展。由于用户群效应的多样性，新媒体不断更新和自我复制。

新媒体是基于最早的技术起源，源于世界上某些流行媒体，然后引入中国来改造而成。在各个集团中，有一些公司只是从事特殊新媒体的运作，还有一些跨国联盟的大型媒体集团。在固定新媒体组中还有几种主要产品并存，并且在短期内锁定在自己的特定用户群中。在新媒体生态系统中，各种新媒体具有不同的服务导向和服务水平，这些服务形成的使用偏好和体验习惯有利于稳固其固定用户群。

目前，中国互联网用户使用的即时通信、搜索、音乐、新闻、在线视频等应用较多，其中新媒体占 3/5，这些网络产品具有新的社交媒体和娱乐媒体能力。可以说，新媒体不仅仅是传统意义上的媒体或信息传播工具，还是互联网用户在线生活的载体和核心。

（一）视频网站

优酷网、土豆网、爱奇艺网等视频网站强势鼎立。视频分享和欣赏成为主要娱乐方式，由此产生了"播客"这一类似媒体记者的群体。用自己的摄像设备记录社会，传播社会。类似的还有虾米网、新浪 Qing 博客等音乐分享网站和图片分享网站，都在娱乐分享的情况下实现了视频媒体、音频和图片媒体的传播。

（二）搜索引擎

百度百科、互动百科、维基百科等百科式网站，以及百度知道、搜搜、360 问答等问题回答式网站，以及 QQ 书签、新浪书签等社会化书签。最新的社会知识群体已经通过新媒体衍生了知识的大众化，大量信息和知识来源逐渐倾向于"有问题，百度一下""搜搜问问"等新媒体。建立在资讯分享和答疑解惑信息需求上的文化与知识分享，在大众知识文化水平日益提高的中国将愈加普遍。

（三）社交网站

大街网、天际网、商麦网等商务社交网站，以及拉手网、美团、大众点评等社会化电子商务与消费点评平台，商务社交网络的主要目的是为职业人士创造一个在线社交平台。在此平台上，用户可以通过不断扩展的人际网络从容地寻找商务联系人。而社会化电子商务与消费点评实现了商务消费与社交的融合，通过对相同消费属性的群体的聚合实现商务利益的集中化。

总体来看，目前大学生使用频繁与较为广泛接触的新媒体平台，其思想性和娱乐性要多于消费性和商业性，行为的非功利化和社会责任感也多于婚恋社交和商务社交用户群。就我们选择的论坛、贴吧、博客、空间、QQ、微信、微博等新媒体来分析，当前新媒体动态格局主要体现在以下几个方面。

（1）在论坛聚合媒体方面，猫扑、天涯、百度贴吧依旧保持强劲的媒体影响地位。论坛贴吧出现多年之后仍然处于网络舆论的最前沿，就在于其固定的用户习惯。众多网络热门事件多曝光于论坛。例如，网友通过猫扑论坛对于社会百态的嬉笑怒骂，百度贴吧"李毅"吧不断涌现的造词热、造句热。华中科技大学校长"根叔"演讲中能对大学生喜爱的词句信手拈来，也是长期"潜水"① 论坛的结果。目前，论坛依旧是网民通过评论来参与社会事件的基本阵地。

（2）在社交博客媒体方面，当前格局以 QQ 空间、人人网形成了主流地位，以及以新浪博客、网易博客和讯博客等形成的博客群。社交媒体如开心网、人人网保持了其博客化社交的特色。中国高校新媒体用户集群有说法为"北有人人，南有空间"，一方面体现了博客式社交媒体的重要地位，一方面展现了大学生对社交媒体的知识化与个性化的追求。当前 QQ

---

① 潜水，指只浏览页面、只看帖子而不发表意见，与潜在水下不露头的潜水动作类似。

空间和人人网二者形成的地位相当于 Facebook 在北美的地位。

（3）在即时通信媒体方面，腾讯 QQ、微信依然保持了首要位置。出于多年即时通信的积累，腾讯 QQ 依然是中国最普遍使用的新媒体之一。MSN 成为联系国外朋友较为便捷的通信工具。手机 QQ 具备移动设备交友的更大便利。而中国移动飞信继续保持着移动手机用户中的低资费优势。

（4）基于移动设备的终端平台，链接了移动 Web 或 Wap 网络的新媒体，以及由手机短信、彩信功能延展的手机报新媒体，展现了更加灵活多样的媒介形态。当前手机新媒体呈现出移动、电信、联通等手机运营商为主架构，多种群团组织、社会机构、商业公司"多报齐发"的媒体状态。手机报以及移动信息平台对于广大新媒体用户来说意义重大，促进了真正双向互动的实现和用户的精准定位。

（5）在微博方面，出于内容建设和分享的便利性与参与社会公共事件的热情，推动了微博成为当前新媒体中最重要的一极。在社会捐助、扶贫帮困、打拐救助、高铁事故等一系列事件中，公众通过微博获知事件即时信息，政府通过微博政务公开、取信于民，企业也通过微博做好产品公关和推广宣传。

当代新媒体的主要特色为虚拟化存在的网络空间。当代大学生在不分男女、尊卑、贫富、美丑、地域远近、种族以及职业的差异，均可方便快捷地通过手机、QQ、E-mail、博客、微博、BBS 论坛、网络社区等网络载体进行互动沟通。正是在虚拟化和平等化的保护下，以互联网为代表的新媒体正在构建着一种全新的社会生态，以巨大的作用力推动着整个社会的快速变革和青年群体的思想变化。

当前新媒体格局略显出传播手段的更新换代。移动媒体方面，Android 广泛普及，iPhone 系列拥有一批稳定的受众群，各种信息化工具类型多、更新快。在 MSN、飞信、QQ、论坛、博客等占据主流时，微博又成功营造了话语圈，成了广大民众尤其是青年所青睐的信息集散地和社会舆论新场所。当前新媒体格局中，网络用户与移动用户急剧增长，APP 应用迅速普及。

当前新媒体格局中，资讯传播与舆论散布更加密集。"以网络为代表的现代传媒，其符号化、虚拟化、交互性传播，对传统社会的信息传播方式、话语模式和舆论格局带来革命性变革"。在当前新媒体格局中，网上求职、网上创业、网络购物、居家办公等日常生活网络化、虚拟网络现实化的作风渗透到社会生活各个领域，改变着传统社会的习惯、运行轨迹和现代人群的传统生活方式。在当前新媒体格局中，新媒体个性化和人文化倾向明显，出现了所谓的个人媒体。除了博客，还包括一些新的形式以及人们熟悉的论坛、讨论组、用户个人出版、协同出版、P2P 系统和 XML 协同等。个人媒介满足了人人都有发布信息、人人都能够自己去选择信息的基本欲望。在当前新媒体格局中，多网合并、兼容成为必然，如就中国移动 12580 业务旨在打造电信业精准定位的新媒体，将语音频道、彩信频道、手机客户端、Wap 频道、Web 等媒介因子融合在一起，从而实现用户的通信习惯和消费习惯集合，产生出最大价值。

在当前各种新媒体的格局中，大学生群体得到了最大的可行性优势，可以充分借助新媒体实现自我发展、自我服务、自我教育。但是新媒体只是一种工具，要更好地实现对大学生的发展、服务、教育，必须依靠高校教育管理工作者的引领和帮助。

第二章　大学生网络心理行为与教育辅导

随着网络技术的发展与普及，网络对大学生心理和行为所造成的影响，已成为高校教育工作者非常关心和重视的研究课题之一。高校思想教育工作面临的问题包括：网络环境下大学生心理与行为有哪些新的变化？大学生在使用网络方面到底有哪些行为特征？什么因素影响大学生的网络心理与行为？如何有效地帮助大学生从网络依赖等不适应行为中走出来。本章通过一系列的理论分析和实证研究及实验研究来详细介绍，并证明团体辅导是解决大学生网络依赖有效的、可操作的、可推广的方法。

第一节　大学生网络行为及心理机制

经调查表明，大学生是网络使用者的主要群体之一，网络不仅会对学习成绩和人际关系造成直接影响，还会影响大学生的身体和心理健康以及适应环境的能力。深入地了解大学生网络行为背后的原因，应该通过研究大学生处于网络环境时的心理机制和行为规律，从而在教育工作中正确地培养学生积极健康的网络行为，从而避免不良影响。

一、网络行为

（一）网络行为的界定及其类型

网络行为（Internet behavior）是在互联网产生之后出现的一个新概念，直到目前，人们关于它的定义仍未统一。在英语国家中，研究者们一般不将网络行为准确定义，在表示上网行为时，通常会使用词汇 Internet use 或 Internet usage，即使用网络的行为。根据以上的描述，可以认为，网络行为就是利用网络，将网络作为媒介工具或工作对象的一切有关工作、学习和生活等行为。从狭义上来看，网络行为就只包含网上行为。但从广义上讲，网络行为就是网络环境下产生的所有行为，包括网上行为和网下行为。网上行为是以网络为媒介的行为，如网上休闲娱乐、网上信息浏览、网上聊天、搜索信息等；网下行为是不以网络为媒介的，但是与网络有关或受网络影响的行为，如网友线下的聚会，网友互相通过电话和书信来进行联系，甚至因网络依赖而导致的逃学或犯罪的行为等。

网络行为可按照不同的标准分为不同的类型。按照上网行为的内容性质分，可以分为社会交往行为、获取信息行为、娱乐休闲行为；按网络服务的目的和技术特性分，网络行为可以分为电子服务行为、信息查询行为、电子商务行为、休闲娱乐行为、沟通交流行为；按上网目的分，可以分为娱乐消遣行为、追求刺激行为、人际交往行为，或者娱乐取向行为、工作取向行为、生活取向行为、社交取向行为。除此之外，按照网络行为发生频率的高低，还可以将其分为高频网络行为和低频网络行为；按照网络行为对使用者造成影响的好坏来分，还可以将其分为积极的网络行为和消极的网络行为。

（二）网络依赖与网络成瘾

随着互联网的日渐壮大，因它的消极影响而产生的心理疾病越来越受到社会和学者们的关注和重视。美国心理学会（APA）在 1997 年正式承认了"网络成瘾"研究的学术价值。近年来国内外临床心理学家、教育工作者和网络研究者对网络使用者身上的网络依赖与网络成瘾等不良现象产生的原因进行了深入的调查与研究。

在以往研究中，"网络成瘾"与"网络依赖"两个名词是不作区分的。"网络成瘾"这一词语第一次出现在 1994 年，来自美国纽约的精神病医生伊万·戈德堡（I. Goldberg）[1] 宣布发现了一种新的心理障碍性疾病，并把它命名——"网络成瘾症"（Internet Addiction Disorder，IAD）。它是指在没有成瘾类物质的作用下出现的患者对自身上网行为失去控制的现象，主要表现为过度使用网络或使用网络不当而导致个体的社会、心理功能的损害，并伴有和上网有关的耐受性、戒断反应以及强迫性行为等。也有的研究者把网络成瘾称为"网络依赖"或者"病态因特网使用"。阿姆斯特朗（L. Armstrong）[2] 等人认为网络依赖是一个很宽泛的概念，成瘾者

---

① Goldberg I. Internet Addiction Disorder. http://www. cog. brown. edu/broch ure/peaple/duch-on/humor/ineernet. addiction. html，2004-07-05.

② Armstrong L. How to Beat Addiction to cyberspace. html：//www. netaddiction. com/. 2001.

有大量行为和冲动控制上的问题，并有多种类型的成瘾（依赖），如网络关系依赖、网络强迫行为等。周倩把国际卫生组织对于成瘾的定义加以修改，将网络依赖定义为：由于重复地使用网络所导致的一种慢性或周期性的着迷状态，并产生难以抗拒的再度使用的欲望，同时会产生想要增加使用时间的张力与难受性、克制、退瘾等现象，对于上网所带来的快感会一直有心理与生理上的依赖。

本书认为，网络使用者由于过度使用网络而导致沉迷和上瘾，并且出现明显的社会、心理损害以及伴随生理性不适的现象可称之为"网络成瘾"，轻度的网络沉溺行为则称为"网络依赖"。网络依赖主要表现为对网络有一种心理上的过度依赖感，把网络当作生活的中心，上网时间失控；从上网行为中获得愉快和满足感，产生了依恋性，一旦停止上网，马上就会出现心情低落、兴趣丧失、精力不足、情绪容易失控、自我评价能力下降、头昏眼花、疲乏无力、食欲下降等不良的身心反应；对现实生活失去兴趣，参与社会活动及与他人交往减少；以上网作为排解调节自己情绪的一种方式，来逃避现实生活中的烦恼与情绪问题；即使意识到问题的严重性，依旧难以自拔，并且严重影响了身心健康水平，阻碍人格的发展。网络依赖者同网络成瘾者一样，都将网络视为寻求解脱和刺激的工具。当现实生活中遭遇挫折的时候，网络依赖者倾向于到网络上逃避、寻找慰藉。

网络依赖和网络成瘾的发生概率没有规律性，它会因为时间、方式及人群的不同而有较大差异。网络成瘾者中男性人数偏多一些。随着网络的发展，网民开始呈现低龄化趋势，网络成瘾者的主体是受到良好教育的人群，主要是学生，其次是家庭手工业者以及高薪阶层。

关于网络依赖和网络成瘾的类型，美国匹兹堡大学杨（K. S. Young）通过在线调查和电话访谈这两种形式获得了近500名过度使用网络者的信息并对此展开研究[①]，他将网络成瘾分为5类：网络强迫行为、计算机成瘾、网络社交成瘾、网络色情成瘾、过度信息超载。一般认为，程度不同、类型不同的网络成瘾者，表现出的症状是不一样的，其身心所受到的影响也是大不相同的，所以还可以将网络成瘾分为几种亚型。目前一般公认的有6个类型的混合体，具体包括计算机成瘾、网络游戏成瘾、网上信息收集成瘾、网络交友成瘾、网络色情成瘾以及其他强迫行为（如网上购物、网上讨论、BBS发表文章、拍卖等活动）。也有学者把这些类型归纳

---

① Young K, Suler John. Intervention for Pathological and Deviant Behavior within an online community. http://www. netaddiction. com/articles/inter ventions. htm. 2004-07-20.

为三个大类——网络关系成瘾（网上聊天、收发邮件等）；网络娱乐成瘾（玩网络游戏、看电影等）；信息搜集成瘾（无休止地收集大量无用的信息、广告等）。

（三）网络成瘾的心理机制

1. 杨的 ACE 模型

杨在"网络成瘾"早期的研究分析中作出了许多努力和贡献，其中一大贡献就是根据自己的实证研究结果，提出了网络成瘾"ACE 模型"，如图 2-1 所示。

图 2-1　杨的"ACE 模型"

杨认为便利性（Convenience）和逃避现实性（Escape）、匿名性（Anonymity）是导致用户成瘾的主要三个特征。匿名性是指人们在网络里可以做任何自己想做的事、说自己想说的话，且不必为此负责，不用担心因此而受到惩罚或者伤害。便利性是指网络使用者通过网络手段就可以做自己想做的事情，比如网上色情、网络游戏、网上购物、网上交友都可以动动鼠标就完成，非常方便。逃避现实性是指心情不好或碰到非常麻烦的事情时，可以通过网络找到安慰或者暂时逃避，使人沉溺其中，无法自拔。

2. 戴维斯（R. A. Davis）的认知——行为模型

加拿大学者戴维斯用"病态因特网使用病态行为（PIU）"这一术语来代替"网络成瘾"，同时提出了"病态因特网使用的认知—行为"模型，指出病态行为（PIU）包括有明确目的与无明确目的的上网行为，社会联系的需要与在网上获得的强化导致了现实中上网行为的增加。戴维斯用"素质—应激理论"框架来解释 PIU 促成性成因的性质，认为 PIU 受到不良倾向（个体的易患素质）和生活事件（压力源）的影响，它们位于 PIU 病因链远端，是 PIU 形成的必要条件。其中"令体易患素质"指当个体具有抑郁、社会焦虑和物质依赖等素质时更容易发展出病态网络使用的行为。而模型的中心因素是适应不良认知（mal-adaptive-cognition），它位于 PIU 病因链近端，是 PIU 发生的充分条件。"适应不良认知"是指 PIU 个体表现出基本的认知功能失调，引发 PIU 的相关行为症状，戴维斯认为，适应不良认知包括对自我观念和对世界观念的不适应认知。自我怀疑、低自我效能和消极的自我评价，对自我存在的世界的认知歪曲，都容易使个体产生消极观念，而他们也会利用互联网，从他人那里获得更多积极的反应。

3. 格罗尔（J. Grohol）的阶段模型

该模型认为网络用户接触网络后大致要经历三个阶段：第一阶段，网络新手被互联网迷住，或者有经验的网络用户被新的应用软件或信息资源迷住；第二阶段，用户开始避开导致自己上瘾的网络活动；第三阶段，用户的网络活动和其他活动达成了平衡。格罗尔认为所有人最后都会到达第三个阶段，但不同的个体需要花不同的时间。因此网络成瘾可能只是网络用户在某个阶段的表现，他们只是在第一阶段被困住，只需及时地帮助、正确地引导或者有效地心理治疗就可以渡过难关。

4. 约翰·苏勒（John Suler）的满足理论

约翰·苏勒曾在《各取所需——健康还是病态地使用网络》中详尽阐述了个体在网络空间行为的动机。他认为，一些上网者越多地使用网络，越容易被网络空间的生活方式所吸引，以致花费越来越多的时间上网，甚至因此忽略了他们的真实生活。他根据"马斯洛需要层次"理论来解释这一现象，认为人们在网络空间中的行为是为了满足以下的需求，改变感知体验的需求、人际交往的需求、性的需求、归属的需求、成就和控制的需求、自我实现和自我超越的需求等。在现实生活中因为某些条件不能满足的需求往往通过网络获得，这非常容易导致网络依赖，这是一种需求被压制、忽略、转移或陷入一个表面的、间接满足的恶性循环。个体形成了获得满足感的歪曲事实的"直接"认知，往往导致出现病态的成瘾与固执行为。

5. 行为解释理论

以上解释基于斯金纳操作条件反射和巴甫洛夫的条件反射理论。理论认为如果奖励或者惩罚一个人做出的某种行为，就可以增强或削弱这个人的此种行为。同样，网络使用者在上网时所获得的任何回应与奖励就会帮助使用者心理的依赖情绪，如得到爱、兴奋、生理上或精神上及物质上的慰藉，并且感觉到网络能带来许多乐趣时，也能让他逃避现实时，他就非常可能在再次产生这些需求时而通过上网的方式解决。逃避行为越来越易发生，就会越来越多地使用网络。

二、大学生网络行为及其影响因素

目前，国外关于大学生网络行为研究主要包括大学生在网络上的一般行为和问题行为两方面，内容涉及这些行为的各种影响因素、行为后果以及教育和矫正对策等。在我国，这些研究尚处于起步阶段，并且其深度和广度往往还不能满足实践的需求，所以此类研究很有价值，并且具有紧迫性。

有相关课题研究团队在北京地区开展了大学生网络行为的调查研究（简称调查一，下同），包括大学生网络使用现状、网络行为类型、网络依赖程度以及网络行为偏好研究。研究使用了网络使用状况问卷、网络行为问卷、网络成瘾量表以及艾森克人格问卷，对清华大学、北京师范大学、北京航空航天大学、中国人民大学、北京邮电大学、北京科技大学、中国矿业大学、中国农业大学等八所院校的 433 位在校且有使用网络经验的大学生进行调查，发放 470 份问卷，回收问卷 450 份，其中有效问卷 433 份。调查对象中，男生 235 人，女生 198 人，年龄在 17~23 岁之间；在年级分布上，大一 72 人，大二 111 人，大三 135 人，大四 115 人；在专业分布上，理工类 256 人，文科类 166 人，艺术类和其他专业 11 人。调查一考察了大学生的网络行为现状，分析了网络行为偏好与人格因素的关系，并探索了网络行为偏好等因素对网络依赖程度的预测作用。

（一）网络使用基本状况

1. 上网时间

所有被测试者平均每天上网时间约 8h，其中最低为 2h，最高为 16h。有 22% 的被试者每天上网时间不到 5h，有 30% 的被试者每天上网超过 8h，极少有被试者超过 12h。

2. 网龄

所有被测试者平均网龄约为 10 年，其中最短的不到 6 年，最长的达 15 年。绝大部分被试者的网龄在 9 年到 12 年之间，只有不到 10% 的被测试者网龄在 9 年以下。由此可以看出，北京地区大学生的网龄普遍较大，大部分学生在中、小学时代就已经开始接触使用网络。

3. 上网时段

北京市大学生中近一半的人没有固定的上网时段，超过半数的人群在晚上上网，有小部分人群固定在深夜上网。

4. 上网方式

北京市大学生最主要的上网方式是用手机或利用电脑通过宿舍专线上网，还有19%的人会去网吧上网，8%的人在学校网络教室（机房）上网。从上可知北京地区高校的网络发展普及水平很高，学生们使用网络极其便利。

5. 上网目的

男、女生上网的着重点有所区别。总体来讲，绝大部分学生以娱乐、放松和查找资料为目的，近半数左右的学生用以联系朋友家人和服务于学习，较少部分的学生通过网络用以认识新朋友。其中，为学习服务、和朋友家人联系、认识新朋友这三个上网目的，女生所占人数比例分别比男生高出了10.9%、9.6%和3.4%，而男女生在选择其他目的的人数比例上相差不大。

6. 态度

据调查，男、女生在对网络关系的评价上比较一致。无论男生还是女生，绝大部分人都觉得网络对自己比较重要，其中约3/5的人认为网络对自己非常重要，是生活中必不可少的一部分。

7. 影响程度

据调查结果显示，认为网络对自己影响较大的人数占比最大，达到了4/5以上，且男女生的人数比例近似；只有极少数的人认为网络对自己的影响很小；而认为网络对自己影响很大的男生比例比女生高出了约6%，差异较明显。在影响性质的项目上，认为网络行为对自己的积极影响高于消极影响的人数较多，女生比例相比于男生来说较高一些，相差近12%；而认为网络对自己有消极影响的比例为男生比女生高出了约10%。

8. 调查结果

调查结果表明：北京地区高校的网络条件很好；大学生中大多数人能够适度地使用网络，极少数人在网络使用上花费了过多时间；网络对大学生比较重要，他们主要上网目的是运用网络查找资源或者娱乐和放松，但女生比男生更倾向于用网络来学习、联系家人朋友和认识新朋友；网络对大学生的影响比较大，且以积极影响为主。

（二）网络行为类型

1. 常见网络行为

大学生常见的网络行为主要有下载音乐和影视资源、浏览新闻、搜集与学习有关的信息、下载软件、搜集与生活有关的信息、上网聊天、各种BBS 讨论区活动、网络游戏等，其中频率较高的网络行为都与搜集信息和下载资源有关。

2. 因素分析和归类

网络行为量表的内部一致性信度为 0.7985，用 Vaimax 旋转法和 Principal Component 的分析法对其进行因素分析，得到 5 个载荷大于 1 的因子，共分担了 61.476% 的载荷。为了提高网络行为量表可信度，删除了 4个至少同时在两个因子上载荷大于 0.4 的项目或一些载荷分布优势不明显的项目，即随意地进行网上冲浪、浏览新闻、上校友录浏览或发表信息、使用网上银行进行交易。对剩下的 11 个项目重新进行因素分析，得到 4个特征值大于 1 的因子，共分担了总方差的 63.97%，KMO = 0.698。根据这 4 个因子所包括的网络行为类型的性质，把常见网络行为归类为：放松休闲行为（F1）、沟通交流行为（F2）、追求刺激行为（F3）、信息搜集行为（F4）。表 2-1 列出了各因素的载荷、解释总方差的百分比以及所包括的网络行为，其中 F1、F2、F3 和 F4 四类网络行为分别包括了 2~3 种常见的亚网络行为，分类和命名的标准主要是根据这些行为的目的和动机。

表 2-1　网络行为分量表的因素荷载

网络行为类型	因素荷载			
	F_1	F_2	F_3	F_4
放松休闲行为				
在各种 BBS 讨论区活动	0.61	0.17	0.21	−0.08
下载各种软件	0.82	0.03	0.04	0.25
下载各种音乐和影视资源	0.84	0.05	0.07	0.1 7

网络行为类型	因素荷载			
	F_1	F_2	F_3	F_4
沟通交流行为				
上网聊天	0.25	0.68	0.15	−0.21
跟朋友或家人进行 E—mail 联系	0.04	0.78	0.05	0.29
在学习或工作中使用 E—mail	0.03	0.73	−0.04	0.33
追求刺激行为				
玩网络游戏	0.24	0.16	0.63	−0.17
浏览成人网站	0.05	−0.15	0.80	−0.03
进行网上购物和销售	−0.01	0.17	0.74	0.29
信息搜集行为				
搜集与学习有关的信息	0.04	0.23	−0.11	0.80
搜集其他各种与生活有关的信息	0.29	0.07	0.16	0.70
解释总方差的百分比（%）	27.04	15.35	12.08	9.50

3. 各种网络行为使用情况的比较

将四类网络行为（包括亚网络行为）的发生频率用求平均值的方式综合起来，得到四类网络行为的发生频率，并考察其在性别上的差异，分析得出：在放松休闲行为上，男女生中的大部分人都是中频使用者，少部分人是高频使用者，其中男生在中频和高频使用者的人数比例上都略高于女生；在沟通交流行为上，男女生中的大部分人都是中频使用者，男生中的低频使用者多于高频使用者，而女生中的高频使用者则多于低频使用者，且女生在中频和高频使用者的人数比例上都略高于男生；在追求刺激行为上，男女生中的大部分人都是低频使用者，少部分人是中频使用者，高频使用者极少，其中男生的中频使用者人数比例略高于女生；在信息搜集行为上，男女生中的大部分人都是中频使用者，高频和低频使用者较少，男生的低频和中频使用者人数明显高于女生，而女生的高频使用者人数明显高于男生。

综上所述，在北京市大学生的网络行为中，占比较多的是放松休闲行为和信息搜集行为，其次是沟通交流行为，而追求刺激行为的人比较少；从性别差异上看，女生比男生更倾向于从事信息搜集行为和沟通交流行为。

（三）网络偏好行为及其影响因素

所谓网络行为偏好，就是在上网总时间长度相同的情况下，某人在某种网络行为上所花费的时间明显高于其他人。不同的人存在不同的网络行为偏好，而人们对同一网络行为的偏好程度也可能存在不同，因此网络行为偏好这个概念存在类型和程度两个维度。相关研究发现，性别、人格特点、应对方式、社会支持等因素会影响个体的网络行为。本研究分别考察了被试四类网络行为的发生频率与平均上网时间、性别、人格因素（精神质 P、内外倾向性 E、情绪稳定性 N）之间的关系。

结果显示，放松休闲行为频率和追求刺激行为频率与上网时间有较高的正相关，说明上网时间越长的人，更倾向于放松休闲行为和追求刺激的行为；在控制平均上网时间的条件下，沟通交流行为频率和信息搜集行为频率与性别存在显著偏相关，女生相对于男生存在网络沟通交流行为偏好和网络信息搜集行为偏好的趋势；在控制平均上网时间和性别的条件下，精神质分数与追求刺激行为频率存在显著的适度正相关，内外向分数与沟通交流行为频率存在显著的适度正相关，由此可见，精神质分数越高的人，更倾向于表现出网络追求刺激行为偏好，外向性越强的人，更倾向于表现出网络沟通交流行为偏好。

三、网络依赖及其成因与动机分析

网络依赖行为产生的原因与动机比较复杂。各种文献资料表明，某些特定的因素或几种因素的共同作用会对网络使用者依赖网络的程度造成影响。为了有效地帮助网络依赖的大学生走出困扰，健康地生活，必须对网络依赖行为的成因及动机进行深入的探讨和分析。

（一）网络依赖测量工具及判别标准

研究大学生网络依赖行为需要有相应的测量工具。而目前对病态使用互联网的大量研究所采用的测量工具是杨编制的问卷。其他的测量工具有莫拉汉-马丁（Morahan-Martin）等人编制的具有 13 个项目的成瘾量表；中国台湾地区学者陈淑惠等编制的"中文网络成瘾量表（CIAS-R）"；中国台湾地区学者周倩翻译修订的"互联网相关成瘾行为量表"中文版等。现有的测量问卷都是针对网络成瘾行为制订的。根据我国的具体情况，研究网络成瘾的人群固然有其重大意义，然而关注可能转变为网络成瘾的边缘群体，即占人口比例较大的沉迷于网络使用而未达到成瘾程度的大学生群体，有着更加紧迫的现实意义。

通过采集中国内地大学生样本数据，比较了国际上针对网络成瘾制订并使用的三种测量工具，修订了"中文网络成瘾量表（CIAS-R）"。在此基础上界定出正常群体、网络依赖群体与网络成瘾群体的划分标准，并证明这种初步尝试制订的鉴别工具具有一定的实用性，可为后续研究提供有价值的参考。

1. 对"中文网络成瘾量表（CIAS-R）"的修订

"中文网络成瘾量表（CIAS-R）"以北京地区大学生为样本，在"中文网络成瘾量表（CIAS）"基础上修订而成，共有 26 个项目，分为"网络成瘾核心症状"及"网络成瘾相关问题"两个分量表。前者包含"耐受性""强迫性上网""戒断反应"三个因子；后者包含"人际与健康问题""时间管理问题"两个因子，符合网络依赖者的行为及症状。全量表内部一致性系数 Cronbach's α 为 0.93，两个分量表内部一致性系数分别为 0.90 和 0.88。该量表适用于中国大学生，因此从众多鉴别工具中，选取其作为修订基础。

选取研究对象为清华大学、北京师范大学、北京联合大学、北京城市学院和吉利大学五所北京高校内随机抽取的大学生样本 450 人，其中男生占 46.1%，女生占 53.9%；一年级 20.4%，二年级 37.4%，三年级 23.3%，四年级 19.3%；工科 36.6%，理科 32.0%，文科 31.4%。删除无效问卷后，实得有效问卷 388 份，问卷有效率为 86.2%。

对 CIAS-R 的"网络成瘾核心症状"分量表做因素分析。由于分量表中部分题目句型为条件语句，施测时有部分被试反映题目内容会产生歧义，没有遭遇过此类情况的被试者无法作答，因而我们在因素分析时删除了此题目。得到因素分析结果显示，"网络成瘾核心症状（IA-Sym）"分量表在内地大学生样本测量中被分为两个因子。其中因子"网络成瘾耐受性（Sym-T）"与 CIAS-R 所报告的以台湾地区大学生为样本得到的因子所含题项一致，此因子的内部一致性 Cronbach's α=0.73。而在 CIA-R 中的两个因子"强迫性上网（Sym—C）"及"网络成瘾戒断反应（Sym-W）"以中国内地大学生为样本测量时合并成了一个因子，此因子的内部一致性为 Cronbach's α=0.87。测得"网络成瘾核心症状（IA-Sym）"分量表应用在本样本群体中的内部一致性 Cronbach's α=0.89。在因素分析结果中，观察"强迫性上网及网络成瘾戒断反应（Sym-C&Sym-W）"与"网络成瘾耐受性（Sym-T）"两个因子的因素负荷量，又发现第 2 题、第 11 题与第 22 题的两个因子的因素负荷量区分度低，因而我们又在修订 CIAS-R 时删除了这三个题目，目的是适用于中国内地大学生的网络依赖程度判别。

对 CIAS-R 的"网络成瘾相关问题"分量表做因素分析。由于分量表中第 7 题"虽然上网对我的日常人际关系造成负面影响，我仍未减少上网"的句型为条件语句，施测时有部分被试者反映题目内容会产生歧义，没有遭遇过此类情况的被试者无法作答，因而我们在因素分析时删除了此题目。得到因素分析结果显示，"网络成瘾相关问题（IA-RP）"分量表在对中国大学生样本进行测量后的因素分析中，与 CIAS-R 所报告的以台湾大学生为样本得到的因子所含题项一致。"人际与健康问题（RP-IH）"因子的内部一致性 Cronbach's α = 0.82；"时间管理问题（RP-TM）"因子的内部一致性 Cronbach's α = 0.77。测得"网络成瘾相关问题（IA-RP）"分量表应用在本样本群体中，其内部一致性 Cronbach's α = 0.87。在因素分析结果中，观察"人际与健康问题（RP-IH）"与"时间管理问题（RP-TM）"两个因子的因素负荷量，又发现第 17 题与第 25 题的两个因子的因素负荷量区分度低，因而我们在修订中文网络成瘾量表（CIAS-R）时删除了这两个题目，使之可以应用于中国大学生内地的网络依赖程度判别。

在对 CIAS-R 作了上述删除修订后，进一步对两个分量表进行了因素分析。一是对包含 10 个题项的"网络成瘾核心症状（IA-Sym）"分量表做因素分析，结果发现，此分量表的题项仍旧被区分为"强迫性上网及网络成瘾戒断反应（Sym-C&Sym-W）"与"网络成瘾耐受性（Sym-T）"两个因子，其内部一致性系数分别为 Cronbach's α = 0.81，Cronbach's α = 0.73；而"网络成瘾核心症状（IA-Sym）"分量表的内部一致性系数为 Cronbach's α = 0.85。二是对包含 9 个题项的"网络成瘾相关问题（IA-RP）"分量表做因素分析，结果发现，此分量表的题项仍旧被区分为"人际与健康问题（RP-IH）"与"时间管理问题（RP-TM）"两个因子。其内部一致性系数分别为 Cronbach's α = 0.79，Cronbach's α = 0.73；而"网络成瘾相关问题（IA-RP）"分量表的内部一致性系数为 Cronbach's α = 0.84。分析研究表明，修订后的 CIAS-R 量表（19 个题项）总量表的内部一致性达到 Cronbach's α = 0.90，我们认为它具有良好的信度指标。

在对修订后的量表做效度检验时，以杨编制的 10 个问题网络成瘾诊断问卷及莫拉汉-马丁编制的病态网络使用量表（PUS）作为效标，原因是前者在研究领域被广泛承认并使用；而后者是面向大学生群体的设计，针对性较好，且拥有良好的测量学指标。

在效度检验中，修订后的 CIAS-R 与杨制订的网络成瘾诊断问卷及莫拉汉—马丁制订的病态网络使用量表（PUS）之间的相关系数比较高，分别为 0.81 与 0.77；总量表及分量表与效标之间的相关系数总体所在区间为 $0.65 < r < 0.85$。可见，这种量表具有良好的效标效度，其区分效度也处在可以接受的范围。

将修订后的"中文网络成瘾量表（CIAS-R）"称为"大学生网络成瘾量表（SCIAS-R）"，见表 2-2。

表 2-2　大学生网络成瘾量表（SCIAS-R）

序号	题项	极不符合	不符合	符合	非常符合
1	多次被告知，我花费了太多时间在网络上	1	2	3	4
2	发现自己上网时间越来越长	1	2	3	4
3	一旦开始上网，不论多累总会觉得很有精神	1	2	3	4
4	实际上网时间比预估时间要超出什么多时间	1	2	3	4
5	曾经多次因为上网而导致睡眠时间不超过 4h	1	2	3	4
6	相比以前，现在的上网时间越来越长	1	2	3	4
7	心情会因为一段时间没有上网而变得低落	1	2	3	4
8	因为过多的精力放在网络上，减少了与朋友的互动	1	2	3	4
9	曾因上网而导致身体的不适，比如腰酸背痛，眼花	1	2	3	4
10	每天早起后，第一件事想到的就是上网	1	2	3	4
11	上网对我的学业或工作已经造成了不良影响	1	2	3	4
12	只要一段时间不上网，就觉得自己好像少做了或者错过什么	1	2	3	4

续表

序号	题项	极不符合	不符合	符合	非常符合
13	上网的时间挤占了平时休闲、运动的时间	1	2	3	4
14	上网结束后，做别的事时仍然想着网上的事情	1	2	3	4
15	失误了网络，觉得生活非常无聊，没有乐趣可言	1	2	3	4
16	上网对我的身体健康造成负面的影响	1	2	3	4
17	习惯占用睡眠时间，来增多上网时间	1	2	3	4
18	必须花费更多的时间在网上来获得满足感	1	2	3	4
19	曾不止一次因为通宵上网而白天精神不济	1	2	3	4

2. 网络依赖判别标准的制订

陈淑惠等人在制订"中文网络成瘾量表（CIAS-R）"时，将"网络成瘾高危险群体"界定为：主张"大学生使用网络人口中确实存有一群成瘾倾向不低的学生，其半年盛行率很可能落于5%～10%之间"；在其研究中"采用较为保守的估算"，将网络沉迷或成瘾倾向的高危险群体"原则上界定在 CIAS 得分之最高5%者"。国内学者在对 162 名国内大学生样本的调查研究结果中报告，完全没有网络依赖的占 9.7%，轻度网络依赖的占 75.3%，严重成瘾的占 15.0%。根据谢勒（Scherer）1997 年的研究结果，13%的大学生对网络有使用过度的现象，而且出现了负面效应。

3. 网络依赖判别标准的实证

在以上的实验研究中，确定了网络依赖判别标准的操作性定义，并依据此操作性定义划分出正常使用、网络依赖、网络成瘾三类大学生群体。进一步通过比较研究，证实了三类群体在网络使用得分、网络使用时间占休闲时间百分比、强迫症状得分及人际关系敏感等项目的得分上均有显著差异，这就证明了网络依赖不同于网络成瘾。

（二）网络依赖成因与动机实证研究

1. 调查的设计

综合国内外的研究，青少年产生网络依赖的原因大致可以分为两类——主观和客观，即外部环境的影响以及网络使用者的内在因素。网络依赖的客观因素主要包括网络的可获得性、网络自身的特点与社会生活环境；网络依赖的主观因素主要指心理需求与人格因素。以大学生网络心理与行为的特点为切入点，展开了关于大学生网络依赖成因与动机的实证调查与分析。

调查采用网上调查与抽查访谈二者结合的方式。在网上调查的自编问卷中涉及两类，封闭式问题和开放式问题。封闭式问题的设置是在文献调查及实际观察的基础上，尽可能多地列举出大学生网络依赖的成因及动机，被试者根据自己的经验对问题做出多项选择。

2. 结果分析

在开放式问题的结果统计中发现了导致大学生依赖于网络的因素的其他描述：使用网络已经成为心理和生理上的习惯；网络交流有延时性，相对容易；网络条件便利经济；弥补现实缺憾；自制力差；对现实不信任，到网络中寻找归属感；沟通功能强大；网络提供了寻找答案的捷径，同时也使得人们过分依赖网络解决问题；在网络上不必负责任；可按自己的意愿想象对方，有神秘感；便于获取在现实渠道中难以得到的资料及信息；寻找另一半、性伴侣。

结合网上调查结果可以发现，大学生网络依赖的成因及动机存在诸多可能性，这些因素集中体现在逃避孤独、寻求归属感、寻找自我认同感、人际疏离、时间分配能力差、生活无目标、自我控制能力薄弱等方面。综合网上调查和个别访谈的结果，对大学生网络依赖的成因及动机作出如下归纳与总结。

（1）人际关系不理想。大学生中普遍存在发展性问题，这些问题不能及时并且顺利地解决，是导致大学生产生网络依赖的一个重要原因。

首先是人际关系不理想。社交关系不良的学生转向网络寻求友谊，而对网络的过度使用又疏远了现实中的人际关系，形成一种恶性循环。访谈对象谈道："我一来学校的时候人际关系也不算特别的亲密，因为我属于一来就对周围特别有敌意的那种感觉，上网以后就对周围的敌意加强了，觉得更没意思了""因为网络中的那种认同感，我对现实中的同学就开始疏远""因为学习上的一些不如意，还有就是以前我没有住过校，心理上有对家的依赖性，但当时找不到特别好的依赖对象，在网上总觉得比较热闹，就不觉得那么孤独了"。

其次是在网络中寻找归属感。一位依赖于网络游戏的访谈对象这样说："闲的没事不玩的话把战队的 ID 在那挂着，就觉得有一种归属感"，"一起玩游戏就好像一个大家庭，你老能看见他们心里就很踏实"，"如果现在玩游戏这些人全都从战网上消失了，我也就不玩了，没意思，一点意思都没有"。

（2）学习成绩不好导致转向网络中的虚拟世界。学习成绩不好导致了部分大学生对网络的依赖，而这种网络依赖又会使学习成绩更为下降，形成一种恶性循环。一位访谈对象谈道："我觉得这是一个过程。首先，不是所有人的学习都很差，我认识几个人他们成绩一开始都是相当好，但是玩游戏以后就沉迷了，然后成绩开始下降，越降越玩越玩越降。"还有的访谈对象深入地总结说："因为你精力都花在别的地方上，你在学习上的精力肯定就会比较少。而且你在别的方面得到肯定，而在学习方面总是得到否定的话，你在学习上就会消极化，觉得你在学习上怎么都得不到老师和同学的肯定，都会把重心一点点地往那边（网络）移，对学习就是一种特别抵触的情绪，觉得这个东西不但影响我上网，还得不到什么好效果。"

（3）自我价值感和自我认同感的需要。寻求认同与尊重的需要是人的本能，有的大学生企图通过网络来追寻一种新的自我价值感和自我认同感，在虚拟世界中，他们把自己定位得更加积极，甚至相信这种新的特征会变为现实。他们之中，或者由于学业上无成就感，就转而去 BBS 做版主，发表各种观点，写大量优美的文章，在网上被欣赏、被追随、被崇拜；或者在网络游戏中寻找能力的自我肯定。热衷于"练级"，甚至会因游戏能力的高强而在网下受到同学的称赞。一位访谈对象谈道："虽然成绩不太好，但是因为在网络上混的比较好，觉得人家也许会因此对你的尊敬提高一些。可能你在学习上面要做两倍的努力才能得到这些，但是在网上我可以很轻松地获得一种尊敬的话，我就比较倾向于在这里待着。"

（4）网络使用的可获得性。网络使用越方便，网络依赖的可能性就越大。很多大学为方便学生学习和查找资料，提供了便利的上网条件，而且学生也有足够的时间和精力上网。在调查中，访谈对象一致认为学校的上网条件便利且廉价，日常学习时间可由自己来安排，比较自由，学业的要求也鼓励大家更多地使用计算机，而且上网可以提供寻找答案的捷径，便于获取在现实渠道中难以得到的信息资料，这些因素都使大学生倾向于更多地使用网络。比如，多位访谈对象都谈道："假期回家因为网络条件不像学校这么好，就基本上不上网了，也没什么特别的感觉""如果需要花费大量金钱才能获取网络资源，可能我就不会选择上网。"

（5）缺乏自我控制力。自我控制能力差是无法摆脱网络依赖的重要因素。许多学生网络依赖的表现是，即使明知在网上没有特别需要的事情可以做，但仍旧无法抑制而处于频频上网的沉迷状态。访谈对象说："有些东西可能就是跟你的意志力有关，有些东西对你的吸引可能就是会超过你的承受能力，就像吸鸦片这种，可能基本上是没有什么人能抗拒的""心里想控制上网，这是从道义上的，但行动上好像却没办法控制""我号称戒这个游戏戒了大概有十来次了，都没成功""我觉得每个人都应该想过改变吧，但是这游戏……每个人都删过几次，卸载这个游戏，但是过一段时间又重新装了回来继续玩。"还有其他一些因素促使大学生依赖于网络，比如网络可以成为大学生发泄情绪，释放压力的渠道，在心情低落郁闷的时候，尤其控制不了自己上网；还有的人已经将网络作为自己的生活习惯，衣食住行全都离不开网络上的资源和信息的提供；还有属于个体特质的问题，比如酷爱收集收藏有兴趣的资料，所以难以抗拒网络这个强大的信息源的诱惑。根据大学生的年龄特点及成长规律，以上的总结归纳是大学生网络依赖的最具有共性的成因及动机。

（6）小结。研究发现，网络依赖是大学生在成长中常见的问题，大部分人可以依靠自我反省和自我控制能力逐步回归到正常的生活轨道中来。但由于个体及环境的差异性使得这种回归的过程也存在着极大的差异，而且这个过程通常是痛苦而漫长的。如果能以某种适当的方式，针对大学生网络依赖的成因及动机进行干预，对于深受网络依赖困扰，又无法靠自己的力量摆脱这种状态的大学生来讲，将具有重要的作用。

第二节　大学生网络依赖的团体辅导

目前学界对网络依赖没有统一的界定，同时，也没有对网络依赖和网络成瘾两者做出明确的区分。一般认为，网络成瘾（或网络依赖），是指"在无成瘾物之作用下的上网行为冲动失控，表现为由于过度使用互联网而导致个体明显的社会、心理功能损害。"

面对不同成因与动机产生的网络成瘾，应采取不同的干预方法。国内外对网络依赖的矫治和干预已经有多年的研究。结合大学生思想心理成长的特点和需要，以团体辅导的方法进行大学生网络依赖干预的有效性探讨。

一、网络依赖行为的矫治方法

目前国内外对网络成瘾和依赖的有效矫治方法仍在探索和研究之中。从现状看，网络依赖的矫治主要运用的方法有药物治疗、个别辅导、家庭治疗和团体干预。对于网络成瘾的矫治方法主要有以下几类：①时间管理；②雇用监督者；③设定目标；④禁止特殊的网络使用行为；⑤使用提醒卡片；⑥记录个人网络使用清单；⑦接受个别治疗或加入一个支持性的团体。这些干预方法都是从行为上做出限制，强行控制上网者对网络的使用时间及强度，以此来矫正上网者的网络使用不当行为。近年来，认知行为疗法已被用来治疗网络依赖，并成为主要方法。如戴维斯（Davis，2001）根据他的"病态因特网使用的认知—行为模型"，提出了因特网成瘾的认知行为疗法。他把治疗过程分为七个阶段，依次是：定向、规则、等级、认知重组、离线社会化、整合、通告。这种疗法强调弄清患者上网的认知成分，让患者暴露于他们最敏感的刺激面前，挑战他们的不适应性认知，逐步训练他们上网的正确思考方式和行为。

二、团体辅导的作用

团体辅导，即团体心理咨询，又称集体咨询、群体咨询、小组咨询。它是在团体情景下进行的一种心理咨询形式，通过团体内的人际交互作用，运用团体动力和适当的心理咨询技术，协助个体认识自我、探索自我，调整、改善与他人的关系，学习新的态度与方式，从而激发个体潜能，增强适应能力，促进自我发展及自我实现的过程。团体辅导的特点主要体现在帮助人们改变对自己及对他人的观念、情感，行为等方面；团体成员可以探索与他人相处的方式，并学习更有效的社会技巧；团体成员可以讨论他们彼此之间相互的感觉，并获得其他成员在团体中对其感觉的回馈；团体为成员的日常生活提供了反省的机会，尤其是团体成员在年龄、兴趣、背景、社会经济状况、问题的类型等方面具有异质性时，团体提供了一个真实生活的模式；团体提供了人际和支持的气氛，使成员愿意去探索他们自己带到团体中的问题。

团体辅导具有的特点决定了其将对网络依赖具有良好的干预效果。首先，团体辅导为其大学生成员提供了同伴强化的机会。对于青少年人群，同伴给予的增强，远比成人给予的增强更有效。在团体辅导中，成员之间的认同感对于团体成员在认知和行为上的改变有着巨大的支持作用。国外学者认为，过多的网络使用会对性格内向者或缺乏社会支持者产生消极影响，而团体辅导正是增加社会支持资源的良好方式。团体辅导让大学生成员了解并且体验到别人也有与自己相同的问题，自己支持别人的同时，也得到别人的支持，不但使大学生成员产生道义心，而且也增强了团体活动的信心。网络依赖的学生在团体中接触到与自己有着同样使用网络不当问题的同伴，这可以使其减轻自身的特殊感，以平和的心态寻求行为改变的方法。其次，团体辅导可以使网络依赖的学生获得自信心和安全感。网络依赖的学生因对自身的网络使用不当问题投入较多关注，往往忽视自身其他方面的优势及能力。团体辅导可使学生注意到自己的能力，体验到自己在辅导活动中也能有所作为，通过对团体其他成员的成长有所贡献而增强自信心和安全感。再次，团体辅导队团体成员具有较强的约束作用。在团体辅导的初期，成员们共同签署契约，同伴之间既有支持又有监督。网络依赖的学生在团体中做出改变不当行为的承诺后，会因团体的监督作用而努力维护自己的诺言，由此使行为的改变得到长期的坚持和巩固。

一般来说，在各种网络依赖的干预方法中，团体辅导可能是一种较好的选择。网络依赖团体辅导可以帮助当事人从五个方面改变：一是协助当事人认识到自己已过度使用网络；二是协助当事人认知其过度上网行为的潜在心理问题；三是协助当事人面对现实，处理潜在的心理问题而非沉迷网络，逃避问题；四是协助当事人制订过度使用网络行为的行动计划并加以执行；五是在逐步降低上网时间的同时，培养出对时间的敏感度与自我的控制能力，为回归正常、和谐的生活提供保证。

三、团体辅导对网络依赖行为的作用

实证研究的目的是探索大学生网络依赖的团体辅导干预方式和评估效果，研究选取了有网络依赖行为而同时又希望改善的学生作为被试者，分为实验组及对照组，将实验组学生实施为期四周共 8 次的团体辅导干预，通过前测、后测、进行追踪测试的数据对比以及团体成员的自我报告对团体辅导效果进行评估。

（一）研究对象与方法

通过张贴海报招募及辅导员转介等方式，在清华大学和吉利大学两所高校募集到 60 名自愿参加研究活动或被他人推荐参与活动的存在网络依赖困扰的大学生，经过面试及问卷甄选确定 48 人，其中 24 人作为实验组成员，另外 24 人作为对照组成员。甄选所用工具为"大学生网络成瘾量表（SCIAS-R）"，甄选标准是：得分在 46~53 之间并参考面谈结果。实验组与对照组学生在 SCIAS-R 得分上不存在显著差异。最终确定的 24 名实验组成员中，男生 20 人，女生 4 人；大一 14 人，大二 3 人，大三 1 人，大四 3 人，研究生 3 人；清华大学 11 人，吉利大学 13 人。选用症状自评量表 SCL-90 中的强迫症状（Obsessive-Compulsive）及人际关系敏感（Interpersonal Sensitivity）两个因子，分别包括 10 个项目和 9 个项目。此外，补充"网络使用时间占休闲时间百分比"这一项目，以助于理解团体成员的网络依赖水平。

在研究中，经过 8 次团体辅导结束时团体成员需填写自我报告。自我报告为开放式问题，编码后归纳为 7 个维度的内容：网络使用时间，网络使用时间占休闲时间的比例，网络使用的态度和行为，学业的目标、态度和行为，生活的目标、态度和行为，日常生活的安排，人际交往及言语表达。

（二）方案设计

团体辅导方案的设计主要依据认知行为疗法及个人中心疗法。经验表明，在心理咨询和辅导中，针对某一事物的认知、情感及行为的改变采用认知行为疗法的取向比较有效，因而团体辅导的目的设定为改变团体成员对网络使用的不恰当认知和行为方式。由于研究对象为网络依赖的大学生，并非有严重心理障碍的人员，所以团体性质设定为治疗与成长相结合的团体，即在团体辅导中，研究人员更关注团体成员的心理成长。大学生陷入网络依赖状态的成因与动机多种多样，然而共同之处所反映的都是成长过程中的不适应问题，以消极的方式去处理和逃避这种不适应问题正是导致网络依赖状态的深层根源。鉴此，团体辅导应该致力于帮助和引导成员发现其自身拥有改变现状的力量和资源，激发他们自我改变的欲望，这一主旨与个人中心疗法相吻合，因而将个人中心疗法贯穿辅导过程的始终，与行为改变技巧相结合，以期最大限度地发挥辅导效能。

将团体辅导名称为"网络伴我健康生活——心理成长小组"。团体的结构化程度较高，按团体成员社会身份划分属于同质群体（均为在校大学生），按团体成员网络使用迷恋内容划分属于异质群体（包括游戏依赖、网络情感依赖、信息收集依赖、无目的性依赖等不同迷恋内容）。团体辅导的整体目标是：对网络依赖的高危群体进行干预，使之恢复正常的生活节奏，建立生活目标，提高自我管理能力，健康地使用网络，避免其陷入更深的网络依赖或网络成瘾中。具体的四个分目标为：①在问题解决方面，使团体成员客观评价自我的网络使用行为、动机及其后果；②在认知与情绪反应方面，纠正认知偏差，改善情绪反应方式；③在人际交往方面，评估个体的人际关系网络，寻找社会支持资源；④在自我管理方面，制订策略，提高自我管理技能。网络依赖团体辅导模式如图2-2所示。

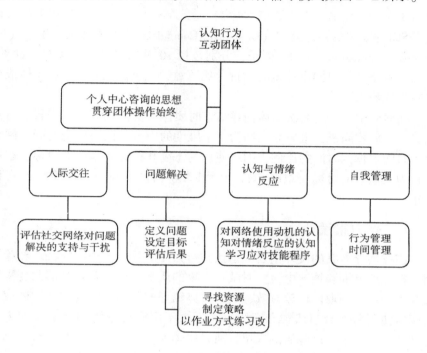

图 2-2　网络依赖的团体辅导模式

团体辅导方案共8次，每次2h，每周2次，持续4周。8次团体活动的名称分别为"缘聚你我""风雨同舟""E网情深""我有一个梦想""看我72变""那些花儿""生活是个大馅饼""共同的约定"。每一项活动与团体辅导的4个分目标以及大学生网络依赖的成因与动机的5个方面（即人际关系、学业问题、自我价值与自我认同、网络的可获得性及自我控制能力）都有明确的对应关系。第一次团体活动前对实验组和对照组进行前测，8次团体活动结束时发放后测问卷及自我报告问卷，3天后收回。团体辅导结束6周后发放追踪测试问卷，3天后收回。前测、后测及追踪测试问卷均采用SCIAS-R量表。团体辅导计划书见表2-3。

表 2-3 "网络伴我健康生活"团体辅导计划书

活动名称	时间/h	目标	活动内容
第一次 缘聚你我	2	相识 建立团体契约	1. 信任之旅 2. 寻找我的另一半 3. 滚雪球 4. 讨论团体契约 5. 留作业：E 海泛舟、个人目标
第二次 风雨同舟	2	建立信任 制订团体成员个人的目标	1. 天气报告 2. 同舟共济 3. E 海泛舟快乐你我 4. 我的目标 5. 留作业："网线"
第三次 E 网情深	2	增进自我了解 梳理成员触网历程及触网感受	1. 天气报告 2. 我是一个独特的人 3. 我的"E 网情深" 4. 留作业："如果网络坏掉 3 个月"
第四次 我有一个梦想	2h	发掘网络使用动机 纠正认知偏差 改善情绪反应方式	1. 天气报告 2. 成长三部曲 3. "如果网络坏掉 3 个月" 4. 表情网上挂 5. 留作业：自我记录，带来个人目标
第五次 看我 72 变	2	寻找应对资源 制订问题解决方案	1. 天气报告 2. 分享自我记录 3. 再次讨论个人目标 4. "热座" 5. 留作业：自我记录

活动名称	时间/h	目标	活动内容
第六次 那些花儿	2	评估团体成员的 人际关系网络 寻找社会支持资源 寻找自信	1. 天气报告；预告结束 2. 分享自我记录 3. "那些花儿" 4. "戴高帽" 5. 留作业：自我记录
第七次 生活是个大馅饼	2	发掘成员兴趣爱好 提高时间管理能力 合理分配生活重心	1. 天气报告；预告结束 2. 分享自我记录 3. 生活馅饼 4. 留作业：过了这么久，我变了 没有？ 5. 手语歌：相亲相爱一家人（学 习、跟唱）
第八次 共同的约定	2	处理离别情绪 讨论团体给成员 带来的变化 团体结束	1. 天气报告 2. 分享变化 3. 我们的约定 4. 离别祝福 5. 建立通讯录 6. 手语歌：相亲相爱一家人

（三）结果分析

自我报告的结果显示，团体成员所描述的 7 个维度上的所有改变均为正向，即向着积极的方向改变。自我报告的结果归纳如下。

1. 网络使用时间减少

在网络使用时间上，91.7%的团体成员在辅导活动结束后有所减少。成员们谈道："我发现了有许多事情或活动可以去做，不见得天天上网""参加团体后，我上网的时间减短了很多，因为我在团体中时让我了解到自己都忘了很多的原来自己喜爱的运动""有明显缩短，由原来的整天整夜，到现在已经能基本控制，至少不会连续几天几夜不睡了，也能控制自己按时吃饭、睡觉和上课了""参加团体后，我意识到使用网络是一种工具、手段而不是一种应该保持的状态"。

2. 网络使用时间占休闲时间的比例减少

在网络使用时间占休闲时间的比例上，83.3%的团体成员有所减少。成员们说："比例由60%变为30%，增加了外出活动的时间""休闲活动即将引进新品种，如游泳、看书、养殖等，全是积极方面的影响""从90%以上下降到50%，原因是多方面的，主要是通过小组活动，了解到更多的打发空闲时间的方式，能够将自己的空闲时间安排得更丰富多彩""之前一两年没有去图书馆借过书了，休闲基本上是上网玩游戏聊天，现在很多时间用在了运动和看书上""我把原来在网络上消磨的时间用到了运动、与人交流与阅读中""现在的空闲时间大部分用来体育运动，如篮球和乒乓球，周末有时会和同学出去逛街。"

3. 使用网络的态度和行为变化

在网络使用的态度和行为上，89.5%的团体成员有所改变。成员们认识到，网络使我们的生活便捷，为我们服务，我们要学会使用它，但不应该受到它的控制。成员们说："不盲目信任网络，而相信面前的真人真事——现实生活中其实也很精彩""参加团体辅导后上网，大多数是做一些有益于自己的事，而不像原来那样为了打发时间""以前从未想过上网的目的是什么，它带给我的是什么，团体为我指出了这一点，所以上网的时候我经常反思这些，慢慢自己就从网络上离开了""以前对网络是一种依赖，上去了就不下来，现在可以不再沉溺其中了，比较有分寸，而且也不再通过网络释放自己的感情了"。

4. 学业的目标、态度及行为的改善

在对学业的目标、态度和行为上，85%的团体成员有所改变。成员们通过辅导"看清了自己的目标、理想，知道不能再放纵自己，是时候该奋斗了""面对毕业有了紧迫感，更加认真地准备好毕业论文，把更多的时间放在学业上"其他人反映到，虽然网络没有对学业的目标、态度产生决定影响，但通过辅导后更坚定了正确的学业目标，重新定了学业计划并为之努力，意识到自己以前的懒散，因此更积极主动地去学习，态度也更专注了。

5. 生活的目标、态度及行为的改善

在对生活的目标、态度和行为方面，78.0%的团体成员有所改变。他们说："对生活充满希望，不再感到理想遥不可及，现在觉得只要自己努力了就可以触摸到，喜欢看书，喜欢思考，感觉思维成熟了很多，生活变得充实了，自然上网也就少了""重新建立对生活的热情，信心，增强克服困难的信心，尽量让自己的心理成熟一些，抗干扰、抗打击的能力强一些""通过与团体成员的交流，我觉得每个人对自己的生存状态都应该有一个期待，或者说梦想。生活是自己的，而不是别人的……所以当我闲下来的时候，我不再不作思考地就泡在网上。"还有一位成员说："开始沉迷于网络，是因为去年和男朋友分手，通过上网来麻痹自己，逃避现实，后来逐渐变成了一种依赖，遇到什么困难都选择逃避。现在开始学着面对过去，也面对现实和未来，有什么事情，在现实中解决"。

6. 日常生活安排的变化

在日常生活的安排上，79.2%的团体成员做出了改变。他们说："生活不像以前那么乱了，早晨按时起床，能安静地待在教室或者图书馆学习、看书了，不会有忙乱的感觉""现在我知道如何更好地去安排和利用一天的时间，用最短的时间学到最多的东西""从前呢，一闲下来之后就想去网吧，现在生活更有计划性了，基本上每天都按照自己的计划来走""生活变得有规律这可以说是我最大的一个改变了，以前基本上是早上九点多睡醒了起床，晚上不到点绝对不会关机，吃饭也是想吃就吃，不想动就不去了。现在则能每天保证七点半以前起床，晚上十点半还没熄灯的时候就可以关机睡觉，按时吃饭，我对现在的自己很满意"。

7. 人际交往和语言表达的改善

在人际交往及言语表达上，70.8%的团体成员有所改变。他们说："在团体中有人说我表达能力较强，这是我自己从没发现的。以前觉得自己不爱说话，内向，不善交际，现在觉得自己有了进步了，就拿和女生说话来说，不会莫名的脸红和不知所措了，敢和异性交流了""在人际交往方面克服了一些以前在陌生人面前总是会流露出一些敌意或冷漠的情绪，言语表达方面有了很大的提高""让我面临了一种新情境，在这种环境中，受到很多鼓励和尊重，并有机会说很多话""我意识到自己并不是一个乏味的人，别人也是独特的、优秀的。我变得乐于与人交流，保持笑容，更重要的是坦诚，只有坦诚，别人才能给我更有效的建议，会有共鸣，能真正找到所面临问题的解决办法"。

8. 小结

团体辅导给团体成员带来以上几个方面的改变，而团体活动形式本身也成为成员生活状态改变的契机和动力。例如，在活动中，一些成员认为每个人的自控能力有限，难以坚持良好的作息习惯，于是自动达成了"早起同盟"的协议，排了轮流值班表，每天早上由一位成员打电话督促其他人起床。团体辅导使他们得到了获益匪浅的收获。又如，几名成员分别在网上建立了自己的 QQ 群，在辅导活动结束后还继续保持着成员之间的联系，生活中遇到快乐或难过的事情都会以留言的方式，与团体成员共同分享。这说明，团体成员在网络依赖干预的辅导活动中建立起了自己的社会支持系统，并利用网络工具来维系这种社会支持，同样也体现了团体辅导的预期目标。

（四）研究结论及应用价值

通过这次研究，可以证明运用团体辅导的方式对大学生网络依赖进行引导是一种有效的矫治手段，相对于其他方法（个别谈话、个别辅导、父母监督等）更适合大学生；并且这种干预方式受到大学生的欢迎和接纳，他们加入团体活动的自觉意愿和积极表现正是增强干预有效性的重要前提。网络依赖者在团体中可就成员共性问题进行讨论，在团体中得到心理支持，社会交往技能得到锻炼，成员之间共同制订时间管理方案，互相督促。这种友善的、鼓励的、支持性的氛围将帮助网络依赖者端正网络在生活中的位置，扩大生活的范围和视野，摆脱网络对自己无形的束缚。

从理论上分析，团体辅导这种形式符合大学生的心理需求，团体辅导中的认知行为互动方法适合网络依赖者的特性，对网络依赖者的行为改变起到很大帮助作用。从研究结果看，团体成员对于团体辅导这种干预方法持有很高的评价，其干预效果也非常明显。团体成员共同探讨其经历的发展性适应性问题，探索自我需求，学习自我管理方法。这为当前高校思想政治教育中不断增加的大学生网络依赖行为的教育辅导工作探索了一条行之有效的新途径。

第三章　大学生事务管理的内容与发展历程

本章主要论述大学生事务管理的内容与发展历程，其内容包括大学生事务管理的内容、大学生事务管理的发展历程。

第一节　大学生事务管理的内容

本节主要论述大学生事务管理的内容，其内容包括高校学生事务管理的组织自身管理、管理的具体内容、教学事务管理。

一、高校学生事务管理的定义

高校学生事务管理的定义的具体内容包括事务管理与学生工作、学生事务管理新定义。

（一）事务管理与学生工作

"学生工作"一词出现于1990年初。在社会主义市场经济体制过渡时期，政府参与大学生课外具体事务的情况逐渐增加，如学生的心理咨询、贫困生资助等早期萌芽归因于"道德教育"，但在加快高等教育大众化的过程中，人们意识到道德教育的"篮子"很难反映事务的新特点，所以一般意义上的"学生工作"一词开始被频繁使用。"学生工作"包括"学生教育"和"学生管理"两个方面。相对而言，内涵和外延的"学生教育"不会改变，"学生管理"从"管理学生"扩展到管理学生的具体事务，这时的"学生管理"的含义为学生事务管理。

从我国高等教育目前和未来的发展趋势来看，学生工作由学生事务管理子系统组成，属于高等教育研究的范畴。高等教育的发展本身影响着学生的发展和学生事务管理的专业化规律。

随着高等教育的发展，高等教育越来越重视学生的全面发展。相对而言，"学生事务管理"的概念更符合高校管理的发展趋势。学生事务管理的内容日益扩大，涉及学生的学习、生活、活动等方面。缺乏任何一个方面都会降低学生事务管理的效率和水平。学生事务管理的专业化实施将受到制约，学生工作的使命将无法实现。

（二）学生事务管理新定义

通过借鉴中外学者对学生事务管理的研究成果，结合我国高等教育管理的实际情况，我们对学生事务与学生事务管理做了详细具体的定义。

1. 学生事务定义

通常，高校为维持大学生正常的学习、生活秩序，促进其全面发展，实现高等教育培养目标，在教学过程之外必须提供的具体事务是高校学生事务，一般可分为管理性学生事务和指导与服务性学生事务。管理性学生事务主要涉及招生与学籍管理、日常行为管理、社团及课外活动管理、奖惩管理、资助管理、宿舍管理、就业管理等。指导与服务性学生事务涉及学生干部培训、活动辅导、心理咨询、学务指导、就业指导、各类信息服务等。

2. 学生事务管理定义

需要强调的是，高校学生事务管理是指高校的专门组织和学生事务管理者依据国家的法律、政策和人才培养目标，在一定的学生事务管理价值观指导下，运用相关专业知识和技能，配置合理的资源，提供促进学生发展所必需的学生事务的组织活动过程。从这个定义看，学生事务管理的主要内涵有以下几个方面（表3-1）。

表3-1　学生事务管理的内涵

学生事务管理的内涵
（1）高校学生事务管理的主体包括专门组织（学生工作处、校团委、院系学生工作组等）和学生事务管理者。从纵向看，学校专门组织分为校院两级机构，学生事务管理者可分为高层（校领导）、中层和基层人员（如辅导员、相关科室人员等）；从横向看，专门组织可按职能进行设置（如就业办、招生办、资助管理科、学籍管理科、宿舍管理办公室等），学生事务管理者可分为专职人员、兼职人员，或由管理者授权、聘任的参与管理的学生及其他人员

学生事务管理的内涵
（2）高校学生事务管理的客体指主体施加影响的人和事，既指学生，又指与之相关的学生事务
（3）专业知识和技能是从事高校学生事务管理的基础条件。专业性和职业性是高校学生事务管理发展的内在要求
（4）高校学生既是学生事务管理的出发点，也是学生事务管理的归宿。因此，促进学生发展是学生事务管理的核心价值和共同使命
（5）组织活动过程主要是指主体按照各自的管理职能，运用一定管理方法和资源所进行的实际活动。其过程一般是由计划、领导、实施、评估等环节构成的封闭系统。通过改善组织活动过程，管理效率和质量才会大大提高

二、大学生事务管理的内容

（一）高校学生事务管理的组织自身管理

高校学生事务管理的组织自身管理主要包括以下几个方面的内容。

1. 信息化管理

在信息化时代，对学生事务管理来说，没有卓越的数据管理，就没有成功高效的数据处理，更建立不起完整的计算机信息系统。信息化管理是信息系统以数据为中心，而不是事务处理过程。数据是稳定的，而事务处理是多变的（表3-2）。

表3-2　信息化管理的要求

信息化管理的要求
（1）学生事务信息化管理要建立面向社会、学生公开发布与查询的信息系统，包括学生事务的公告、通知、新闻等，学生工作制度，师生信息交流平台，学生基本信息查，学生综合测评查询，学生奖惩信息查询，毕业生就业管理平台（包括毕业生、招聘、用人单位等信息的发布与查询）等

信息化管理的要求
（2）要建立学生事务管理人员、学校其他职能部门发布的内部信息管理系统，具体内容包括学生工作办公自动化系统（满足公文收发、流转、签发、归档等办公需求）、学生日常管理信息维护、学生基本信息维护、学生综合测评信息维护、学生奖惩处罚信息维护、毕业生就业信息维护、学生工作考核与评价体系信息维护等

2. 制度建设

国内外高校学生事务管理的一大特点是制度化。高校学生事务管理制度化应总结学生事务管理的基本规律，充分考虑相关需求，关注学生事务管理的重要岗位人员，注重关键和特殊的组织过程，建立起学生事务管理制度体系，坚持以促进学生发展为使命，遵循国家的教育方针及相关的法律法规。其制度体系主要包括组织设计标准、管理职责、各岗位工作标准、工作程序、工作评估标准与程序、反馈制度。高校在学生事务管理制度体系的运行过程中，应注重管理制度的实施、监督检查和持续改进等环节，从而保持制度体系的有效性。

这些学生事务管理制度一般要通过一定的制订程序以规定、条例、手册、制度等形式公开发布。

工作评价的目的是检查学生事务管理的绩效和学生的满意度，以改进今后的工作，进一步有效利用资源，促进学生发展。工作评价可分为年度工作评价、专项工作评价，也可分为机构评价、个人评价，它主要是围绕各组织和管理者的职责、工作计划、专项任务进行考核。

3. 组织结构设计

是否能有效地完成学生事务管理的使命，高校必须设计和维持一种合理的组织结构，要把学生事务管理进行分类组合，划分若干部门，并根据管理幅度控制原理，划分相应的管理层次，进行合理的授权，明确组织中的各种关系。一旦学生事务管理所处的内外环境发生变化或管理目标难以实行或管理效率低下，高校就要积极地对学生事务管理的组织结构、权责关系和工作关系进行评估和重新调整，以保证学生事务管理使命、工作任务的实现。

4. 经费管理

开展学生事务管理的保障条件之一是拥有充足的经费。目前，高校的拨款是我国高校学生事务管理的主要资金来源。国外高校尤其是美国已建立起面向市场的多样化的学生事务管理经费的筹措机制。对于学生的发展需要来讲，筹措更多的经费是学生事务管理部门必须重视的问题。为此，我国高校应借鉴外国高校多渠道筹资的方法，引入社会资金（如社会捐赠、校友赞助、企业资金等）增加资金总量；另外，高校应对现有的经费分配使用进行科学化、规范化管理，避免随意性，力求达到合理有效地利用。

5. 队伍建设

目前，专业化、职业化是我国高校的学生事务管理者的发展方向。学生事务管理者必须对学生状况分析、学生学习生活管理、学生活动和环境评价、经费控制及技术使用等情况了如指掌。美国高校在 20 世纪中期就完成了学生事务管理专业化任务，对不同岗位的管理人员的聘任和晋升都有了明确的要求，一些专业协会和高校的某些相关专业还为从事这项工作的人提供职业培训。每州至少有一个大学开设高等教育学生事务管理专业，为高校学生事务管理培养专门人才。

高校建立各岗位标准，包括职责、资格要求、聘任、培训、考核监督、职务晋升、奖惩应根据学生事务管理人员的工作内容、工作要求、素质要求等，以增强学生事务管理者的管理水平和归属感。

（二）管理的具体内容

学生事务管理的具体内容主要包括以下几方面的内容。

1. 学生资助管理

随着高等教育成本分担制度的实施，我国需要经济援助的学生人数日益增多。因此，经济援助已成为学生事务管理的重要组成部分。高校学生的经济支持种类很多，如奖学金，助学金，贷款和工读课程。奖学金是奖励成绩优秀的学生；助学金主要面向低收入学生；补贴是向银行借钱支付学费；而勤工助学则为大学生提供空闲时间在学校外工作的机会，以赚取收入。

当然，除了以上这些，对于学生事务管理来说，还有更丰富的内容。随着社会的发展，一些大学为了满足学生的需要，增加了新的学生事务项目，如美国一些高校增加了对艾滋病患者的管理，解决性骚扰、性暴力和种族与性别歧视等。

2. 学生组织管理

众所周知，校园内有许多学生组织，这些组织会定期举办各种丰富校园生活的学生活动，其对培养学生的良好公民意识和形成良好的人际交往能力起着重要的作用。学生组织的指导和管理主要体现在干部培训、场地提供、安全保障和经费投入、课外活动指导等方面。通常大学和学校都建立学生活动中心来促进学生的活动。学生组织主要是指自治组织，如学生会、班委会和各种社区组织等。

3. 入学辅导

新生辅导一般采用团体项目和活动，个人辅导，定向课程等方式介绍如何使用新书，如何学习，如何参与校园活动。入学辅导是指依靠不断推出的服务和帮助，帮助新生完成向校园生活的过渡，为新生提供广泛的受教育的机会，打造新型综合性高校，从而为他们今后的学习生活打好基础。

4. 招生管理

高等教育的发展日益迅速，高校学生的竞争也日趋激烈。负责招生的工作人员需要扮演"推销员"一样的角色，他们需要外出并积极争取不同地方的学生，而不再是之前的检查和记录学生的入学条件记录，管理学生档案和注册记录等。一些高校甚至在招生过程中引入了营销技术，如发精美的宣传资料、有针对性的邮件或是开展电子营销等。

5. 学籍管理

学籍管理也是大学生事务管理中非常重要的内容之一。高校学生事务管理以及对学生学籍获得的掌握和控制力度的大小，直接影响学生的整体素质，对高校的学术发展潜力和学术的命运起着至关重要的作用。西方和中国的大学学籍管理都做得严格和谨慎。它主要涉及对获得学籍资格的学生进行学籍的登记、建档和异动管理，包括新生入学的基础信息登录、入学注册、学生学习纪律和考勤记录，学术信息记录（成绩，课外活动，奖励和惩罚），学籍变更审查和登记，毕业证书和学位证书，学生信息归档，电子注册毕业文凭与补办，等等。

6. 日常行为与奖惩管理

众所周知，高校会要求学生履行行为准则，并且对学生实施纪律管理，而学校学生事务管理中就包括了学生日常行为规范和纪律管理。通常我们认为，引导、约束和修正学生的行为的目的是制订和实施校园的行为规范的准则。对于优秀学生和集体，高校应该实行物质奖励和精神鼓励相结合的原则；对违规的学生的处罚通常有警告，记过，缓刑，退学、开除等。

7. 宿舍管理

在美国，学生事务管理中最重要的工作是学生宿舍管理和住宿。它将帮助学生寻求人文价值，拓宽艺术、人文、科学的经验；开展公民教育，增强学生对社会和他人的责任感，树立社会公平观；促进学生培养健康生活方式；促进学生对宗教信仰和精神生活的反思；促使学生面对和讨论道德和伦理问题，上述都是学生宿舍管理和住宿生活项目的具体目标。

然而，也许与我国高校班级建设的重要性有关，在我国高校，宿舍管理的价值还没有得到充分的探索。但随着后勤社会化的发展和教学学分制的实施，这种情况将在未来得以改善。

8. 学生就业指导

1919 年，第一个独立就业安置办公室诞生于耶鲁大学，主要负责开展职业配对工作，帮助学生获得满意的就业机会，此后国内外高校普遍设立了就业指导中心，负责全校的职业生涯规划和就业管理。他们的任务是引导学生进行自我评估和职业定位，提供就业信息，开办就业指导课程。它将教导学生如何申请职业，并建议学生参加各种就业和职业交流会，组织校园招聘和面试活动，并指导学生通过多种就业渠道就业等。

（三）教学事务管理的特点

高等学校学生事务管理的特点主要表现在以下三个方面。

1. 普遍性与特殊性

在世界高等教育的发展进程中，高校学生事务管理已形成了较为鲜明的普遍性特点，主要有以下几个方面。

（1）学生的主体地位。以学生为本，尊重学生的个体存在，不断满足学生多方面的需要，促进学生的自我实现，把促进学生的发展作为学校一切工作的出发点和落脚点。

另外，各国高校学生事务管理在发展过程中形成了各自的特征，具有自身的特殊性，这是因为历史文化、社会环境、管理理念和方式的不同。

即使在同一个国家，由于高校层次和发展历史的差异性，学生事务管理也存在差异性。表 3-3 是我国高校学生事务管理特殊性的主要表现。

表 3-3 我国高校学生事务管理特殊性的主要表现

我国高校学生事务管理的特殊性的主要表现
①高校学生事务管理的核心价值观是马克思列宁主义、毛泽东思想、邓小平理论、"三个代表"重要思想和科学发展观。坚持马克思列宁主义、毛泽东思想和邓小平理论为指导，坚持社会主义办学方向，按照党的教育方针来组织和实施高校学生事务管理任务，始终把引导和帮助学生树立坚定正确的政治方向放在首位。高校学生事务管理要同培养社会主义建设者和接班人的根本任务紧密结合起来
②班集体的建设和管理应得到重视。班级是中国高校最基本的学生组织。从入学到毕业，每一位学生都有与自己发展紧密联系的班集体。这与西方高校学生以社团或宿舍为基本组织有显著的区别。班级组织是学校教育、管理和服务的基本组织细胞，也是学生事务管理的主要载体之一，它一般设有班委会和团支部两个组织

（2）服务意识。学生事务管理应以"为学生服务"为中心，为学生的发展提供一系列的服务，包括学生的环境适应、学业目标、生活条件、精神健康、经济帮助和职业选择等。学生事务管理对学生的服务不仅着眼于学生当前的需要，而且还要着眼于学生的长远发展；不但要服务学生个人，而且要促进学生生活、学习环境的改善；不仅服务于学生的主观要求，而且要满足社会对学生的要求。

2. 科学性与艺术性

在达到高等教育目标的前提下，高校要充分运用学生事务管理的规律，把握学生的特点，明确科学的指导思想，在具体的组织活动中制订科学的管理制度和工作计划，实施正确和有效的教育、管理和服务，促进学生全面发展，这就是学生事务管理的科学性。

科学性是学生事务管理的重要基础。它侧重于客观数据，分析结论、程序化、规范、理性体验和同一性。科学性强调学生事务管理过程中的行为的严谨性、系统性和完整性，因为它像人体骨骼和干线的作用为学生事务管理带来平衡和稳定。强调形成学生事务管理战略决策的有效指导，明确长远目标和近期任务，实现学生事务管理持续协调发展。

学生事务管理的对象不仅是特定的事务，还有学生，但最终必须体现通过价值管理促进学生的发展。大学生是学生事务管理中最活跃和重要的因素。宏观的科学管理不能解决所有的问题，尤其是在面对学生的个性差异，不可预测的或难以量化的管理结果的时候，必须结合管理的艺术性。学生事务管理的艺术性质指的是将包含非理性需求如人类情感，友谊和自尊等纳入学生事务管理思维中，同时处理非常规和突发事件的能力以及灵活应对学生不同的特质发挥管理艺术。

艺术性是一种思维的升华。它就像一个流动的思想，带来了发展。它是一种个性化的管理。艺术性是学生事务管理创新与变化的灵魂。它注重灵活性、逆向思维、情感认知和审美情趣。

总之，在学生事务管理实践中，应注重科学性和艺术性。

3. 教育与管理双重属性

在高校方面，一系列的管理过程主要是对学生事务管理属性的教育。在从事学生事务的指导和管理时，学生事务管理实际上是帮助学生探索和分清价值观念，正确处理好个人与集体之间的关系，约束自身行为，有明确的职业目标等。即使是纪律惩罚学生也应该以教育学生为出发点。而大量的服务性事务管理是根据学生的需求和不同的成长阶段需求为学生提供专业的服务和设施的过程，帮助学生成长。因此，高校学生事务管理过程，是大学文化的传承与发展，并起到了教育学生，实现教育和管理的目的。

高校学生事务管理者、领导者和管理者的角色是基于这一特征的。教育家的角色要求学生事务管理人员孜孜不倦地工作，根据学校的人才培养目标，促进学生的发展；作为领导的角色，学生事务管理者必须明确要求，合理分配和配置人力和设施以及协调经费等，促进学生事务管理任务的实现，与此同时，还要利用人力资源、物质资源和管理方法，保证单位的职责和任务的完成。

第二节　大学生事务管理的发展历程

本节主要论述大学生事务管理的发展历程，具体包括 1978 年至 20 世纪 80 年代中期、20 世纪 80 年代末至 20 世纪 90 年代、20 世纪 90 年代末至 21 世纪初和 2006 年至今这几个发展阶段。

一、1978 年至 20 世纪 80 年代中期

我国高校学生工作在经历了十年浩劫之后，首要任务就是恢复"解放

17 年"的做法和重建"解放 17 年"的体系，在此基础上，按照新时期国家对高校人才培养的要求，进行全面深入的改革。

党的十一届三中全会明确了全党工作的重点从阶级斗争转移到社会主义现代化建设事业，在以经济建设为中心，建设有中国特色的社会主义的宏观背景下，过去人们一贯称之的"学生政治思想工作"也逐渐被称为"学生思想政治工作"，这一词序上的细微变化反映了学生工作指导思想的变化。

改革开放后，学生思想日趋活跃，因此这一时期对学生的行为规范和纪律管理非常严格。国家教委先后颁布了若干关于加强学生管理和行为规范的文件，如《高等学校学生守则》（1982 年）、《全日制普通高等学校学生学籍管理办法》（1983 年）等，这些文件对于规范高校学生管理起到了一定的积极作用。

此时的高校学生工作主要是恢复"文革"前的管理模式，主要有以下几个方面的特点（表 3-4）。

表 3-4　高校学生工作管理模式的特点

高校学生工作管理模式的特点
（1）纠正了片面强调政治统帅的做法，坚持德育首位，从学生实际思想状况出发，全面深入改革，开创了我国历史上高校学生工作的新局面
（2）高校实行统招统分，学生有生活补助，这段时期的学生工作内容较为单一，主要是党团教育活动、班集体活动、文体活动，并以严格管理学生为原则

二、20 世纪 80 年代末至 20 世纪 90 年代

中共中央在 1985 年颁布了《关于教育体制改革的决定》（简称《决定》），文件总结了中国教育发展正反两方面的经验，特别是中国共产党十一届三中全会以来教育改革方面的经验，指出了中国教育体制改革的战略目标，确定了教育体制改革的根本目的与指导方针。《决定》要求改革高等学校的招生计划和毕业生分配制度，扩大高等学校办学自主权。即改变高等学校全部按国家计划统一招生、国家统一分配毕业生的办法管理，实行在国家计划指导下，由本人选报志愿、学校推荐、用人单位择优录用的制度。

此后，按照《决定》指明的方向，各高校循序渐进地开始进行毕业生分配制度的改革。

1992年10月，党的十四大提出了要加快改革开放和现代化建设的步伐，建立社会主义市场经济体制的重大决策。1993年，中共中央、国务院发布了《中国教育改革和发展纲要》，使得我国教育发展的目标、战略、指导方针和许多重大政策措施得以确定，提出了高校毕业生就业改革的目标是逐步把由国家统一安排高校毕业生就业的制度，过渡到在国家就业方针、政策指导下，实行毕业生自主择业，用人单位"择优录用的双向选择的就业制度。1994年，国家教委提出《关于进一步改革普通高等学校招生和毕业生就业制度的试点意见》，并逐步建立起"学生上学自己缴纳部分培养费用、毕业后多数人自主择业"的机制。从此，中国高等教育也开始迎合社会主义市场经济体制的要求，开始了高等教育新一轮的改革。

具体来说，在高等教育管理体制方面，改革主要集中在以下五个方面（表3-5）。

表3-5 改革主要集中的五个方面

在高等教育管理体制方面，改革主要集中的五个方面
（1）管理体制改革，实行三级办学，二级管理的体制，给高等学校办学的自主权
（2）投资体制改革，由国家拨款改为以国家拨款为主，多方筹资的体制，鼓励个人捐资，社会团体办学
（3）招生、就业、缴费体制改革，由国家统一分配招生名额、毕业生统一分配改为学校拥有自主招生权、学生自主择业；由学生免费入学改为学生收费上学
（4）校内管理体制改革，为了办好一批大学，国家实施"211工程"与"985工程"、重点投资建设等
（5）办学体制改革。采取了"调整、共建、合作、合并"等办法达到资源互补的目的，提高效益

在人才培养上，在明确"教育体制改革要有利于坚持教育的社会主义方向，培养德智体全面发展的建设者和接班人"的同时又明确了高等学校培养的专门人才要适应经济、科技和社会发展的需要，为社会培养适应市场需求的人才。

接下来国家又颁布了一些与高等教育相关的法律条例，在这样的背景下，高校学生工作发生了许多深刻的变化，并呈现出一些新的特点，主要表现在以下几个方面（表3-6）。

表 3-6　高校学生工作新特点的主要表现

高校学生工作新特点的主要表现
（1）开始赋予学生会一定的工作自由度，学生社团开始大量出现，扩大了学生自我教育和管理的途径
（2）学校开始加大对学生事务管理者（辅导员）相关知识技能的培训，但仍然是以政治教育培训为主，其他知识（如管理学、青年学、心理学等）为辅
（3）学生事务的范围不断扩大，就业指导、心理咨询和经济资助等事务开始进入学生工作领域，这些工作内容，有些是前所未有的，有些为以前虽存在但未成为学生工作的主流的内容
（4）学生工作有了自己的独立地位。这一时期全国各本科高校普遍设置学生工作处（部），统一管理全校的学生工作。其工作职能不仅包括对学生的道德品质教育，也包括对学生行为规范的控制、奖惩、社团指导与管理、就业指导与管理等学生事务管理

这一时期，高校学生事务的内容初步发展，内涵和外延不断丰富，我国高校学生事务管理进入理论与实践的探索期。

三、20 世纪 90 年代末至 21 世纪初

1998 年，我国开始连续扩大招生规模，高等教育发展进入了一个新的阶段。

我国高等教育全面实施市场化的大学生就业制度、高等教育成本分摊与后勤社会化制度，大力加快高等教育大众化步伐，同时大学生就业压力日益增加，信息化和全球化等对高校人才培养产生全面影响。这都使得高校人才培养模式和管理模式发生了深刻变化。

随着进入高校的经济困难学生的数量增加，高校急需建立完善的"奖、贷、助、减、免"的资助体系。为此，教育部、财政部下发《关于进一步加强高校资助经济困难学生工作的通知》（1999 年）。

由于经济、学习、生活、就业压力的增大，出现心理障碍的学生也日益增多。2001 年教育部颁发《关于加强普通高等学校大学生心理健康教育工作的意见》指出：高校培育的学生不仅要有良好的思想道德素质、文化素质、专业素质和身体素质，而且要有良好的心理素质。2002 年教育部又下发了《普通高等学校大学生心理健康教育工作实施纲要（试行）》，强调在开展大学生心理健康教育工作中要特别重视开展大学生心理辅导和咨询工作，并对高校心理咨询工作提出了更高的要求。

同时，随着扩招的深入，大学毕业生人数逐年增加，就业压力也不断增大。2002年，随着国家第一批扩大招生后毕业生的到来，高校毕业生的就业压力猛然增大。为此，2002年2月，教育部、公安部、人事部、劳动保障部四部门紧急出台了《关于进一步深化普通高等学校毕业生就业制度改革有关问题的意见》，9月，四个部门再次下发《关于切实做好普通高等学校毕业生就业工作的通知》。两份文件同时强调了做好高校毕业生就业工作的重要性，并提出要在中央、地方和高校三个层面形成招生、培养、国家经费投入与就业相互联系、相互制约、相互促进的管理运行机制。这两份文件的出台使得各高校的就业工作达到了前所未有的重视程度。几乎所有高校都成立了"就业指导办公室"或"就业指导中心"，并将其归入学生工作处管理。其主要职责包括为在校生开设就业指导课，帮助学生确立择业目标；收集和发布就业信息；传授就业技巧，提供与就业相关的咨询和培训，与用人单位联合召开就业宣讲会和毕业生招聘等。

这一时期的高校学生事务管理的独立地位得到了进一步明确，功能进一步扩大，模式初步形成，具体体现在以下几个方面（表3-7）。

表3-7　高校学生事务管理的独立地位的体现

高校学生事务管理的独立地位的体现
（1）逐步形成了较为系统的学生事务管理内容体系
（2）学生事务管理专职人员的素质不断提高，学生事务管理制度得到完善
（3）学生事务管理有了较为鲜明的理论基础。在马克思主义关于人的发展学说和我国教育方针的指导下，广泛吸纳高等教育学、高等教育管理学和心理学等学科的研究成果及西方有关大学生发展的理论，逐步丰富了学生事务管理的理论基础
（4）对外的学生事务管理交流、培训和研讨开始增多，各种研讨会、国外高校访问学习、国际学术会议为学生事务管理新理念、新发展的传播提供了良好的交流平台
（5）学生事务管理的组织体系初步形成，管理职能不断扩大，管理功能出现分化。一些高校成立了学生工作指导委员会，以协调全校有关的学生事务

四、2006年至今

随着我国高等教育向大众化阶段迈入，其增长方式逐渐由规模和数量扩张向质量的提高转变。党中央、国务院明确指出"十一五"期间，要把高等教育发展的重点放在提高质量上，适当控制招生增长幅度，稳定招生规模，着力培养学生的社会责任感、实践能力和创新精神。2007年教育部、财政部联合下发文件，决定实施"高等学校教学质量与教学改革工程"。同时，教育部下发了《关于进一步深化本科教学改革全面提高教学质量的若干意见》，号召全面提高高等教育质量，努力办好让人民满意的高等教育。可以说，中国高等教育的时代主旋律是质量的提高。

西方发达国家的高校学生事务管理的历史演变给予我们的有益启示是：作为高等教育的有机组成部分，高校学生事务管理质量也成为高等教育的重要目标之一。想要提高高校学生事务管理质量，高校学生事务管理就必须实现专业化的发展。同时，在社会主义市场经济条件下，用人单位对毕业生提出了更高的素质要求；全球化、信息化背景下的开放办学对如何教育、引导和服务大学生也提出了新挑战。社会经济和文化水平的发展变化及高等教育自身所进行的种种变革，使高校所处的生态环境中处处隐含着众多可变因素和未知因素，其工作本身便具有不可预测性的学生事务管理，在上述背景下已显露出明显的不足，无论是管理意识、工作机制，还是队伍建设和资源配置，都呼唤着朝向专业化实现变革与发展。

可以说，我国高校学生事务管理正日益走向专业化全面发展时期，并呈现出如下几个方面的特点（表3-8）。

表3-8　我国高校学生事务管理的特点

我国高校学生事务管理的特点
（1）确立了学生事务管理"以生为本"的理念和较为系统的理论基础。学生事务管理的使命将更为明确清晰
（2）学生事务管理的机构更为完善、管理与服务内容也进一步拓展。学生课外活动内容也日益多元化
（3）从业人员的专业化水平进一步提高。2006年召开了全同高校辅导员队伍建设工作会议，国务委员陈至立同志强调要与时俱进，采取措施，着力建设一支高水平的高校辅导员队伍。同年7月，教育部发布24号令，正式颁布《普通高等学校辅导员队伍建设规定》
（4）推动学生事务管理学科建设。部分高校逐步在高等教育学专业下设立学生事务管理研究方向，并招收研究生；组织成立相应的学会组织，并经常举办学生事务管理相关内容的研讨会

总而言之，经过近30年的发展，我国高校学生工作逐渐由只注重道德品质教育向教育、管理和服务并重转变，学生工作体系也由单一的道德品质教育构成演变为由道德品质教育和学生事务管理两个子系统构成。在这个过程中，学生事务管理专业化水平有了很大的提高。

第四章　大学生事务管理的理论基础与方法

本章主要讨论大学生事务管理的理论基础与方法，内容包括大学生事务管理的理论基础和大学生事务管理的模式与方法两部分。

第一节　大学生事务管理的理论基础

一、大学生事务管理的基本理论

虽然大学生事务管理在我国存在的时间相对较短，但是经过了不断地改革以及借鉴西方发达国家大学生事务管理，已经形成了属于自己的一套管理理论。

（一）大学生事务管理的目标

我国大学生事务管理的目标是：通过一些非学术性事务以及课外活动的组织指导和管理，对学生施加教育影响来规范学生、指导学生和服务于学生，从而丰富学生的校园生活，使大学生健康成长。

（二）大学生事务管理的任务

大学生事务管理受到如学校的历史、办学目的、师生构成、传统、文化、地理位置等很多因素的影响。关于我国大部分大学生事务管理的任务一般可以分为以下三类。

1. 学生

对学生而言，大学生事务管理的任务主要有：帮助学生在完成学业的过程中所需的各种资源，如申请奖学金和助学金以及勤工助学等；帮助学生适应大学生活，鼓励学生健康的生活方式；为学生的全面发展以及素质的提高提供各种平台和机会；帮助学生如何面对人生的选择和判断；帮助学生确立目标、完成学业，获得进一步发展的机会；帮助学生构建良好的人际关系、团队意识。

2. 学校

对学校而言，大学生事务管理的任务主要有：通过执行和完善学生行为准则来体现学校的价值观念；与学生相关的人力和财力资源要进行有效的管理；对于学校的价值观念、办学目的和有关政策要给予维护和解释；要制订使校园安全和稳定的政策和方案；鼓励和协助大学生参与学校管理；为改善学校的工作，对学生的受教育情况和社会实践进行评价；参与对学校的管理，并对学校所做出的决定承担责任；应对任何可能发生的突发事件，从而为学校排忧解难；鼓励教师和学生之间加强相互联系，帮助教学人员处理好师生间关系；积极从事学术和专业活动；在学校制订或修改方针、政策时，提供有关学生情况的信息。

3. 社会

对社会来说，大学生事务管理的任务主要有以下四个：

（1）了解国情。大学生事务管理要帮助学生了解我们国家的历史和国情，继承中华民族优秀文化传统和中国共产党领导下的革命斗争传统，并将此发扬下去。教育学生既要有民族自尊心，也要有民族自信心；自觉维护我们自己国家的荣誉、各个民族统一团结起来；把个人的利益与国家利益联系起来，把国家利益放在第一位；做一个忠诚的爱国者，为实现我国社会主义现代化建设战略目标而奋斗。

（2）拥护党的基本路线。对于党的基本路线，大学生事务管理首先要帮助学生对此有个正确的理解，然后对此拥护，坚持四项基本原则，坚持把经济建设为中心。对于背离党的基本路线的错误倾向，要学会识别，并坚决抵制。对于中国共产党的领导要积极拥护，坚持走中国特色社会主义道路。

（3）树立法治观念。大学生事务管理要帮助学生树立社会主义道德和民主法制观念。对于中华人民共和国的宪法和法律，大学生事务管理要帮助学生维护和遵守。

（4）学习重要相关思想。大学生事务管理要帮助学生努力学习重要思想，如毛泽东思想和马克思列宁主义以及建设中国特色社会主义理论，等等。

（三）大学生事务管理的要求

高校学生事务管理的要求就是，将专业人员、学生事务专业、学生和具体事务这"四个要素"方面的工作做好。其中，学生事务管理的两大主体指的是专业人员和学生。所谓具体事务，就是学生和专业人员在进行交往活动时的载体，专业人员和学生是通过具体事务来进行交往的。所谓学生事务专业，就是专业人员和学生在具体事务的活动过程中，经过不断地提升而形成的一个组织体系和知识系统。

（四）与大学生事务管理有关的概念

1. 校园环境理论

校园环境理论分为结构组织模式理论、物理模式理论以及人与环境互动理论三部分。

（1）结构组织模式理论。结构组织模式理论认为，环境是有组织、有目的的，对人们的行为有着一定的影响，对人们的态度也有一定的影响。大部分人都生活在如办公室、教室、服务中心等有明确目的性的环境里。而"如何组织""如何实现目标"以及"谁来负责"等问题决定了环境影响的有效性，在实现目标的过程中肯定要采取一些举措，这就一定会牵涉怎样使用各种资源、应该遵循什么的规则、为吸引每个人注意力怎样营造氛围等问题。

结构组织模式理论认为，组织环境的动态或静态特征对参与者的士气会有一定的影响。而大学这一教育环境，也会对大学生的行为与情感有一定的影响，它应该呈现出动态环境的组织特征，包括鼓励积极参与、鼓励尝试和冒险、尊重个体差异、重视人际互动等。结构化的组织模式，对典型环境的目标做出了强调，对典型环境的目的也做出了强调，不同岗位上的人们担负着不同的角色和责任，从而形成一定的结构类型。大学作为一个动态的教育机构，为了满足学生个人发展，大学里面很多部门和单位都要不断提高自身适应环境变化的能力。

（2）物理模式理论。物理模式理论认为，不管是任何环境都有自然物理特征和人造的物理特征之分，对置身其中的人们的行为产生一定的影响。物理特征受到如建筑设计、空间、距离等很多因素的影响，这些因素通过一些条件，如温度、设施、光线、空气质量、人口密度等，严重影响着人们的注意力和满意度。物理环境对人们特定的行为或态度不能产生直接的影响，而是与其他因素共同作用的。

关于校园环境对学生的吸引力以及学生对校园环境的满意度，物理特征在某些程度上对其产生一些影响。现代大学对于人群密度和学生的私密空间以及空间的舒适度越来越重视，也就是说，不仅要对学生的容纳力进行考虑，还要对不同学生对于不同空间的感受进行考虑。教师和学生事务管理者在与学生互动的时候，对空间条件的重要性要有足够的认识。例如，学生的宿舍容量、学生社团办公室的大小、心理辅导办公室的布置和陈设等。

（3）人与环境互动理论。所谓人与环境互动理论，指的是涵盖物理和人文环境在内的特定情境，还有特定情境对学生发展的影响。大学环境严重影响着大学生的发展。大学环境包括很多方面，如学校的规模、课程设计与教学、学生社区、课外活动、学生相互认可和尊重个体差异、学校的目标、师生关系、学生的友谊、学生发展项目和服务、学习的整合等，这些都会对大学生的发展产生一些影响。个人和环境的互动是高质量的大学教育的主要来源，学校的独特校园文化会对学生的人生观、价值观以及行为方式产生直接影响；校友的成功传奇故事也会对学生的人生观、价值观以及行为方式产生直接影响；大学组织传播的信仰与价值观，也会对学生的人生观和价值观以及行为方式产生直接影响。

另一方面，大学对大学生进行培育的目标中，适应环境的能力就是其中之一，大学的培养成果就是让大学生学会创造和选择以及超越环境。尽可能保持人与环境之间的连续性，以及引导学生学会应对不断变化的环境的挑战，促进学生个体的成长。

教师和学生事务专业人员以及其他学校机构应该联合起来为实现高等教育的培养目标而努力工作，从而创造一个积极正面的校园环境。

2. 学生发展理论

20世纪20年代的"进步主义教育运动"是学生发展理论的根本，也借鉴了一些其他方面的理论，如组织行为学、教育哲学、组织发展、学习理论、人口统计学、管理学等。高校把学生发展理论作为设计辅助课程的指导纲领，能够使学生学习过程更有方向性和目的性。学生发展理论可以分为五个类别，即人格类型理论、学生工作、认知结构理论、心理发展理论和学生人事、学生服务于学生发展理论。

（1）人格类型理论。所谓人格类型理论，指的是对人格类型以及不同的个人为什么对同样的情景会有不同的反应进行描述和解释的理论。人格类型理论是一种非价值判断的理论，在本质上不做优劣的评价，认为每一种类型都有一定的积极意义，它认为个体差异对团体是有益的和健康的，个体的差异在特定情景中能发挥积极的作用。人格类型理论和职业兴趣理论是比较著名、常用的类型理论。

类型理论认为，人类行为的变化并不是偶然的，人类认知功能的先天差异对其起决定性作用。在生活的很多方面都对人类认知功能的先天差异有所体现，如人们怎样接收和对信息进行加工，人们怎样学习，怎样激发人们对不同活动的兴趣等。类型理论对我们对大学生学习的理解起到了增强作用，通过考查学生在观察和联系世界过程中固有的个体差异，有助于理解这些差异对学生其他方面发展的影响。人格类型理论，对调解矛盾起到很大作用，对班级同学分组也起到很大作用、还对学生在活动中对彼此的了解等起到很大作用，对大学互助会和学生发展咨询顾问以及校友会的组织者也发挥着重要作用。职业选择理论是由霍兰创立的，从学生个性和环境的关系着手进行研究，对学生进行职业规划起到了很大帮助作用。

（2）学生工作。我国大学生工作是对学生直接作用的，为了提高学生思想、心理、素质、政治、品德、性格等，由专门机构和人员从事的有目的、有计划、有组织的指导学生养成、发展正确行为的教育、管理和服务工作。

我国大学生工作主要体现在以下几个方面。

1）教育。学生工作中的教育，主要是指为对大学生进行政治、思想和道德品质的培养、塑造而进行的学生党团组织建设、社会实践和日常思想教育以及校园文化活动等。

2）管理。管理主要包括行为管理、评价、学籍管理、奖惩等，是为了促进学生的行为向社会规范认可的方向发展，而采取的一些规章制度约束、引导学生的行为等。

3）服务。这里的服务并不是在现实生活中任何一特定种类的服务行业，而是包括就业指导、组织勤工助学、心理咨询、困难学生资助等活动。通过创造一定的条件，解决学生在学习、生活过程中遇到的实际问题，帮助学生健康成才。

进入 21 世纪后，随着我国高等教育改革和国际化进程的不断深入，高校开始借鉴西方关于高校学生教育和管理的相关理论。"学生事务管理"概念是西方理论学界的习惯称谓，类似于我国的"学生工作"这一概念。这两个概念在内容上虽然有共同点，但二者侧重的内容不同。

从范围方面来说，"学生工作"和"学生事务管理"有着不同的延伸。在我国，"学生工作"主要包括学生的日常管理、思想政治教育、发展辅导等工作。

从功能上来说，"学生工作"包括教育、管理和服务，"学生事务管理"也包括教育、管理和服务。但是，在我国，"学生工作"对管理和思想政治教育功能做出了重点强调；在西方，"学生事务管理"对服务和学生发展功能作出了重点强调。

在西方，"学生事务管理"包含的内容更加宽泛，凡是学术性活动以外的与学生有关的所有事务都可以算得上"学生事务管理"的内容。例如，我国高校中属于教务系统的学籍管理、注册在西方属于学生事务；我国高校中属于教务系统的后勤系统的食宿经营在西方属于学生事务；我国高校中属于教务系统的学生医疗卫生等在西方属于学生事务。

（3）认知结构理论。认知结构理论和心理发展理论一样，也认为发展是一个连续的过程，在发展过程中可以找到最优化的选择。认知结构理论的重点是人们怎样思考而不是人们思考什么。对遗传和环境在智力发展中起到的作用作出了重点强调，并提出了很多有关智力发展的方法。认知结构理论认为人的"认知结构"总是按照一定的顺序进行发展的，从而影响着大学学生事务中的学术咨询。

从近几年的发展情况来看，智力发展和道德发展是认知结构理论研究的主要内容，对认知发展中的性别差异问题也开始关注，很少论及人格和社会能力。在大学生发展问题上，传统的理念是以社会为主体，以社会化为目标来塑造大学生。现代的理论则突显教师和学生两个主体，强调大学生是发展的主体地位。因此，应把价值塑造、智力发展以及人格养成等当作大学生发展的基础问题。

（4）心理发展理论。心理发展理论把学生的心理和社会发展作为研究的主要内容，对"个体身份"在个人和社会之间的发展进行重点研究。该理论认为："发展"存在于人的整个生命中，是一个连续的过程，不同阶段会出现不同的问题，而在不断成长及发展中，人们可以解决不同阶段所面临的问题。

心理发展理论，认为分析和思考学生需求和反应，应该从"学生个体的发展"着手，这对学生事务管理专业人员来说，有着很重要的参考价值。心理发展理论还认为，经过系统训练的学生事务专业人员可以应用心理发展理论，对学生生理发展和智力发展过程中遇到的困难，给予具体的教育实践指导。

（5）学生人事、学生服务与学生发展。"学生人事"是在"学生事务"这一概念演变与发展过程中出现的，"学生服务"也是在"学生事务"这一概念演变与发展过程中出现的，还有"学生发展"也是在"学生事务"这一概念演变与发展过程中出现的。

心理学家斯科特是美国西北大学校长，他在 1919 年把"学生人事"

定义为"集中强调学生的个性及其当前的需要和兴趣，不应当把学生仅仅看作学位的申请者，而应该把他们看作是我们服务的并且是为了生活而必需发展和训练的个体"。

整体而言，学生发展理论具有一定的综合性，也就是在大学环境中对人类发展规律的应用，为了实现目标，重点搜集校园里的各种资源，营造有利于发展的环境。大学校园中，很多人认为大学生发展就只是学生事务专业人员的工作，但学生发展理论对与大学生发展有关的大学中的各个部门，各部门间应加强互动、平等协商以及与全方位合作做出了重点强调。

二、我国大学生事务管理的理论基础

（一）人的全面发展理论

所谓人的全面发展理论，指的主要是马克思主义的影响。新中国成立后，我国教育发展的指导思想一直是马克思主义教育思想。人的全面发展就是贯穿马克思主义教育思想的一条重要线索。社会发展的根本问题就是人的全面发展，人的全面发展也是我国高校学生事务管理的根本目的和价值取向。做好高校学生事务管理的前提和基础，就是对于人的全面发展的认识。

关于人的全面发展理论，马克思有很多种论述，其中就有包含德、智、体、美在内的各个方面的全面协调的发展。在一些论述中，马克思对全体社会成员的智力和体力在生产过程中的多方面的、充分自由的、协调的发展做出了重点强调，使人们成为德才兼备的人才，也就是能够熟知整个生产系统的人。

马克思所说的"人的全面发展"不是发展成"完人""超人"，而是指发展的广泛性。马克思认为，虽然不是所有人都具有拉斐尔的才能，但是社会应该创造一切条件使所有人都成为拉斐尔这样的人才。人的全面发展的真正意思就是人尽其才。只有到达了这种境界，才能实现人的自由和解放。从这个意义上来看，人的全面发展也就相当于人的自由和解放。

人的发展指的是人自由的发展。所谓自由发展，指的是发展的向主性。马克思对"全部才能的自由发展""不受阻碍的发展""个人的独创和自由的发展""每个人都可以在任何部门内发展"等作出了重点强调。

此外，还要讨论人的充分发展。人的发展就是充分发展的意思，主要是指发展的程度。马克思主张，让"一切天赋得到充分发展""自由而充分的发展"。恩格斯曾引用《共产党宣言》中的一句话来说明未来社会的充分发展，"代替那存在着阶级和阶级对立的资产阶级旧社会的，将是这样一个联合体，在那里，每个人的自由发展是一切人的自由发展的条件"。

事实上，上文所说的马克思主义中关于人的发展就是人的个性发展，自由个性的发展，是指人的全面发展的综合表现和最高目标。所谓"自由个性的充分发展"，指的是把每个人的自由自主发展作为前提条件，把个人的独特性的性格和行为作为特征，把心理品质和能力素质等的充分发展作为主要内容。马克思主义认为，人们活动的异化指的是由私有制和社会分工产生引起的，从而造成了物的力量对人的支配。在资本主义社会，偶然性对个性的压抑已经成为最尖锐、最普遍的形式。也只有到了共产主义社会，"外部世界对个人才能的实际发展所起的推动作用为个人本身所驾驭"的时候，才能将个人的独特性充分展现出来，整体性和全面性也能够得到充分展现，每个人都将既是充分自由的人又是具有特性的人，整个社会也将是具有个性的自由人的联合体。

（二）传统文化思想的影响

所谓传统文化，就是儒家学说。那是因为儒家文化思想对中国传统文化的主流思想产生了深远的影响。关于传统文化思想的影响，主要从以下三个角度展开论述。

1. 从教育与管理方式角度

从教育与管理的方式角度来看，倡议将"学、思、行"三者相结合，重点关注人的可塑性，主张因材施教。孔子认为，应该将学思行三者紧密结合起来，学是求知的方法，也是求知的唯一方式。对于"博学于文"，不仅要学习文字上的间接经验，还要多听、多看、多问，从而可以获得一些直接经验。在广泛学习的基础上，孔子对认真深入地进行思考做出了重点强调，将学习与思考结合起来，"学而不思则罔，思而不学则殆。"而且在学与思的关系上，学习居先，它是基础，是主要方面。孔子还强调学习知识要"学以致用"，在社会实践中要运用学到的知识。学—思—行，这是孔子所探究和总结的学习过程，也可以说是教育过程，这与人的一般认识过程相符合，甚至影响了后来的教育理论以及教育实践。

同时，儒家认为为了了解学生的特点可以采用谈话与个别观察的方法并对其做出了重点强调，对学生间的个别差异进行分析和研究，并在此基础上实施因材施教。这些应用到高校学生事务管理中，就是说为了帮助学生树立正确的观念，可以运用深入细致的教育引导工作，在教育方法上强调循循善诱、以情感人，对教育是一种引导和疏导的过程，追求循序渐进的功效。

2. 从社会心理学角度

从社会心理学角度来看儒家文化，其提倡的就是一种"儒家关系主义"背景下的"德治"。孔子说过："为政以德，譬若北辰，居其所而众星拱之。"还说过这样的话："道之以政，齐之以刑，民免而无耻；道之以德，齐之以礼，有耻且格。"中国儒家文化的一个重要传统就是"德治"，本质上就是追寻把德治主义作为理想的修己安人的管理模式。"德治"的管理思想是东方文化的产物，它是中华民族在长期改造自然、社会和自我发展的过程中积淀而成的价值道德和思维定势。德治主义是儒家管理思想的核心。

中国儒家文化的"德治"包含的意义有以下两个方面。

一方面，是管理者本身必须具备仁心善性，才可以建立仁政王道的政治思想。也就是说，统治国家、统治社会的人必须具有一定的德治。

另一方面，是以道德作为管理力量的来源，规范组织成员的根据在于道德。也就是说用德治来管理人。

把性善论作为基础来谈论德治论。"道之以德，齐之以礼"的德治，说的是一种"自律"。自律的养成，完全依赖于成功的教育。

中国儒家文化的这一重要"德治"传统经过几千年的经验积累，其体系更加的完善，形式多样，这是很少见的，由于其深厚的历史积淀和强大的穿透力对今日人们的影响依旧根深蒂固。因此，从文化根基来看，我国高校学生事务管理注重"德治"既具有独特深厚的文化基础，又具有丰富的精神内涵。

3. 从哲学角度

从哲学的角度来看儒家文化，境界论是其特点。儒家文化的目的并不是追求世界的实体，而是实现心灵境界。儒家文化与西方知识论哲学的取向是不一样的，如果说西方传统哲学注重的是实体世界，那么意义世界的建构则是儒家哲学境界更注重的内容。如果说西方知识论哲学论述的是物，那么儒家境界哲学论述的就是人——如何"成人"以及如何"做人"的。儒家境界哲学对人生的活化更加注重，关注的主题是生命的意义、怎样安顿人生以及如何彰显人的价值。

受其影响同教育一直对德育为先做出了强调，"立人"和"达人"，重视的是先教育学生怎样做人，然后再教育他们孝敬父母，最后再教育他们报效祖国。在宣扬道德主体的自觉性时，儒家文化对意志力的磨炼在完善自我人格中的意义做出了特别强调。这种理想人格的形成和内在修养的形成，对于激励个人完善自我有着积极的意义，从而形成个人高尚品质、坚强的意志，最终培养成坚贞的民族气节都具有积极作用。

这种对稳定与和谐做出重点强调的境界论，深刻影响着高校管理与发展，我国在高校学生事务管理中一向主张稳定，对于学生的生活和学习，辅导员和班主任要去主动地关心，对于可能发生的"危机"要主动介入，对防患于未然做出了重要强调。学生事务管理追求的目标有很多，而学校的和谐、学生的和谐就是其中之一。

第二节　大学生事务管理的模式与方法

一、我国大学生事务管理的特点

（一）"管治模式"

所谓"管治模式"，就是为了将管理目标实现，管理者对被管理者实行的一种管理控制过程。在管理过程中，对控制和目标的统一性以及利用控制手段使组织中的个体利益服从组织整体利益，都做出了重点强调。

在我国大多数高校中，管理者与被管理者呈现出一种隶属关系：管理者是"领导"，被管理者是"领导"管理的学生。并且认为"被领导"的学生应该无条件地服从"领导"——事务管理者。这种管理机制的弊端就是学生缺少主动参与，这也是管治模式的基本特点。

（二）思想政治与学生事务管理相统一

目前，我国高校的学生工作由两部分构成：一部分是思想政治教育，另一部分则是学生事务管理。思想政治教育在我国高校中具有重要的地位。党和国家不管在任何历史时期，都对大学生的思想政治教育非常重视，就是为了将学生培养成德、智、体全面发展的人。但在市场化和高等教育大众化的进程中，高校的学生事务越来越多，这也与大学生的健康成长有一定的关系。因此，我国高校的思想政治教育管理模式发生了不断的变化，由刚开始单一的思想政治教育管理模式慢慢地扩展到学生事务管理。直到今天，大学生思想政治教育和大学生事务逐渐统一在学生工作的管理模式中。

从不同的层面来看，思想政治与学生事务管理的负责单位有所不同。从学校的领导层面来看，全校的思想政治教育和学生事务管理是由学生工作的主管校领导统一负责的；从学校职能层面来看，大学生思想政治教育的主要负责单位是学生工作处与党委学生工作部合署办公、校团委，但其下属机构，如学生资助、招生、就业管理等科室，还设有专门的学生事务管理部门；从院系层面来看，学生思想政治教育和学生事务管理的负责人是学生工作小组，尤其是辅导员。也就是说，辅导员不仅是学生思想政治教育的负责人，还是学生事务管理的负责人。由于院系层面的学生工作综合化程度不断提高，辅导员的素质要求也越来越高。

（三）以社会为本

随着社会的不断发展，我国高校学生工作（学生事务管理）也在不断满足学生和社会发展的需要。大部分高校也在逐渐增设一些机构，如心理咨询中心、就业指导办公室、资助办公室等机构；在管理目标上，对增强学生的社会适应性和培养学生适应社会的能力做出了重点强调。

从某种程度上来看问题，社会发展可以确定管理内容，也可以确定管理模式，这是高校学生事务管理的一个基本环节，并且这不仅增强了我国高校学生事务管理机构对社会环境变迁的敏感性，还增强了我国高校学生事务管理机构对社会环境变迁的适应性，对高校学生群体进行有效传授主流文化以及核心价值起到了保障作用。但如果这个基本环节不结合学生的需要，就很难实现管理的目标。只有落实到学生身上，才能实现管理目标；如果学生不积极主动参与，那么实现管理目标是不可能的。

二、我国大学生事务管理的现实情况

关于我国各高校学生事务管理的模式，主要指的是学校内部管理，校党委集中领导，院系、年级、班级被分层管理，条块结合，以条为主，专兼职人员共同参与。对此，我们可以从高校学生事务管理组织结构的现实情况和管理组织的现实情况展开详细论述。

（一）管理组织结构的现实情况

随着内外环境的不断变化，我国高校学生事务管理的组织结构也发生了变化，但是这种变化并没有实现结构性变革，只是在一定程度上对原有组织结构进行了一些调整和扩展。社团、社区或者导师制被试图加以改造，结构化到学生事务管理的组织结构中，以代替班级在原有体系中的位置和作用；在原有的科室基础上增加了一些部门，如就业指导中心、心理咨询中心、勤工助学中心等，这对原有的组织结构并没有进行结构性改变。具体来说其变化主要表现在以下几个方面。

1. 组织结构

相对来说，我国高校学生事务管理的组织结构还是比较统一的，几乎所有的高校都采用这样的组织结构——"条块结合型"的"直线职能"。图4-1为某地学校事物管理模式。

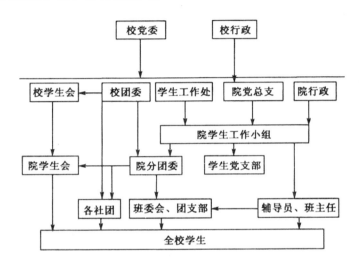

图4-1 某地学校事物管理模式

（1）职能型。所谓职能型，是指根据学生事务管理的教育、管理和服务的三大职能设立各个相应的职能部门，实现分工合作，共同承担学生工作的模式。学生工作处（部）的职责为就业、思想政治教育、心理咨询、招生、助学、宿舍管理，等等；学生工作处（部）的职责为管理职能、教育职能以及服务职能；团委的职责为教育职能和丰富校园文化的职能；其他与学生事务联系紧密的工作，如学生工作处（部）和后勤管理部门协同负责宿舍管理和生活园区的管理，武装部门和学生工作部共同负责学生的军训，马列课部或德育课部负责学生思想政治理论课，等等。这些部门行使自己的职责负责自己相应的工作，从而形成一系列管理链。在职责允许的范围内，各职能部门可以对院系学生工作提出要求和业务指导。表4-1为学生事务与对应机构关系。

表 4-1　学生事务与对应机构关系

学生事务	我国高校对应的组织机构
新生辅导	学生工作处（部）
学生科技创新活动、实践活动、志愿者活动	团委
学生宿舍管理	后勤管理处（后勤集团）、学生工作处（部）
学生奖惩管理	学生工作处（部）、校团委
学生学籍、注册管理	教务处、学生工作处（部）
学习辅导	教务处、学生工作处（部）
学生饮食	后勤集团
学生资助	学生工作处（部）
学生组织和学生活动	校团委
心理辅导	心理咨询中心
学生生涯辅导与就业管理	学生工作处（部）（就业指导中心或就业办公室）
学习辅导	学生工作处（部）、教务处
健康服务	校医院、心理咨询中心
招生	学生工作处（部）（招生办公室）
学生安全教育与管理	保卫处
学生军训	武装部、学生工作部
学生体育活动	体育课部

（2）直线型。所谓直线型，指的是按照行政权力来划分，而形成的学校一院（系）二级机构。从学校的角度来看，为了共同承担学生的思想政治教育和学生事务管理工作而增设的学生工作处（也叫作党委学生工作部）和校团委等机构。从院（系）的角度来看，为了共同承担学生的思想政治教育和学生事务管理工作而增设专职的党总支（也叫作分党委），副书记负责本院系学生的思想政治教育和学生事务管理工作，并向院系党委和学校学生工作处同时负起责任。由此，院系级的相应人员或机构和校级的各部门便构成了"条状"的"直线"型结构的关系。

2. 报告关系

站在学校的角度来看，副书记（或副校长）负责学生事务管理的总体工作，学生事务管理部门的负责人向副书记（或副校长）报告学生事务管理的工作；从院系的角度来看，专职党委副书记负责学生事务管理的总体工作，院系党委副书记不仅要向校学生事务管理部门报告学生事务管理的工作，还要向院系党委报告学生事务管理的工作。

（二）管理组织的现实情况

组织要想得到发展，就必须服从"合法性"机制，采用那些在组织环境下形成的并也被大家都接受的组织形式和做法。我国高校学生事务管理模式的外部环境特征主要表现在以下两个方面。

1. 内部因素

内部因素主要是从学生事务与社会关系的角度来看的，我国高校学生事务管理模式就是内部事务型模式。我国高校学生事务管理模式与国外高校学生事务管理模式的不同之处在于，我国高校为每一位学生提供宿舍和饮食。也就是说，基本上所有的学生学习和生活都是在校园里度过的，这无形中也给我国高校的学生事务管理带来了一个巨大挑战。尽管学生饮食和宿舍管理服务的部分内容在高校后勤社会化进程中，出现了外包形式，但高校的监督、控制作用依然很强。

2. 外在因素

针对高校的行为，我国高等教育的政府主管部门对其制订了一些行为规则和思维模式，也就是说，高校的所作所为必须严格符合政府规定的规则。还可以这样理解：我国法律对大学的各项规定、高等教育法规对大学的各项规定、政府对大学的各项规定，还有各种教育法令、法规对大学的各项规定，这都对高校学生事务管理模式的形成发挥了很大的作用。

总的来说，教育资源依旧是由政府进行集中分配的，大学（尤其是公立大学）是在政府的直接领导和控制下办学。学生事务管理也同样如此，具体表现在以下几个方面。

（1）高校学生事务管理对改革、发展与稳定三者的关系一定要做出正确的处理，这是国家对高校的思想政治教育和学生事务管理提出的明确要求。

（2）与学生事务相关的内容，如招生规模、资源配置、专业设置、人员编制、质量评估等这些决策权和评估权是由政府部门掌握的。例如，学生是否可以在校外住宿，教育部都做了多次规定。

（3）国家对学生工作在党委领导下的体制，做出了规定，并且规定由教育部或省委组织部来任命主管校领导。

每所高校的学生事务管理都必须按照上级主管部门制订的规则和要求来运行，并且形成最终的管理模式也一定要对实现国家和政府主管部门确定的目标有一定的帮助。因此，在国家的有效控制下，我国高校学生事务管理对自身机构的存在空间进行确定以及自身机构的任务边界进行确定。

从发展的角度来看，我国高校学生事务管理是在把思想政治教育作为基础，而后经过一些发展变化而形成的，所以很有可能带有一些政治色彩与行政属性。随着社会主义市场经济体制改革的不断发展，各市场主体都获得了发展自主权。高等教育管理体制也发生了一些明显的变化，一步一步地打破过去那种大统一的管理模式，高校最终获得了一定程度上的办学自主权。

三、我国大学生事务管理存在的问题

我国大学生事务管理存在的问题主要有跨部门沟通和报告关系（信息沟通方面、中低层职责范围不明确、最高层职责性质）。

（一）跨部门沟通

从目前来看，学生工作处和校团委将主要的教育、管理、服务三者的职能整合到一起，同时对院系的学生工作进行指导。这种模式基本上满足了学生工作分工日趋复杂的特点，专业化管理具体深入，效率高。但该模式下的其他职能部门如校医院、教务处、后勤管理处等都自己形成了自己的一套体系，对信息的横向沟通不够重视，这很容易造成工作重复、遗漏。另外，由于这些"兼职"部门还有很多其他的任务，并且这些部门的管理人员素质都不一样，在面对学生的需求时，没有办法给予学生专业化的服务和管理。

（二）报告关系

报告关系往往叫作指挥链，它是一条连续的权力路径，从组织的最高层延伸到基层，将组织中所有的成员都连接起来，明确了"我有问题去找谁"以及"我向谁负责"的问题。

1. 信息沟通方面

由于学生管理的事务不断增加，内容也越来越多，直线型组织层级增多。传递信息一般要经历这个过程：学校→院系→辅导员→班干部→普通学生。由于这个链条比较长，在传播信息的过程中很容易出现失真现象；解决问题的信息流、价值流被置于各部门、无控制的分散状态，致使协调任务加重；组织流程中出现问题后，没有人负责，就开始相互推卸责任、抱怨其他人。经过实践证明，这种组织结构存在这些弊端：传播信息速度慢，组织运行成本偏高、学生工作专业化进程比较缓慢等。

2. 中低层职责范围不明确

随着社会的不断发展和现实需要，我国高校办学的规模越来越大，院系的组织与职能部门管理的工作也越来越多，所以很难给予院系深入细致的指导。除此之外，学院院长或系主任对科研和教学工作更加重视，对学生工作不太关注，院系的学生事务管理机构没有办法得到大力支持。这样一来，对于全校学生事务工作，现在的学生工作部门要全面负责，按照要求院系一级学生工作是在校一级领导下进行的，但是现实的情况是：系里却掌握着院系一级专职学生工作人员的人事权，从而形成了学校只管理事务不管理学生的尴尬局面。又因为院系学生工作要对院系党委和校级学工部门同时负起双重负责，所以在具体的工作中，院系学生工作就很容易出现角色冲突、激励扭曲、考核失效等消极现象。

3. 最高层职责性质

我国高校的管理是由党委领导下的校长直接负责的，而学生工作的最高负责人是学校党委。通常情况下，学校的学生工作是由一位校党委副书记或副校长全面负责的。

四、构建具有中国特色的大学生事务管理模式

（一）构建原则

构建具有中国特色的大学生事务管理模式，就是要通过制度变革和创新，优化组织结构、人员结构，不断降低组织成本，增强组织对环境变迁的适应性。

构建该模式的总体思路就是：坚持毛泽东思想、邓小平理论、马列主

义、"三个代表"等重要思想，把科学发展观作为指导，工作理念是"以人为本"，积极服务学校的人才培养目标，积极构建将教育、管理、服务三者融为一体的、具有多样化、便捷化、专业化特点的学生事务管理新模式。坚持的具体原则主要有思想教育与学生管理相统一，学生参与，以人为本，教育、管理、服务相统一，管理机构之间具有密切的关系。

1. 思想教育与学生事务管理相统一

在改革、发展与稳定的前提下，大学生事务管理还受到大学生在社会政治稳定中举足轻重的影响，可以推测出我国高校的思想政治教育依旧会在今后的一段时间得到巩固和强化。对于大学生来说，提高自身的政治思想素质也是其全面发展，培养主体性人格的前提条件。因此，我国大学生事务工作必须重视思想政治教育。

关于坚持思想政治教育与学生事务管理相统一的原则，说的就是要在构建有中国特色的大学生事务管理模式过程中，坚持中国共产党的领导，保证社会主义核心价值在学生事务管理过程中的指导作用；从学校的职能层面来看，学生思想政治教育和学生事务管理可根据专业化要求，组建自己独立的教育中心、科室、管理中心，为了增强教育、管理和服务学生的有效性和针对性，那些专业化的工作也需要配置不同专业背景的人员来从事；在院系层面的管理机构，可按学生工作内容的不同相对设立思想政治教育室、学生事务管理室配备具有思想政治教育或学生事务管理专业素质的人员，促进院校学生工作的专业化。另外，也可以根据学生群体来配置专兼职的辅导员、班主任或学务指导教师。为了适应学生多样化的需求，对从业人员也有比较高的要求：其一，具有较高的思想政治教育素质；其二，具有较高的学生事务管理能力。

坚持思想政治教育与学生事务管理相统一的原则，就是要清楚地知道，在高校大学生的生活中就要将思想政治教育与学生事务管理的统一性体现出来。无论是学生事务管理将思想政治教育取代，还是思想政治教育将学生事务管理取代，这些都是不正确的做法，都是对学生的实际需要和利益诉求不够重视的表现。

2. 学生参与

让学生参与大学生事务管理工作，实质就是为了落实学校的民主管理、将学校与学生的目标共同实现，还将学生的合法权利实现，学生团体或学生个人是从事学校所有的公共事务与决定的行动的对象。这些公共事务是把与学生本人相关利益的学生事务作为基础，再逐渐扩展到全校性的公共政策。

在构建有中国特色的大学生事务管理模式过程中，坚持学生参与的原则：其一，为了实现学生事务管理使命的内涵；其二，把大学生的心智发展规律作为基础。

3. 以人为本

构建有中国特色的大学生事务管理模式受到一些理念和价值观的影响。对大学生事务管理抽象理念的理解，既决定着大学生事务管理的出发点，又决定着大学生事务管理的归宿，并且对大学生事务管理的具体内容、管理模式的开展及建构起着决定作用。

坚持以人为本的大学生事务管理理念，就是将之前的教育观念转变过来，之前管理思路和管理方式的主体是学校、核心是教育者，现在要将管理转变成服务，把学生健康成长放在首要位置的管理理念，努力营造良好的环境氛围。学生事务管理坚持以人为本，就是为了促进学生的全面发展，组建专门化的学生事务管理的组织结构，引进信息化的管理手段，实施起流程化的办事程序，将精细化的服务理念推行开来，从而凸显民主化的管理风格和职业化的专业地位。

坚持以人为本的学生事务管理理念，如在处理学生与学生事务管理机构的关系时，对组织的发展目标并不否定和排斥；相反，学生事务管理目标的有机组成部分要将人的自我发展和自我完善包含在内。具体来说，就是要在管理过程中，坚持人本位和社会本位的统一，全心全意为所有学生服务。

4. 教育、管理、服务相统一

近段时间，"强调服务"成为一个热门话题，甚至有人建议用"消费者服务提供者"的模式来对学生与学校的关系重新定位。考虑到很长时间以来都是重视管理而轻视服务的现实情况，提倡学生事务管理应该对服务功能有所强化、服务意识有所提升，这些都是正确而且是有必要的。需要说明的是，我国学生工作的有机重要组成部分包含"教育、服务、管理"三项职能，它们都是相辅相成、缺一不可的。

学生工作重要的组成部分是学生事务管理。学生事务管理强调了学生事务管理的服务职能，也必须坚持"以德育为核心，强调服务，重视管理"的职责定位。因此，在学生事务管理模式构建的各个方面。如工作流程、协调机制、机构职责、管理制度、经费分配等，都坚持以教育为中心、引导学生来增强服务，千万不可以为了过分追求服务、而不注重大学生的事务管理、将学生事务管理发挥教育功能忽略。

5. 管理机构之间的关系

新的学生事务管理模式应注意以下三个方面。

其一，组织结构的层次性。组织结构的层次性对工作环环相扣，层层递进发挥着非常重要的作用。

其二，机构间的整合性。机构间的整合性对局部服务于整体，全局指导、协调局部发挥着非常重要的作用，发挥整个体制的凝聚力和资源整合力。

其三，机构间的互动性。机构间的互动性对上层和基层相互激发工作活力与创造力发挥着非常重要的作用。

要想处理好大学生事务管理机构之间的关系，需要从以下几个方面着手。

（1）与上级单位的关系。学院是学生事务管理的基层组织单位，大学生事务管理模式成功的关键在于学院与其他职能管理机构进行有效沟通、相互协调和分工合作。因此，在学校与学院之间分配职责时，一定要明确具体的专业。另外，为了实现学校的目标和任务，学院还要充分发挥其主动性和积极性，从而提高自己的地位。

（2）各单位之间关系的处理。处理好学生工作部、校团委以及其他与学生事务管理相关机构之间的协调关系，是处理好大学生事务管理机构之间关系的前提。目前，与我国大学生事务管理有关的部门有很多，有学生工作部、校团委、教务处、后勤集团（后勤管理处）、校医院、体育课部等部门。这些都要把学生工作部作为核心，针对不同职能部门所涉及的学生事务的内容采取不同政策和管理要求，运用不同考核标准进行评价，对与大学生事务管理有关的机构要求任务目标、职责范围明确化。

（3）管理人的选择。大学生事务管理的校领导主管应具有高素质以及较强的能力。主管大学生事务管理的校领导主管不能只站在一个角度来发表言论。也就是说，既要站在学生的角度为学生说话，还要作为学校领导来管理这些学生，所以常常会陷于两难的局面。如果主管校领导没有高素质和较强的能力，就会对高校学生事务管理模式的有效运行产生消极影响。因此，担任主管学生工作的校党委副书记或副校长应该是领导力强、政策水平高、学生事务管理知识丰富的人。一个成功的学生事务管理领导者，需要学习和掌握必要的学生事务管理理念、管理技巧和领导能力，经常宣传学校的学生事务管理价值观，利用大学文化来营造学生、教师、管理者及其他人员之间的友好合作关系，帮助学生提升对其他人和事物的敏感性和理解力，规范自己的行为，从而可以帮助高校实现把学生发展作为核心的神圣使命。

（二）具体构建要求

在具体构建的过程中，我们需要遵循这些要求，分别是优化管理组织流程、明确事物管理权责、职能"条块化"与"扁平化"相结合、学生参与管理、事务管理专门化、构建的类型。

1. 优化管理组织流程

所谓管理组织流程，就是为了实现某种特定的管理目标而组织制订的工作计划和程序。

图4-2采用的就是优化流程与再造的思想，强调输入、过程、结果的IPO设计模式。

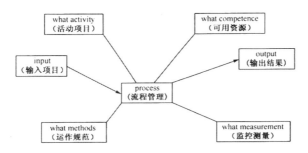

图4-2　IPO设计模式

第一，考虑与大学生事务管理相关的各项内容，如学籍管理、心理咨询、学生组织与课外活动指导与管理、学生资助管理、招生管理、学习指导、奖惩管理、学生宿舍管理、就业指导与管理等。在考虑学生需要和社会需要的基础上，按照作业流程的要求进行规范化设计，除了了解输入要项和输出结果为何外，对于每一流程的"流程管理"过程展开设计的要项，应考虑"4W"问题，如包含需要什么活动才可将输入转化为输出（what activity）、为了达成输出需使用怎样的资源（what competence）、为了使活动能有效运作需要多少作业规范（what methods）、为了达成输出如何监控与测量（what measurement），从而形成管理目标、管理任务、管理程序、资源配置等。

第二，要通过正当程序学生事务管理过程进行控制，对权力的运行秩序进行规范，使权力的行使严格遵循法治精神的规范步骤和方式，防止运行无序性的管理、偶然性的管理和随意性的管理，对管理行为的合法性提出了保障，对管理行为的高效性也提出了保障，最终将提升大学生事务管理的效率以及大学生事务管理的服务质量。

2. 明确事物管理权责

目前，在构建有中国特色的大学生事务管理模式的过程中，起着承上启下的管理、协调作用的是我国高校院系的学生工作。院系对学生了解最多的就是学生的学习、生活、思想和个性特点，尤其是在面对市场经济和全球化、信息化等带来高校学生工作环境的复杂情况下，如果院系不积极参与，那么高校学生工作的目标就不可能实现。为此，我们在推进学校层面学生事务管理组织扁平化的基础上，对院系学生事务管理的机构进行优化和明确，对院系学生事务管理的权责也进行优化和明确，充分发挥学生事务管理人员的积极性和创造性。

（1）权责清晰。权责清晰指权力透明化，明确权利和责任。在授予院系学生事务管理组织权力的时候，制订的规章制度一定要将责任和权利明确化、尽量的详细，并且可以执行下去。不仅院系需要知道具体的授权内容和权限范围，所有受到权力影响的学生、相关教师和管理人员，也应该知道哪一级组织拥有的权力，还要知道各自的责任以及行驶职权的范围，从而可以起到监督作用，并将权利和职责落实下去。

（2）明确任务。首先由院系领导部门向大学生事务管理工作部门给予一些明确的信息，让他们知道他们拥有哪些权力以及他们负责的工作要达到哪种效果，还有工作时间和标准。而为完成任务采取的手段以及决策权是由基层组织自己决定的。在学校的学生事务管理决策过程中要允许院系参与。实际上，院系最清楚完成一项学生事务管理任务或项目需要权力和资源配置。如果在学生事务管理的咨询和决策活动的过程中允许院系参与其中，这样不仅可以做出恰当的决策，还可以增强学生事务管理者的工作积极性。

（3）优化管理机构。要想优化管理机构，就要成立学生工作领导小组，组长由院长或党总支书记兼任，副组长由党总支副书记兼任，组长和副组长的工作就是负责日常领导工作，成员由各专业的系主任（或党支部书记）、团总支书记、主管教学的副院长、院办公室主任、院学生会主席等人员组成。其主要职责是在学校的领导下，根据院系的具体情况，不仅对本学院的学生工作计划起决定作用，还对本学院的学生工作项目、队伍建设以及经费投入起决定作用。

然后要根据专业化的要求，成立学生事务管理组、思想政治教育组、辅导员办公室。思想政治教育组主要负责社团指导与管理、学生权益维护、学生事务管理组负责学习管理、学生资助管理等业务，党团负责活动与管理、社会实践活动、学生形势政策教育、学生干部教育与管理等业务，辅导员办公室负责新生辅导、班主任管理、宿舍管理、学习指导、班级管理、就业教育与管理等业务。

3. 职能"条块化"与"扁平化"相结合

就从我国目前大学生的群体特征来看，让学生能够主动参与并不是一件容易的事。在我国，对于一些大学生来说，如何将人际关系处理好、将学习有效地开展、适应独立生活、将生活事务安排好，依旧是一个很大的挑战，并且当代大学生身上有着中国传统文化的内敛、含蓄等特点。对于这样一个群体，把他们单方面的看成"成年人"，让他们主动去寻求学生事务管理部门的服务和帮助，是不大现实的。而且，我国的大学生都是在学校里居住的，在日常管理过程中，多数学生事务管理者直接与学生建立密切联系，主动介入他们的学习与生活，有着管理上的独特优势。所以，大学生的基本教育、服务和管理必须坚持通过条块结合的管理模式以使大学生快速的发展。

学生事务管理组织的扁平化，根据工作需要进行重新组合，形成了功能专业化的新机构，实现全面整合和教育资源的再配置，建立直属主管学生工作的党委副书记兼副校长领导的多个中心和办公室，直接面向全体学生开展教育、管理和服务活动，这对专业化水平的持续提升发挥着重要作用。

4. 学生参与管理

大学生参与高校管理是由浅入深的，有三个层次：初级层次、中级层次、高级层次。其中，初级层次的重点就是将监督权、知情权和建议权行使起来，中级层次的重点就是将咨询权、行动权和评议权行使起来，高级层次的重点就是将表决权、决策权和投票权行使起来。参与模式包括知情模式、行动模式以及决策模式。

在我国，学生参与高校管理机制建设还都在积极发展的阶段，大多数的高校都尚在初级阶段，只有极少数高校的学生可以参与对教师的评议和学校发展的咨询活动中。为此，对学生参与学校管理的重要性，高校要有一个清楚的认识；对于建立学生参与高校管理的机制，学生事务管理者要积极推动。

5. 事务管理专门化

宏观层面专门化，是针对高校中学生事务管理的宏观领导体制来说的，主要是为了解决报告关系和跨部门协调机制。事务管理专门化的前提就是不仅要承认学生事务管理在学校工作中的专门化，还要承认学生事务管理在学校工作中的独立地位，在学校领导分工过程中有专门的人负责学生工作。学生的思想政治教育和学生事务由这位学校领导专门负责，对其不再分配其他的工作，也就是"专人专事，专事专人"。这是基于宏观层面的高层指挥和总协调，突出学生工作在高等教育中的重要性而提出的。

6. 构建的类型

根据未来高校学生事务管理的方法、管理手段、目标、途径等方面的不同以及侧重点也不同，将构建我国大学生事务管理模式概括为四种模式：中心型、系统—过程型、目标—关系型、契约—参与型。

（1）中心型。"系统内的多中心""整体上的专门化"以及"以条为主"的运作机制，就是创建"中心型"管理模式的基本思路。"整体上的专门化"是针对学生工作的领导体制来说的，前提条件就是承认学生工作在学校教育工作中专门的独立地位，由副书记（副校长）主管，实现"专人专事"。"系统内的多中心"是针对学生工作系统内部组织结构来说的，在学生工作系统中加入兼职部门分管的学生事务，从而形成了功能专业的新机构，建立直属学生工作副校长领导的多个中心和办公室。这种组织结构不再包括系一级的学生工作系统。校、系两级的条块结合机制是现在学生工作的管理模式，使其转变为一级管理和以条为主的管理模式。

（2）系统—过程型。系统—过程型管理模式对管理系统的完整性做出了强调，对过程的控制性也做出了强调。它把学生事务管理作为一个完整的过程和系统，从而可以创建并完善新的学生事务管理运行机制，对过程的各个环节运用新的教育观念和思路进行有效的管理和控制，最终实现管理目标。

（3）目标—关系型。目标—关系型管理模式的目标很明确，并通过一种双向关系将学校管理目标和学生发展目标进行有机结合。目标—关系型管理模式的典型模式就是高校学生事务"管理—服务—发展"模式，是指在市场经济条件下，高校通过对学生的教育、管理和为学生发展服务，使高校的培养目标和学生自我发展的目标逐步达到统一的过程，学生事务管理者与学生之间的作用关系是双向互动的。

（4）契约—参与型。管理关系和"契约"关系是高校与学生之间存在的两种关系。一方面，高校承担着教育行政职能是受国家教育行政管理机构的委托。在承担着教育行政职能下，高校要在国家法规的限定下对在校学生的学籍、成绩、学位等进行管理。在此，管理者是指校方，被管理者是指学生。另一方面，学校（尤其是公立学校），作为教育公共部门，既要提供相应的公共服务，也要提高相应的产品，其中包括充分的校园安全、良好的学习条件、公允的教育水准、足够的教学设备、良好的生活条件。

（三）不同性质高校事务管理方法

按照学生事务管理方法的来源性质不同，可以将学生事务管理方法分为五种，具体如下。

1. 行政方法

所谓大学生事务管理的行政方法，指的是依靠大学生事务管理机构的权威性，运用规定、命令、指示等行政手段，按照行政系统和层次，其前提条件是权威和服从，对于教育管理活动的管理方法进行直接开展。它具有三个特征：强制性、权威性以及垂直性。通过管理者运用职位的权力来进行管理就是学生事务管理行政方法的本质。

在大学生事务管理实践中，运用行政方法对管理者与管理对象之间及时形成统一认识发挥着重要作用，构建统一目标，采取统一行动，具有很强的时效性特征，能够较好地处理特殊问题和学生事务管理实践中出现的新情况。实现学生事务管理功能的重要手段之一就是行政方法。由于运用行政方法需要借助职位的权力，行政方法的效果与学生事务管理者业务素质、管理能力以及领导水平有密切关系。

2. 教育方法

所谓大学生事务管理的教育方法，指的是按照一定的教育规律，运用一些方式（如专题报告、个别谈心、课堂教学、座谈等）对学生的成长施加一定的影响，从而提高学生素质和能力，实现学生事务管理目标所运用的方法。学生事务管理中的教育涵盖学习指导、职业生涯规划与就业指导、新生辅导、心理咨询、学生活动指导等内容。

在学生事务管理的实践中，遇到问题时，我们不应该采用粗暴的训斥和简单的灌输来解决，而是应该采用讨论、说理、批评和自我批评的方法进行疏导。要灵活运用学生事务管理的各种教育方法，务求实效，既需要将知识学习与实习、参观体验等方法相互协调统一，也需要将集体教育与个体咨询方法相结合，还需要将外在教育与学生自我教育进行统一。

3. 法律方法

所谓大学生事务管理的法律方法，指的是运用国家法律法规对学生思想和行为进行教育管理的方法。大学生事务管理的法律方法具有三个特点：规范性、严肃性以及强制性。大学生事务管理的法律方法对建立科学的管理制度和管理方法发挥着重要作用，对完善科学的管理制度和管理方法也发挥着重要作用。大学生事务管理的法律方法，对必要的高等学校管理秩序能够给予保证，对大学生事务管理内外部各种要素之间的关系能够处理好，使大学生事务管理很快走向规范化、法治化的道路。

运用大学生事务管理的法律方法，可以将那些符合客观规律和行之有效的大学生事务管理制度和管理方法，用法律的形式将其条文化、规范化、固定化，使其形成有法律依据的方法。高校对这些法规要严格执行，并且制订出来的规章制度要符合学校的实际情况，只有这样，学生事务管理系统才能有效运转。这不仅提高了管理效率，还节约了管理的成本。

4. 技术方法

所谓大学生事务管理的技术方法，指的是借助于现代化的技术手段，从而实现大学生事务管理目标的所运用的管理方法。

大学生事务管理的技术方法主要包括决策技术、组织技术、信息技术、计划技术、控制技术等。把技术融入事务管理中，利用技术对大学生事务管理起到辅助作用，这就是大学生事务管理技术方法的本质。采用信息技术，不仅可以提高信息获取的速度，还可以提高信息的质量；采用决策技术，不仅可以提高决策的速度，还可以提高决策的质量；采用计划技术可以提高有关职能的执行效率，从而促进管理过程的良性循环；采用组织技术也可以提高有关职能的执行效率，从而促进管理过程的良性循环；采用控制技术的采用也可以提高有关职能的执行效率，从而促进管理过程的良性循环。在学生事务管理实践中，应该根据不同的管理问题，选用不同的技术方案，在了解每种技术的适用范围的前提下，尽可能把所掌握的技术用到实处，发挥技术的积极作用。当前学生事务管理特别要注重的是管理信息系统技术的运用与实现。

大学生事务管理的技术方法具有四个特征：客观性、规律性、精确性以及动态性。尽管如此，它还存在局限性。这说明任何技术方法都不是万能的，需要与其他方法相结合；说明技术方法的运用与管理者的业务素质管理效果有密切的联系。

5. 经济方法

所谓大学生事务管理的经济方法，指的是根据客观经济规律，运用各种经济手段，实现大学生事务管理目标所运用的方法。近年来，随着我国高校对大学生资助管理的逐渐重视，将多种经济方法一步一步地运用起来。大学生事务管理的经济方法承认每个学生个体或学生组织在获取自身利益上是平等的，本质上就是利用利益机制引导学生去追求某种利益，对学生行为产生间接影响，从而可以实现学生管理目标的管理方法。

（四）大学生事务管理的实施方法

关于大学生事务管理的方法有很多，有硬性约束的方法，也有咨询教育的方法；有外在控制的方法，也有注重内化的方法，有群体性的方法，也有个别性的方法；有提高认知的方法，也有情感熏陶的方法。下面主要介绍两种常用的方法。

1. 激励管理法

所谓激励管理法，指的是运用各种物质（或者精神）手段来激发大学生事务管理者和学生的主观动机，对人们朝着正确的方向努力和前进起到鼓励作用。激励管理法就是把人们的客观需要和主观动机作为依据，运用的主要手段是物质激励和精神激励。

每个人在现实生活中都会遭受挫折，对待挫折一般有两种态度：一种是积极进取，另一种是消极抵御。通过运用挫折调适法可以帮助和引导受教育者采取积极进取的方法；通过宣泄不良情绪来减缓心理压力；通过参与社会生活摆脱心理的困境；通过改变或脱离引起挫折的环境或场合来忘记痛苦和烦恼。

2. 实践锻炼法

所谓实践锻炼法，指的是一种让大学生在劳动、学习、社会生活和其他各种活动中接受锻炼考验，从而形成说话和实际行动相一致的教育方法。这种方法对劳动、学习、生活等多方面的锻炼特别有效，符合大学生心理、思想以及能力特点，对他们德智体得到全面的锻炼和发展发挥着重要作用；并使教育动机与教育效果相结合，从而丰富大学生事务管理的内涵。

第五章 大学生就业形势与就业准备

提到就业困难，人们第一时间想到的群体就是大学生。当前我国的就业形势依旧是供不应求。大学生的就业问题牵扯到众多方面：经济发展水平、政策的颁布、社会的舆论环境、高等院校的素质教育、就业者心理状态等。但最影响大学生就业的还是高等教育质量与社会经济发展水平。

在相关政策的引领下，高等教育的规模迅速扩大，高等院校数量不断增加，高校每年招生的数量也在不断增加。高等教育的迅猛发展既满足了青少年接受高等教育的客观需求，又为市场解决劳动力供求的结构性矛盾奠定了基础。现如今，大学生数量少的问题已经得到了解决但就业压力却增加了，毕业生越来越多，满足就业要求的岗位却不够，因此，解决大学生就业问题势在必行。

本章就将从当下我国大学生的就业形势，大学生就业的必备素质，大学生就业的准备与流程，大学生就业应聘的相关技巧四个方面，来对大学生就业情况进行深刻剖析，通过数据与理论的研究，把大学生就业所需要了解掌握的信息，浅显易懂地告知读者。

第一节 大学生就业形势分析

就业问题一直是困扰我国市场经济发展的问题之一，想要扩大生产力，就必须把就业问题从根本上给予解决。大学生作为就业困难的群体，国家已经颁布了具体的政策来帮助大学生解决就业的问题。本节就将针对当代背景下大学生的就业形势进行详细的分析与研究，以便帮助大学生了解我国现在的就业形势，为日后的就业打好理论与思想的双重准备。

从整体上来看，我国的经济水平一直保持在一个持续、快速、协调和健康的发展道路上。而加入世贸组织，成为我国融入经济全球化的一个契机。我国的市场经济与世界经济有了更为紧密的关系。无论是内在经济的迅速发展，还是外在环境的优化，这些因素构成了解决我国就业问题的外部经济环境。

不可否认的是，我国高等院校的毕业生年增长率越来越高，而且毕业就业的时间集中，在不够明朗的就业形势的影响下，大学生的就业问题更为突出，再加上尚未解决的一些长期积累的就业困难问题，就业的困难形势不容小觑。

一、社会客观因素影响下的就业形势

（一）经济背景对就业的影响

1. 国内生产总值的增长对就业的影响

我国近些年来的经济发展态势非常喜人。国内生产总值年均增长态势控制在 7% 左右，城镇新增就业 4500 万人，城镇登记失业率也已经控制在 5% 以内。在《中华人民共和国国民经济和社会发展第十三个五年（2016—2020 年）规划纲要》的官方文件中，我国已经明确提出了社会发展的要求：未来的五年内，GDP 的年均增速要保持在 6.5% 以上，经济增速持续放缓，保持一个平稳的状态，产业结构调整升级成为经济发展的重点。

就业形势与我国经济发展密不可分，相互影响。经济的发展会推动新兴产业的发展，为就业提供更多的岗位；而就业率的上升会间接拉动经济生产力的发展。因此，剖析大学生就业现状离不开对我国经济背景的分析与研究。

根据我国近几年来的国内生产总值的增长状况来看，我国的就业岗位会日趋增加。每当我国国内生产总值增加一个百分点，就会有至少 100 万个就业岗位出现在就业市场。

由此可见，大学生的就业形势依赖于我国经济的发展水平。想要为大学生创造更多的就业机会，就需要经济水平维持在一个又好又快的水平上。

2. 技术需求的增长对就业的影响

如果说经济的发展是就业岗位增多的本质要求，那么经济对于技术的需求，也间接地影响到大学生的就业趋势。

近些年来，我国一直在强调科技立国，把技术创新作为我们经济发展的原动力。因此，科技的不断进步与劳动者素质的不断提高是当前经济背景下社会发展的要求。

技术领域人才的空缺是阻碍我国中小企业发展创新的关键所在，专业领域技术人才的争夺，已经成为市场竞争的内容之一。由此可见，技术需求的增加将带动企业对于技术人才的需求量。技术需求越高，人才岗位的需求量也就越大，大学生的就业形势就会更为明朗。

（二）企业背景对就业的影响

1. 中小企业的发展对就业的影响

我国一直坚持着"公有制经济为主体，非公有制经济协同发展"的经济制度。对于大学生初入社会，开始自己的职业生涯而言，中小企业是相对安全又难度较低的选择。

自改革开放以来，非公有制经济在经济政策的扶持下，已经成为我国市场经济的重要组成部分。随着市场经济的不断发展，非公有制经济在国民经济中的地位也越来越高。这给大学生就业提供了良好的态势，因为非公有制企业单位的步入门槛相对较低，且注重员工的发展潜力。

从我国不同的经济区域来看，经济发展迅速的东南沿海地区对于人才的需求量相当高，众多优秀的企业单位都落户于此地。因此，每当毕业季或是离职高峰期时，东南沿海都成为聚集人才的区域。

2. 高新技术企业的发展对就业的影响

随着知识经济概念的产生与发展，我国的高新技术企业也迎来了急速发展期。这些专业领域的企业对于人才的渴望，完全不亚于普通企业对于专业人才的需求。但与一般的企业不同，高新技术企业对于人才的要求更为严格，因为这些岗位的专业性非常强，一般毕业生无法胜任。因此，岗位的要求也一般与高新技术相关，如计算机软件、计算机应用、生物工程、通信工程等。根据这个背景，大学生可以在校内校外，充分了解相关行业的人才要求，然后充实自己，为获得工作岗位而努力。

不同行业和不同经济区域的人才需求都是不同的，大学生可以根据自身所学或是自身的能力来综合考虑工作的区域及工作的行业。而争夺激烈的高新技术人才市场，也为大学生提供了更多的施展空间。

（三）教育背景对就业的影响

1. 当下我国的教育背景对就业的影响

我国的高校教育与世界其他国家相比，还处于完善发展的阶段。根据国家统计局的相关统计数据表明，我国高等教育的普及率远不如美国。我国受过高等教育的人口占总人口的比例仅为 5.7%，一般发达国家受高等教育的比例一般在 30%-50%，而世界教育强国美国受过高等教育的人数占全国人口比例的高达 60%；亚洲资本主义国家日本、韩国的高等教育人口占比也在 30% 左右，由此可见，我国的高等教育水平还远远没有达到发到国家的水平，甚至还不如不发达国家 8.8% 的平均水平。我国高等教育的发展道路任重而道远。

当前，中国将近 14 亿人口中大专及其以上教育人数在 1 亿左右，其中受到高等教育的比例在 9% 左右。这些数据说明了我国高等教育人口比重略高于国际平均水平（与中国实际经济水平差不多的国家），但在增长的所耗时间及增长的幅度来看，经济水平提高的幅度与高等教育人口比重增长幅度之间还有 10 年甚至多于 10 年的差距。

由此可见，我国的教育水平还有待提高，无论是受教育的人口，还是高等教育的普及率，都需要跟紧我国飞速增长的经济水平。因此，大学生在人才市场上还是处于优势地位，毕竟高校的供给量还是小于社会实际的人才需求量。社会发展所需要的人才还是很抢手的。

2. 就业教育政策对就业的影响

在相对艰难的就业形势驱动下，各大高校根据学生自身的需求及高校的学科优势，来开展有针对性的就业教育。以各高校为主体的校园招聘活动，在形式各样的大学生招聘活动中已经占有重要的地位。伴随高校教育的开展，高校就业信息网也渐渐发挥了正面的作用。

对于毕业生而言，高校毕业生就业制度改革的不断深化完善使他们所能获取的有效就业信息量也越来越多，就业供需信息渠道日趋畅通。毕业生可以根据自己的实际需求，来获取有效的就业信息，以促进就业。

除了通过网络为大学生提供通畅的信息途径，政府及各大高校也越来越重视大学生的就业指导，甚至是从刚入学开始就进行就业的培训工作。就业指导的形式也很多样，如开办有关就业方面的讲座，开设就业指导方面的课程，与企业合作创办实习基地等。这些措施对提高大学生就业率起到了积极有效的促进作用。

3. 教育错位对就业的影响

我国以往的应试教育，对高校产出高质量的技术人才起到了反向的作用。因为，高校的录取方式不是依赖学生的实际能力，而是应试考试下的分数结果。这种不够科学的录取方式，使我们具有专业能力的学生失去了学习和发展的空间。从而间接导致了专业领域的企业找不到有实际操作能力的劳动者，而公务员、事业单位的编制人员的竞争却是在众多高校毕业生的"厮杀"中进行。

现在的市场需求是具有专业性和实用性的特点，尤为看重劳动者实际的专业水平。而"择高分录取"的高等院校却无法向市场正常传输与需求相符合的专业人才。这其实就是教育错位对就业的一种负面影响。不合理的录取方法使高校对于学生的全方面评价缺乏公平与客观。这种大学毕业生的供给与市场专业人才需求的错位，折射出了学校教育评价标准的错位。

4. 教育经费的使用情况对就业的影响

高等院校的教育开展离不开充足的教育经费。根据国家统计局的相关数据表明：政府、社会对高等教育的资金投入日渐增加。在过去的十年间，来自个人捐款和个人办学的教育经费增长了 60 倍；来自个人缴纳学费的教育经费增长了 18 倍，其他方面的教育经费则增长了 36 倍，但是来自政府的部分却只增长了 35 倍。这些增长的资金远远无法满足高等院校扩充基础设施，开展专业学科教育，举办相关的教育活动等实践教育活动的经费需求。没有经费的支持，我国的高等教育只能原地踏步。

以上数据看起来很有冲击力，仿佛我国的教育经费储备是十分充足的。但事实正相反。因为同样的十年里，中国高等院校的入学人数增长了 5 倍，硕士研究生增长了 6 倍，博士研究生增长了 3.5 倍，大学生的数量每年都在增加，但是教师的数量却只增长了 1.7 倍。

上面的数据显示了我国教育资金的短缺与高等院校师资力量的不足。这些问题直接导致了高等院校学生质量的下降。我们应该看到，影响高等教育发展的已经不是大学生的数量问题，而是大学生的质量问题。

显而易见，大学生的质量影响着实际就业的水平。如果我们的就业者无法满足企业单位的人才要求，自然就会成为"失业者"，从而拉低我们整体的就业率。

5. 高校扩招对就业的影响

近年来，教育界大力开展高校扩招的工作。虽然高校扩招的本质是为了教育资源的合理分配，但扩招对于大学生就业而言，只是起到了推波助澜的负面作用。因为高校扩招带来的直接作用就是大学生数量的增加。

根据国家统计局的数据表明：在过去的 17 年间，我国的毕业生数量增长呈现不断上升的趋势。截止到 2017 年，我国普通高校的毕业生将达到历史新高 795 万人，可见 2018 年全国普通高校的毕业生必将突破 800 万人次。这些庞大的数字表明了当下大学生就业创业的工作依旧形势紧张，任务艰巨。

从政府提出的"十三五"纲要得知，未来的五年内，我国的 GDP 年均增速还要继续保持在 6.5% 以上。那么，经济形势驱动下的人才市场依旧会呈现严重的供需不平衡的现象，就业形势不容乐观。

由此可见，当下艰难的就业形势与高校扩招有着直接的关联，教育不单要提高我们高等教育的普及率，更应该从大局出发，控制好大学生的增长数量与质量，努力配合政府做好就业的相关工作。

二、大学生主观因素影响下的就业形势

上文主要介绍的是客观条件下，我国大学生就业形势所呈现出的供不应求的现状。但是造成就业困难的原因，也离不开矛盾主体也就是大学生本身。

大学生就业的趋势紧张，这是全国上下所有大学生都了解的信息，甚至不少高中生会因为就业问题而在高考报名时慎重考虑专业问题。确实，我们不得不考虑到一些冷门专业的就业率远远比不上热门专业的高就业率问题，但是就业大环境的紧张，一个主要的原因就是大学生自身准备不够充分。这种不充分体现在思想观念和实际能力两个方面。

（一）大学生就业观对就业的影响

不少大学生的就业观念还停留在传统模式下，以为上了大学就一定能找到好的工作，这种错误的观念使得不少大学生在就业预期上就存在着过高的倾向。

在改革开放初期，我国大学毕业生就业的主渠道一直都是国有的大中型企业，这些企业预留岗位的入职门槛与工作内容都相对轻松，甚至不少人可以在一个岗位上做一辈子，这一点可以参考父母长辈。但时代在变化，一些国有的大中型企业已经被民营企业、基层单位甚至是农村等取代。过去的就业观念已经不满足当下的时代背景了。不少毕业生却依旧抱着"铁饭碗"的想法，即事业单位、国有大中型企业、政府机关等，这就使得公务员的竞争率越来越激烈，甚至有的岗位竞争率胜过了高考。这在很大程度上加剧了就业形势的严峻性。

其实大学生应该及时转变就业观念，不要把就业岗位定在非高工资的地方不去，非福利好的地方不去，非工作轻松的地方不去。大学生应该对

我们的社会发展奉献自己的一份力，把就业当作是实现人生价值、社会价值的一次机会。大学生应该化被动为主动，形成符合实际情况的就业观念。

（1）积极树立竞争性的就业观，学会主动出击去寻找合适的工作岗位，不要只想着"吃现成的饭"。

（2）摒弃"官本位"的就业观，要能看到非公有制经济的良好发展前景，在合适的岗位上发挥自己的作用。

（3）淡化专业对口的固有就业观念，大学生一定不要拘泥于自己本科所学习的专业，不同的岗位对劳动者有不同的要求，总有一个行业是适合你的，扩大就业的面积，说不定会有好的选择出现在眼前。

（4）树立终身教育的可持续就业观念，大学生不要想着仅靠本科四年所学习的那点专业知识，就可以"打遍天下无敌手"，只有不断地学习，才能跟上时代发展的步伐，从而在新的领域找到发展的契机。

（5）正确看待失败与成功，不少大学生直到毕业，都是顺风顺水的。没有经历过失败的人，是无法在一次次冲击中成长并完善自己的。因此，大学生一定要正确看待就业中的失败经历。不要气馁，也不要骄傲。把失败的经历总结起来，从自身的主观因素出发，弥补自身的不足。不要因为工作的不稳定，而对就业失去信心。

（二）大学生专业能力对就业的影响

如果说上文所说的是大学生不正确的思想观念会加剧就业形势的恶劣。那么，下面我们就要讨论大学生实际能力对就业形势的影响。

现在的人才市场的供需状况依旧是供不应求。但为什么大学生还是会觉得找工作困难呢？根本原因在于人才市场对人才的要求呈现专业化与实用化的特点，也就是说我们的劳动者要具有与岗位相对应的实践操作能力和社会实战经验。但是，大学生基本都是应试教育下的产物，重理论轻实践，或者说是大学生的实践水平远远达不到企业专业岗位所需要的能力与经验。因此，大学生会在寻找工作的时候到处碰壁。

大学生对于专业领域的不重视，就将导致自身能力的不足，这个缺点将成为大学生就业的"致命伤"，从而出现了企业找不到合适的员工，大学生找不到合适岗位的情况。

这种能力的不足，主要源于以下几个方面。

1. 大学生对于实践的不重视

不少大学生的大学生活还与义务教育、高中教育一样，处于"读死书，死读书"的状态，只把学习的重点放在理论研究上，而没有去社会上体验、感受，这样的学生在就业过程中会存在明显的实践能力不足，无法把理论知识转化为实际操作的能力。

2. 大学生专业不对口

不少大学生的本科专业与自己所期待的专业不同，从而产生厌学的心理，又或是只局限于本专业，没有在空闲的时间充实自己，这也就导致了大学生在就业的时候专业不对口，大学生自身的能力与岗位技能不相符。

3. 高校开展的专业不满足市场需求

中小企业对员工的需求体现一定的专业性，也就是说我国的职位空缺主要体现在专业技术人员。而我们的高校所开展的专业与技术需求相差甚远，因此出现了高校培养出来的学生专业性不足的现象，从而加剧了就业形势的紧张。

4. 高校没有开展有效的实践活动

实践是检验真理的标准。所有理论知识终究是要为实践所用。大部分毕业生存在实践经验不足的现象，这也是导致大学生无法找到合适工作的原因之一。高等院校除了开展就业指导课堂和就业演讲之外，还应该多组织大学生投入到社会实践工作中去，以提高学生的实战能力与环境的适应性。

通过上文的研究探索，我们已经了解了当代背景下大学生并不明朗的就业形势。这种就业形势是主客观共同作用，内外因共同影响的结果。

第二节　大学生就业的必备素质

大学生就业需要一些基本的素质，这些素质就是学生其自身所具备的基本条件和内在要素的总和。它们可能来自原有家庭的培养，学校课堂的学习，日常实践活动的体验。但走入社会，综合素质的考察是大学生能否适应社会，适应岗位的关键所在。因此，大学生就业有一些必备的素质。学生在校期间或是闲暇之余应有意识地进行培养与学习，让自己能迅速符合岗位要求，按照自己预定的人生目标和理想去前进。本节我们将从大学就业的基本素质，大学生就业的必备能力，大学生就业的必备知识及大学生就业的必备心理素质去研究分析大学生就业应该具备哪些基本素质。

一、大学生就业的基本素质与能力

大学生在真正踏入社会之前，应该对自己的未来有一个初步的判断，这是大学生应该具备的基本素质。一个人只有拥有了目标才能够有前进的动力，而动力的推进需要计划的铺陈，一切意识如果没有实践的操作也是没有实际意义的，而在实践过程中，只有体现意识的动能性，坚持自我，拥有克服一切艰难险阻的信心，才能把一件事做好。因此，大学生就业需要的基本素质就是要在头脑中形成有关就业的相关信息，并在大学期间就付诸实践，这样便能在艰难的就业形势中"杀出一条血路"。

（一）找到方向，明确目标

1. 确定目标是成功的关键

大学生就业的第一步就是要找到自己的人生方向，看清人生前景的方向，并明确目标，这才是大学生应该在校期间为就职所迈出的第一步。大学生需要了解社会实际情况，才能够结合当下的环境与自己现已具备的能力，确定一个未来工作的目标。这个目标将成为大学生就业道路上的"灯塔"，指引学生走向成功。

2. 确立合理科学的目标

确定目标是要有一定的科学性，也就说这个目标要符合物质条件的基础以及现有实践所能带给人的发展空间。判断这个目标是否科学合理可以从以下几个方面进行衡量。

（1）这个目标是否是自己喜欢去做的事情。人只有在做自己喜欢的事情的时候，才能拥有无限的"力量"，去克服可能遇到的困难。

（2）这个目标是否是自己所擅长的事情。人只有在做擅长的事情的时候，才会充满信心，体现自身的竞争力。

（3）这个目标是否有实际价值。大学生的就业过程其实就是社会价值实现的过程。因此，大学生在明确目标的时候，一定要思考好这个目标有没有实际意义，这件事是否值得去做。

（4）这个目标是否有发展的空间。既然是未来的发展目标，那么它一定是大学生未来可以涉及的领域，并且也拥有强大的发展潜力。只有这样，在前往目标的途中，多累多苦也不会觉得没有意义；只有这样，在实现目标的时候，才能体会到十足的成就感。

因此，大学生应该尽早地明确自己的人生目标，在实践的过程中，不断细化小的目标、确定前进的方向，充分利用大学课上课下，甚至是业余时间，进行思想和实际操作的各项准备工作。

（二）充实自己，制订计划

充实自己体现在大学生要充分利用自己的课上课下的时间，不断提高自身的综合素质。

1. 提高自己的领导能力

现在高校都在开展素质教育，为了提升学生的综合素质。学生可以通过各式各样的实践活动来培养提高自己的领导能力。

其实领导能力是一种与生俱来的能力，因为它与性格、客观环境密切相关。不少伟人从小就表现出了一种异于常人的领导能力，这种能力可能体现在可以培养起一个小团体并成为这个小团体的核心人员，有可能体现在班级的管理上，也有可能体现在学校的活动统筹上。这些都能为日后工作生活中对整个大型任务活动的统筹管理提供帮助，也有可能用于一个企业的综合管理上。俗话说："不想当将军的士兵就不是好士兵"。人都要有梦想，都需要有一颗上进的心，即便我们是从基层开始做起，但我们依旧有上升到管理层的可能，只有到了企业的高层，我们才能去实现自己真正的目标与理想，而不是永远只为别人打工劳动。一个合格的员工，必须是具备一定的领导能力的，或许这个能力尚未激发，但在日后的工作中或者是其他岗位上，能够有所建树。

但是，不少人对于领导能力有一个误区，以为在学校里挂过学生会主席的牌子，就具备了相应的领导能力。这是错误的，因为领导能力不仅是表面的功夫，领导能力是要有一定的预知能力与危机情况下的把控能力，它不是言听计从，不是简单的跑跑腿，做个传话筒而已，如果你只有这个水平的话，那充其量就是个办事员。真正的班长是能够合理调配班级的人员，合理分配班级事务，在各种活动中调动所有人的积极性，需要积极地考虑普通同学的物质与精神需要，组织完整的校园活动，在为同学和老师服务的过程中，不断地锻炼自身的组织能力、协调能力，才能在实践中培养好领导能力。这才是大学生应该在学校培养起来的领导能力。即使大学生没有在校具备领导能力，也不要气馁，在具体的工作实践中，学习观察现有领导的举动，思考他是如何调配自己手中的人力、物力去办成一件事情的。在实践中思考，也是一种培养方式。

2. 通过实践感受奉献的力量

大学生就业其实就是要向社会奉献自己的力量。无私奉献的精神应该是学生从小到大就听到耳朵磨出茧的道德品质了。虽然，它很"老套"，但是它却是工作生活中必备的一种道德修养的体现。

在工作中，劳动者通过自己的亲身实践活动来获取劳动的报酬，从而获得生活所需的金钱。但这并不代表，我们只做与工资钩挂的工作。因为，在企业中每个人都是工作任务的一个环节，与其他员工都有着密不可分的关系。想要提高整个团队的工作效率，有时需要个人做出一些"无报酬""无名誉"的事情，但这些事并不是没有意义，而是可能不为人所知。这些"小事情"将推动整个工作的进度。这种默默奉献不图回报的行为，其实是一种道德素质的修炼，在工作的各个环节都突显自己的社会价值，通过额外的工作也可以加快大学生适应社会的能力和工作所需的专业技能和实践经验。因此，无私奉献的精神就是大学生把在校期间所培养起来的道德品质发挥到社会工作生活的一种表现。这种精神意识的培养过程也就是充实自己，在实践中体现自己社会价值的实践过程。

3. 增强自己的团队意识

高素质的人才不仅是具有丰富的知识储备，更是具有极高的综合素质，而团队意识就是综合素质的一个重要方面。

团队意识应该是现代企业最看重的东西了。企业发展的核心就是人，而人与人之间的关系就是靠团队这个整体来体现的。既然每个人在工作中都要与其他人合作相处，那么提高合作的效率就是团队意识的一种体现。

在就业初期的面试环节，很多企业便会格外看重大学生是否具有团队精神。因此，我们的大学生一定要表现具有很强的团队意识。大学生可以积极参加有益的事业，来培养自己的团队意识，以便自己能形成一个相对完整的人格，在工作生活中学习真诚地去欣赏、肯定他人，愿意奉献自己去帮助他人获得成功。其实团队意识在学生未进入社会就体现出来了，因为班级就是一个完整的团队环境，不少学生不看重班级这个整体，经常按照个人的喜好来决定是否参与班级活动，导致很多班级无法正常运转，班级活动无法正常开展，班级这个团队其实是"名存实亡"的。但如果学生以集体为重，懂得让步与欣赏，有意识地培养团队意识，在这个团队中学习成长，学着向团队默默奉献自己的力量。相信这些经验会促进学生在企业中的团队工作。

4. 实践中确定为人做事的原则

人生活在社会里，一定要有原则，这个原则就是为人处世的基本态度。一个优秀的大学生应该具备超越一般情感的能力，如嫉妒、悔恨、自我怜悯、忧虑和玩世不恭等。他们能够直视工作生活所产生的各种问题，并具有冷静解决高校中出现的以及工作中出现的各种问题的能力

虽然我们一直在强调"大事讲原则，小事讲风格"，但是做人办事的基本原则是我们开展社会活动的道德基础。我们日后开展的实践活动都要维护自身尊严和坚守自己正直的品格。如果我们为了实现目标而不择手段，那么人也就失去了实践的目的。我们可以在无足轻重的小事上让步，但是在涉及重要的原则问题上一定要坚持原则，站在社会伦理道德的角度去考虑和解决问题，保证目标实现的过程是符合自身价值观、世界观以及人生观的。

上述这些都是充实自己的一些具体内容，无论是哪种素质的培养都离不开社会实践。这时，我们就看到了社会实践的重要性。那么，在提高自己综合素质的同时，我们就需要根据自身的能力与实际情况来确定未来职业计划，并以此为方向标，不断使自己成长。

5. 制订合理的计划

确定目标是工作开展的思想基础，那么计划的确定就是由理论走向实践的重要步骤。大学生确定好未来发展的目标之后，就要根据实际情况制订一个符合自己需求的学习计划。

其实这个计划可以和职业规划相挂钩，也就是说这个制订计划的过程可以直接用职业规划的过程来代替。因为职业规划就是对一个人的职业生涯或是说整个人生进行持续、系统的计划的过程。当然，职业规划所涉及的内容更为广泛，我们在这里只是简单引用一下。

制订计划要包括以下几个内容。

（1）确定目标。这个步骤在上文已经有所陈述，这里再提一句，这个目标一定要有一定的针对性，要符合自己的实际情况和当下的社会背景，一定不能"假大空"。因为正确的定位是成功的第一步，如果起跑后没能走直线，那么未来的路也只能是"弯路"了。

（2）准备工作。这里的准备工作就是指大学生为了这个目标，需要具备哪些物质基础和精神基础。物质基础就是指自己的知识储备以及相应的实践能力。这里可以对自己进行再剖析，自己现有的知识量有多少，能为目标所运用的有多少，自己未来还需要学习哪些知识，需要通过哪些实践

活动来把理论转化为实践，自己还可以通过哪些途径来达成目标。

这个准备工作要尽可能详细又确切实际，这其实也是一个感知自己，了解自己的过程。只有准备工作到位了，大学生接下来的路才能按照一定的路线前进。

（3）目标的实施过程。在确定好目标所需要的一系列的准备工作之后，就需要对这个计划进行阶段的划分，也就是说这个目标需要多长时间能够完成，每个阶段要完成哪些任务。

这个步骤就相对具体了，但也可以随着实践而不断变化，但是总目标不要改动，每个阶段都需要考虑清晰。

通过以上这三个步骤，制订计划就算完成了。这个计划不能只是学生的一时兴起，也不能是只挂在墙上的一张纸。因此，学生一定要端正态度，认真详细地制订计划，并严格按照计划进行实践。

（三）挑战自己，开展行动

当我们确定了具体的目标，制订了切实的计划，接下来就是实践操作的步骤了。如果只有意识，没有实践活动，人类的活动便是没有意义的。因此，如果仅有远大的目标和具体的计划，却不加以实践活动，那么成功也只是海市蜃楼。只有积极地展开行动，才有可能达到最终目的。

1. 鼓起勇气，踏出第一步

挑战自己，其实是冒险精神的一种体现，即掌握了一定的信息量，但这个信息量无法支持我们完整地开展整个活动。一般这种实践是决定任务活动成败的关键时期，因此挑战自己就有可能打开一番新的局面。

其实多数大学生都有一个人生目标，且有相对具体的计划，但是始终无法迈出实践的第一步。有可能是胆怯，有可能是懒惰。无论是哪种负面情绪，都不能影响由理论走向实践的脚步。

大学生都应该具有挑战精神，勇于去设定一个看似缥缈，却依靠努力可以实践的目标，勇于去制订一个"魔鬼计划"，勇于去向未知领域迈进。

2. 在失败中学会成长

勇于踏出第一步，这是开展实践活动的第一步。在充满波折的实践中，难免会遇到失败，挑战自己在这里的体现便是不畏惧失败，能够最快程度地从"失败"中爬起，并且吸取教训，得到未来成功的宝贵经验。没有人能够在不经历失败的情况下，达到成功的彼岸。对于初入社会的学生来说，正确看待就业的成功与失败是成长的一种历练。

首先，大学生没有实际的社会经验，即便是在校期间参与了学校的社会实践，那也只是纷繁复杂的社会生活的小小缩影而已。因此，大学生会在就业初期产生迷茫的情绪，工作不顺利，四处碰壁。但是，不能因为一些小的挫败感，就失去就业的信心和实现自己人生目标的远大理想。而是应该把这些失败当作是最宝贵的财富，在下次的实践中不要再犯类似的错误，让失败成为最后成功的垫脚石，而不是绊脚石。

其次，大学生在就业初期还会陷入理想与现实差距甚远的现象，此时就需要大学生摆正心态，不要为了体现自己的专业而过分强求某种专业性的职位，要正确地选择合适的工作至关重要。根据我们之前所设定的计划，最终目标的实现往往需要一个复杂而缓慢的过程。无论最终的目标多么宏远伟大，人终究还是要从基层做起，从最低级的工作中积累工作与生活的经验。有些人会从技工开始磨炼，最终成为高级工程师，甚至是工厂的老板，有的人甚至会从打扫卫生等杂活开始起步，最后走向创业的道路。

因此，不要对自己所做的工作产生厌倦感或是挫败感，万事开头难，只有把基础做好，未来的高楼才不会倒塌，人才发展的空间才会更大。同时，扎实的基层锻炼也是企业培养人才、选拔人才的一种形式与实践过程。

3. 开展活动是实现目标的第一步

实践是基础，只有通过实践的活动，我们才能知道制订的计划是否有参考意义，我们的阶段目标是否需要修改，我们还需要为整个计划扩充哪些内容。实践出真理，相信通过这个步骤，大学生能够提高自身的实践能力，积累社会经验。一定要把实践的过程作为成长的必经之路，而不是"混学分"的工具。

（四）完善自己，适应社会

完善自己也同充实自己一样，体现了学生全面的综合素质，但是其不同点在于，完善自己是在经过了实践之后，对已有的素质或是能力进行完善的过程，其内容更为深刻，也更为实际。

1. 以饱满的热情迎接工作

完善自己的第一步，就是要把自己从学生的状态摆脱出来，为成为一名合格的社会人而做好准备。首先，学生要对未来的工作岗位给予憧憬与热情，这种热情也可以理解为是工作的激情。一颗努力上进的心是人成功的意识基础，只有从心底里对工作有一种热爱，才能打拼出自己的一番事业。由此可见，想要达到自己的事业目标就需要对自己手中的工作充满激情，用一种积极正面的态度去面对枯燥的工作，相信在这个过程中，人们也能获得劳动的快乐。

2. 提高自己环境适应的能力

大学生就业的过程其实就是一个人从学校走向社会的过程。社会的复杂性注定会使大学生在就业初期产生一系列的不适应。大学生面临困境时，可能会产生畏惧的心情，总是想着逃避，如果此时逃避，虽然给自己带来了一时的平静，但本质上没有解决问题，反而为日后的工作生活埋下了隐患，之后的困境会加重学生的精神压力，产生精神负担。

其实一些工作中遇到的问题并不是自身出现的工作差错，也不是自己与这个工作环境不融洽，而是人进入一个崭新的环境，终究是要有一个适应的过程。这个过程可能会很漫长，适应起来也要经历成长的痛苦。但只要在这些困境中提高自己对整个环境的适应力，那么再遇到类似的问题时，心态上便会平和许多，面对挫折也能有百折不挠的勇气和毅力。

因此，大学生一定要提高自身适应社会的能力。这个能力一般是需要社会实践去培养的，不进入社会就无法提高自身的适应性。大学生可以利用业余时间，多参加一些校外的社会活动，"强迫"自己去提前面对社会上形形色色的人，提前进入环环相扣、节奏紧张的社会生活。

大学生的应变能力体现在很多方面，如要有敏锐的洞察力，以变应变，一定要摆脱课本理论的思想束缚，也一定要把自己的学生时期的稚气尽量地抹去，让自己多一份成熟与灵活。有眼色并不是一件坏事，它是一种对环境的敏感度，也是对事物的基本洞察力，这是大学生应该具备的能力。

学生一定要珍惜自己的在校时间，积极参加高校举办的各种活动，一定要积极尝试、充分准备，高度重视这些活动，在实践中激发自己的潜能，相信通过这些实践经验，学生一定可以在正式进入社会之前，提高自身的综合素质。

二、大学生就业的必备知识

上文中提到了大学生必备的一些能力，那么在具备能力之后，还要有一定的知识储备，才能够支持我们的能力发挥。任何实践都离不开理论的基础，一些就业所需的知识都应该在校期间或是工作中学习掌握的。这些必备的知识大概分为以下三类。

（一）掌握信息处理的知识与技术

当下是一个信息化、数字化的社会，技术的发展不断推动着社会的进步，无论大学生所处哪个行业，哪个岗位，都离不开信息对工作生活的影响。其实，信息对大学生的择业观与择业手段都产生了直接或是间接的影响。在高校日常的教育中，计算机技术之类的数字信息化课程是大学生的必修课，可见信息处理对于工作的重要性。

大学生一定要清晰认识到信息处理对于提高效率，扩大信息面的重要性。在学校或是工作岗位上，不断完善自身信息处理的水平，这样不仅能够提高工作的效率，而且还能够提高自己获取掌握信息的能力。

（二）掌握专业领域的相关知识与技术

专业知识对于就业的重要性，已经无须多提了。刚刚进入社会的毕业生应该更是深有体会。各行各业都有其相关的专业知识和类似的工作经验，虽然接受程度并不相同，但是拥有岗位所需求的专业知识和工作经验应该是就业的"潜规则"。如果某些岗位没有明确对专业知识和相关经验进行要求的话，大学生在面试之前，就应该提前掌握一些与岗位相关的专业知识，这样不仅能够提高对岗位的熟悉度，也能够切实提高自己的工作效率。

（三）掌握优化知识结构的技术

一般的高校毕业生都具有一定的知识信息整合处理能力。"活到老，学到老"人们可以通过学习或是实践活动来扩充自己的知识储备。大学生作为社会的"萌新"，每天都会接触到大量的理论或是实践知识，只有把这些零散的知识，通过大脑活动，根据自己岗位的需要和社会发展的需求，把学生时期就掌握的知识与就业后新鲜获取的信息相结合，将头脑中的全部知识进行分类、组合、融合、再创造，这样大学生便拥有一个具有逻辑结构的知识体系。因此只有掌握优化这个知识结构的技术，才能使大学生自身所掌握的知识都能充分地运用在工作中。

三、大学生就业必备的心理素质

（一）正确的自我认知

自我认知是大学生应具备的基本素质，但其实它也可以划分在心理素质这个小层次里面。因为认知就是意识的一种体现。

人只要了解自己，才能更好地去观察，去思考这个世界。在很多大学生的采访中，我们可以看到不少大学生对于自己的现在与未来都是迷茫和无助的，甚至有不少学生认为大学期间是空虚无助的。由此可见，了解自己，才是大学生真正成长并积极走向社会的第一步。

对于大学生来说，正确合理的目标与切实可行的计划能够让人知道自己到底想做什么，为了这个目标应该去做些什么。只有清楚了人生前进的方向，才能珍惜每一次就业的机会，对待事物更为认真与深刻。只有正确认识自己，才能对自己负责，在工作生活中全力以赴。

（二）精准的时间观念

每个人的时间观念都有所不同，在西方的不少国家，在目标时间前后半个小时之内都不算迟到。但是在我国几点就是几点，时间的精准是体现一个人对事物的诚恳态度，是一个人对生活认真的表现。

其实不准时就是迟到，上班时间多花了一分钟也是迟到。大学生一定要明白"浪费时间就是浪费生命"。只有把时间紧凑地利用起来，才能在零碎的时间内多做一些事情，从而提高自己的效率。

与不准时对应的就是准时，准时其实是一种良好的生活习惯。良好的时间观念会要求人们按照自己制订的计划办事，在什么时间做什么事，应该做什么，不应该做什么，在有限的时间里需要做哪些事，时间观念都会帮助我们管理好。

由此可见，精准的时间观念体现在工作不迟到，做事要有一定的时间观念上。只有把握每一分每一秒，才能在有效的时间里去做"无限"的事情，摆正自己的工作态度，提高自己的工作效率。

（三）脚踏实地

脚踏实地就是一个成语，寓意是脚踏在坚实的土地上，表示做事要踏实、认真。记得北京某年的高考作文题便是"仰望星空脚踏实地"。

仰望星空对于大学生来说很容易理解与实践。但是脚踏实地就很困难了。在这个浮躁的社会，能够静下心来去做一件事情并不容易。大学生就业更是体现一个人是否具有远大理想，并且能够切实可行地去做。

现在的社会环境是纷繁复杂的，快节奏的生活方式，让人们极其容易受到外界因素的影响，成为"一点就着的地雷"。大学毕业生作为半个社会人，还未完全体会到社会的"险恶"，大多都对未来充满幻想，但是做事也格外的"浮躁"，冲劲儿过猛，但"地基"不稳反而会办错事。因此，学生需要将"浮在表面"的自己"沉下来"。新人入职时一般会对工作"一腔热血"，这其实是好事，但是被热情冲昏了头脑，使之无法从理性的角度去考虑问题，那么工作就无法正常地开展。无论遇到什么样的问题，都要保持冷静，只有静下来，才能全面地看待问题，找出问题的关键所在。这种理性来源于工作生活的阅历，因此它需要大学生在实践的过程中，遇到难题不慌张，磨炼出沉稳的工作态度。

做事要沉稳，做人要诚恳。想要成就一番事业，必须要有从小事做起的心理准备。这种心理准备就是脚踏实地的一种体现，大学生一定不要好高骛远，目标与实际差距过远，自己不切实去做，那就只是"白日做梦"。大学生一定要在就业期间，根据自己的求职意向与市场的需求相对接，以免产生入职后落差较大的现象，从根本上消除产生心理问题的因素。

（四）瞻前顾后

大学生在就业初期一定要瞻前顾后，综合考察每一个行业，从长远考察，选择这份工作是否需要发展的空间与潜力。大学生找工作时一定要对具体的职业及目标企业的发展前景有比较精准的判断与认知，而不要仅盯着目前企业所具备的规模与效益，而是要把眼光放得长远一点，尽量去拓宽自己的思路。选择职业也一定要考虑自己的实际情况，衡量自己的能力是否符合这个岗位的需求，而不是一味图挣钱。

（五）自信源泉

缺乏自信应该是不少大学生身上的问题。因为缺乏自信，多少学生折在了最后的面试关卡，这不是能力问题而是心理问题。

自信是一种信念，相信自己一定能够做到。大学生在就业的过程中难免会遇到这样或那样的苦恼、挫折、压力甚至失败，此时不少学生的自信心就降到了极点，无法从失败的深渊爬出。因此，这就需要大学生具备能够承受挫折并积极迎接挑战的良好心理素质，自信便是与心理素质息息相关的，只有培养树立好自信心，便能以一个良好的精神状态与极佳的心理素质去迎接各种未知的挑战。

自信可以来源于一个人自身的性格特征，也可以通过后天的实践来培养获得，大学生应该积极参与各项校内校外的活动，通过实践培养起积极面对陌生的人群、陌生的事物不怯场，培养无论别人说什么我坚持走我自己道路的一种自我肯定，培养经历挫折也不会产生怯弱心理的自信。只有拥有了自信，便能够在各种场合"挺直腰板"，发挥自己的实力，体现自己的价值。

（六）坚定的信念

任何事物的运动都有一个发展的过程，这个过程是缓慢而又充满艰辛的。只有拥有极强的信念才能保证我们克服身体和精神上的双重困难。信念是人类的一种情感或是情绪，它始终支持着人类的各种实践行动，能给予人们面对困难的勇气。

坚定信念顾名思义就是在实践过程中坚持自己所相信的，肯定自己的实际能力，努力啃下眼前的"硬骨头"，实践能力便是在一次次的冒险与坚持中不断提高的。因此，在工作学习中，要注重意识的能动性，并积极改善物质条件，直到获得成功。

当一个人相信自己的能力，并依靠自己坚定的信念时，就可以提高工作效率，距离自己的目标更近一步。当人没有取得胜利的决心与信念的时候会产生一系列的负面的情绪（恐惧、抵触），一旦在工作学习中出现了这种消极的心理，便很难取得成功。只有坚定必胜的信念，并且在实践中加以努力，才能够克服困难，取得预期的目标。

（七）良好的态度

俗话说："态度决定一切。"良好的态度是就业成功的条件之一。人只有把心态摆正了，才有可能把事情做好。对于大学生来说，具备良好的态度并不是一件难事。因为，大家都抱有一颗奋进工作的内心。大学生就业期间一定要用最大程度的工作热情去打动别人，感动自己，以弥补自身对环境的不熟悉与技能经验的不足。

良好的态度体现在对生活的基本态度，即认真；良好的态度体现在对工作的基本态度，即负责。

摆正自己的生活态度是现在多数大学生都需要做的。不少大学生在校期间就是一种浑浑噩噩的状态，缺乏一种对工作、对生活的认真且负责的基本态度。只有学会摆正自己对事物的态度，才能保证以饱满的精神状态去应对复杂的生活以及充满未知的工作。

做事认真是对自己、对他人、对事情本身的基本尊重。如果大学生不用认真的态度去生活的话，那么他的人生注定是充满黑暗，看不到光明的。因此，大学生以认真的态度去做人、去做事才是走向成功的基础条件，只有对工作认真，才能把自己的精力全部放在工作上，并在实践中获得成长，这也是综合素质的一种体现。

除了对待生活工作要认真之外，具备一颗责任心也是一个人具有良好素质的表现。责任心不只是在工作中体现的，大学生在校期间就要培养自己对自己所做的事物负责任，如果说在 18 岁成年之前，学生的父母对学生负责，那么走进大学就意味着学生就要对自己的所作所为负责。人们都说学校是第二个小社会，大学生可以在高校里学习做人。责任心则是为人处世的基本，也是在工作岗位上需要具备的能力。

如果一个劳动者不具备责任心，总是想着在工作中偷懒，想要不劳而获，不但无法获得成功，还会使自己陷入人际交往的"黑洞"中，总之缺乏基本的责任心百害无一利。反之，如果一个人拥有责任心，那么他不仅能收获成功，还能给自己带来优秀的人际关系。

除了责任感，人还要能够主动地去工作，而不是处于被动状态，在别人的督促下进行工作。劳动者要拥有认真工作心，这份上进心便会促进人的进步。对于企业而言，员工具备上进心，工作效率才能高。一些企业甚至把人的责任感与认真工作的基本态度作为录取员工的条件之一。由此可见，学生在校期间培养责任感是多么的重要。

例如，学生在面试的时候，可能会被考官问到以下问题：假如在工作中遇到了问题，出现问题的本源在你，你会如何处理，又或者是一个团队的任务中出现了差错，但你所承担的部分没有出现问题，你又会怎么处理问题。无论内容怎么变化，本质上都是企业在考察应聘者有没有主动承担责任的能力。企业都乐于接受主动承担任务，又会积极付出实际行动的劳动者。在面试的时候，大学生可以用饱满的热情去回答五花八门的问题，用良好的态度去获得面试官的认可。就业期间一定减少抱怨，多一些正能量。相信只要大学生不断坚持重复小小的成功，最终一定能收获一番事业。

第三节　大学生就业准备与流程

本章的前两节我们主要探讨研究了大学生就业的一些客观条件与大学生应该具备的素质与能力，上述这些都是理论层面的，下面将分析的重点转向实操层面上，即大学生就业需要准备哪些东西，需要了解哪些流程与形式。

一、大学生就业的准备工作

就业是一项关系到大学生日后人生走向的重要阶段。大学生一定要高度重视就业，并且提前做好准备工作，以不变应万变，做好"攻坚战"的前期筹备工作。

（一）就业信息的获取

就业信息的获取是就业前准备的第一步，通过这个步骤，大学生可以了解当下的就业形势及社会背景，能够对未来的岗位具有一定初步的理解，并从众多职位中选择一个自己合适的岗位，并为此做一些理论与实践的准备工作。同时，就业信息的获取工作也可以使大学生第一时间了解到企业或是国家的一些相关就业政策及招聘的信息，促进消息在招聘者与就业者之间的流通，以提高应聘工作的效率。

1. 信息获取整理的基本原则

就业信息的获取需要遵守一定的原则，才能保证获取到有效的信息。

（1）制订搜集计划。在做任何事情之前都应该做一份相应的计划，以便日后工作的开展，对于信息获取整理工作来说，也是如此。制订信息搜集计划是就业信息获取的第一步。制订计划首先就要明确信息收集工作的最终目的。在明确了目的情形下，才能保证信息获取工作的方向不会跑偏，发挥信息获取工作的主动性。制订计划其次就是要区分就业信息的具体内容，哪些信息是我们需要的，哪些信息是没有实际意义的，要做到信息获取工作的有的放矢；最后才要确定信息获取的具体方法与渠道。在对整个工作做好整体规划之后，才能按照步骤一项一项地确定并把工作开展下去。

（2）确定信息的真实有效性。信息化的社会给人们带来巨大信息量的同时，也给信息的甄别带来了难度。对于就业来说，信息的真实有效性将决定就业者是否能够在正确的时间里参加应聘工作，甚至是保证就业者不受到欺骗。

随着人才市场的不断完善与发展，就业信息的内容与形式愈加丰富。信息获取的工作便也愈发重要。如果在信息获取的过程中不对适用性稍加注意的话，就有可能在万千的就业信息中失去方向，导致无法捕捉到真实又有参考价值的就业信息。

因此，就业指导部门在搜集就业信息的时候，首先要结合本校特色，及学生的就业需求，在筛选信息的过程中，秉承认真、负责的态度去开展信息获取工作，为大学生就业工作打好基础，

（3）保证信息的时效性。信息的基本特征之一就是时效性，它指的是在规定的时间内有一定的效率。就业本身就是一项注重时间观念的工作，那么就业信息的时效性就显得格外重要。获取到的就业信息一定要在就业

信息发布的有效期限内。

这就要求工作人员一定要仔细核对信息所包含的时间信息，如果可以的话提前预估一下信息的有效期限，对于临近截止日期的信息一定要多加备注并抓紧时间进行就业信息的发布。

（4）系统整合信息。就业信息是呈现零零散散的状态，这就需要工作人员能够把零碎的信息系统地整合在一起，方便大学生能够清晰预览就业信息。

系统性是就业信息整合的基本要求。工作人员要善于将各种有关联的就业信息分门别类并积累整理在一起，之后再通过加工、提炼等再处理工作，形成能客观、系统反映目前就业市场、政策、动向的整体性的就业信息，从而为大学生就业提供更为科学全面的就业信息。

（5）判断信息的准确性。信息获取整理的最后一个原则，也是最重要的原则，就是判断信息的准确性。信息本就难辨真伪，就业信息更是无法通过普通的浏览与阅读来判断其真实性，这就对信息获取工作提出了更高的要求。

我们的就业信息一定要准确，也就是说就业信息必须反映真实的情况，并且具有一定的可信度。大学生能否对就业做出精准的判断就依靠获得的就业信息来判断。如果就业信息不够准确，甚至是虚假的，那么不但会给就业工作带来决策上的难度，还会使大学生蒙受损失。

因此，就业信息的准确性是就业信息获取整理工作的关键，工作人员一定要根据具体的信息筛选要求加之经验的判断，保证信息的准确性。

2. 信息获取整理的相关问题

上文阐述了就业信息获取的一些基本原则，在具体操作的过程中还有一些问题需要注意。

第一，对信息的获取工作来说，校友是一个重要的就业信息源。高校可以积极建立与历届毕业生的信息沟通与交流，并使之成为各大高校在大学生就业引导的一项长期可行的工作之一。

因为历届毕业生所提供的就业信息一般具有较强的针对性、实用性和可行性，大学生对于"学长学姐"也有一种自然的信赖，这种信息获取的方式具有很强的参考价值。

第二，网络作为一种全新的就业信息来源应该被广泛推广与应用。互联网的时代，造就了信息化的社会。网络的方便快捷是人们利用它获取信息的最大原因。利用互联网技术，教育部、各行业、各省市已经针对现有艰难的就业形势，开通了毕业生就业信息网，运用技术为毕业生就业提供便利，这才是毕业生最常使用的就业信息获取渠道之一。

第三，机会与风险并存。大学生在招聘季到处参加大型企业招聘会，便可以在现场获取真实有效的就业信息，甚至有些大学生会直接到招聘企业"毛遂自荐"，其实这是面对面获取就业信息的方式，既加大了就业成功的机率，但也存在着风险，因为这种参加招聘会的方式需要花费大量的时间、资金与体力，大学生也不是很热衷于这种信息获取信息，但这种信息获取方式给应聘者带来了就业的新机遇，如果抓住了，便能直接签约，进入公司。因此，使用此法取决于大学生对岗位的需求度。

第四，新媒体对信息获取工作的有力推进。随着人才市场的不断发展，就业信息的发布和使用也带上商业的色彩。不少中小企业会利用自身的技术优势，除了运用广播、电视、报纸之类的传统媒体发布就业信息，还会通过微博、微信、豆瓣、贴吧等社交 APP 发布就业信息，这样既提高了就业信息的覆盖面，还提高了信息传递的效率。这也是现在大学生最常使用的信息获取途径。

第五，社会共建单位也是就业信息来源的渠道之一。这种渠道相对于其他途径而言更具有直接性和稳定性。因为社会共建单位的业务拓展、发展方向可以直接反映出对大学生人才的热切需求，而且社会共建单位还可以通过共建协议直接培养专业对口的毕业生，以减少应聘的时间与精力。

通过这样的方式可以加快大学生在毕业后进入工作节奏的速度，也便于单位人力资源的不断积累，从而促进与共建单位建立起良好的合作关系，为高校提供更为稳定有效的就业信息源。

第六，有关部门的专业信息汇总是最正规的信息获取方式。国家教育部创办了全国高校毕业生的就业指导中心，并且在各个省市区也建立了全国高校毕业生的就业指导服务机构，利用政府的教育资源，汇总并发布有关国家政府机关及编制事业单位的就业需求信息。

（二）就业需要的基本材料

大学生通过各种各样的信息收集渠道明确了自己所向往的岗位和行业及职业的相关要求之后，就需要准备就业中笔试与面试所需要的一些材料。

1. 求职信

求职信是求职者写给应聘单位的信，写求职信的目的很简单，就是要让应聘单位了解求职者的相关信息，并相信求职者具备岗位所需的一系列能力与技能，最终促使应聘单位录取自己。

求职信必须要有一定的格式，书写的时候有一些注意事项一定要到位。一封好的求职信，必定是内容简练，形式明确的。下面将针对求职信需要书写的具体内容，来介绍如何书写求职信。

（1）求职信的内容。

1）正确书写称谓。称谓就是求职信的第一阅读对象。如果大学生知道应聘单位的联系信息，便可以直接在开头写上应聘负责人的职位或是职称。在这里一定要注意，应聘负责人的头衔和应聘单位的全称一定要写详细精准，不能出现书写错误，否则会导致丢失印象分。在书写称谓之后一定要记住加上冒号。

称谓部分书写完毕后，一定要写上问候语，以表尊重，然后再进行正文的书写工作。

2）开头要有针对性。正文第一个部分就是开头。求职信带有目的性和针对性的，它是有别于个人简历的一种更为书面与官方的自我介绍。因此，求职信的开头不要废话连篇，直接开门见山，直截了当地说明自己求职的意愿。开头的语言表达一定要干练简洁，起到吸引应聘负责人阅读的作用。

很多大学生因为没有书写过求职信，经常套用网络模板上的空话、套话，这都是书写求职信的大忌，容易让人产生厌倦烦躁的心理，所以，在开头简明扼要地介绍一下自己就可以了。

3）主体书写形式多样。开头之后就是求职信的重点——主体。主体的书写形式就可以丰富起来了，因为主体包括的内容比较广泛，如学生的基本情况，学生具备的条件等。学生参加过的社会实践、获得过奖励、参加竞赛的情况以及在校内担任的职务这些也可以有意识地添加在求职信的主题部分。

这个部分可写的内容比较多，但也不要"流水账"。正文部分应该突出求职者在这个岗位所具备的能力与优势。在这里要注意，可以书写求职者对招聘单位的理解程度，以体现诚恳认真的态度与迫切想加入团队的热情。

主体部分书写的文字比较多，要注意求职用语一定要得当，求职信的内容一定要有说服力，表现求职者符合这个岗位的要求。因为这部分是应聘负责人最关注的部分。

4）大方得体的收尾。大段主体部分完成之后，就是最后的收尾工作了。求职者一定不能忽视结尾。因为结尾部分可以强调求职者渴望就职的强烈意愿，迫切希望招聘单位能够提供一个面试的机会。

结尾的表述没有具体的规定，但是依旧要注意求职用语的恰当、得体，掌握语言的分寸，以免在最后关卡"失分"。

最后，求职信的结尾一定要写结束语，不能大意失荆州，虎头蛇尾。

5）致敬部分不能少。致敬通常是在正文结尾的后面加上一些简短的表示敬意、祝愿之类的祝颂语，一般要另起一行。不要忽视致敬部分，这小小的一行能体现为人处世的基本态度。或许不会"加分"，但不做可能会"扣分"。

6）落款的规定。落款就是最后的文字部分了，它包括署名和日期。落款部分有其书写规定。

首先，署名部分要与求职信开头的"称呼"保持一致，首尾呼应，体现求职信的完整性，具体书写要在结尾祝颂语下一行的右后方，直接署上求职信的姓名。其次，在署名的右下方一定要写明求职信的书写日期，最好用阿拉伯数字进行标注。

（2）求职信的作用。很多大学生不怎么注重求职信的书写。其实一封好的求职信，是联系起求职者与应聘者的文字桥梁。求职信能够让应聘负责人充分了解求职者的优点及能力，并且产生求职者适合工作岗位的感觉。

应聘负责人每天会阅览成百上千的求职信，如果求职者的求职信能够从中脱颖而出，就相当于获得了应聘负责人的认可，也等于给自己争取到了一次面试机会。由此可见，求职信的内容与质量对于就业而言相当重要。

2. 个人简历

个人简历是求职者给用人单位发送的简要介绍，个人简历一般包括姓名、性别、年龄、民族、籍贯、政治面貌、学历、联系方式以及自我评价、工作经历、学习经历、个人荣誉、求职愿望等。

个人简历的书写和上文所述的求职信不同，它基本以表格的形式呈现，而不是正式的信件形式。当然，个人简历也需要干净简洁。个人简历一般可用于网络招聘的投递，或是面试时递交面试官。大学生在就业前肯定会制作一份属于自己的个人简历，这个简历将伴随大学生走过曲折的就业之路，因此，个人简历的制作对于就业来说也是相当重要的。下面就将针对个人简历一些注意细节进行介绍说明。

（1）书写个人简历的注意事项。

1）简练。简练是个人简历应该具备的基本特征。对于企业单位的招聘负责人来说，个人简历是每天都要大量经受的物件，但因为每日的阅读简历的量过大，在筛选简历的初期一般只是粗略浏览，平均一分钟就要浏览完一份完整的简历。如果简历过于冗长，首先负责人就不会有心情好好的阅读，其次不够简练的简历可能会让负责人遗漏简历中的重要部分。因此，个人简历的第一个书写要求就是简练。

2）内容真实。诚信是做人的基本准则，同样也是用人单位的用人标准之一。而个人简历作为企业对求职者的第一个印象来源，一定要给负责人留下一个好印象，真实的内容便能让负责人对简历的投递对象产生好感。因此，一定要在个人简历中真实地记录和描述个人信息、能力优势、获得的荣誉成就等等。个人简历最基本、最主要的要求就是真实。所以，书写简历时一定不要夸张信息，以免造成误解。

3）突出重点。一份个人简历所涵盖的内容非常多。想让企业了解的重要信息点一定要在简历中突显出来。只有重点突出了，才会给负责人留下深刻的印象。简历最能表现个性的地方其实就是求职者的个人优势，同时这也是个人简历的点睛之笔。因此，在写个人优势部分的时候，一定不要落入俗套，应当有理有据，重点突出，这样才能说服负责招聘的人，从而带来机遇。

4）切勿过度包装。在网络上有大量的个人简历的模板，这些简历不单设计精美，且根据求职者所追求的岗位不同而有针对性。虽然网络上的简历模板制作精美，包装完好，但终究是他人的作品，没有"灵魂"。尤其是招聘负责人每日都预览大量的简历，肯定知道哪些简历用的是网络模板。

因此，求职者的个人简历一定不要过度包装。求职者的情况只有自己最了解，尽量自己动手制作个人简历。个人简历只要内容详实、格式清晰、框架具有逻辑就可以了。不需要在个人简历上体现妙笔生花，在简历中展示真实的自己就可以了。

5）个人简历要有自己的特色。如何要让企业的负责招聘的人能够在"简历大海"中注意到你的简历，并对简历留下深刻印象。这就需要求职者在简历中突出自己的特色。

虽然上面我们提到了个人简历不要过度包装，但是简历也不能没有亮点。因此，可以在自己的能力范围内，对简历进行适当的调整与设计，保证简历不"死板"。我们可以对个人简历的表格做一些重新地排列组合，文字的顺序也可以适当地调整，简历的边框也可以适当美化等。

6）最后测试。最后测试是求职者最容易忽视的部分。这份个人简历完成之后，求职者应该再次浏览一遍自己的简历，检测一下个人简历是否清晰表达了你的求职意向，是否标明了你的工作能力，尽量在一遍遍地检查中，完善个人简历，让个人简历成为我们就业的第一个"脸面"。

（2）简历的要求。个人简历除了在内容上有一些注意事项之外，还有一些排版和打印的要求。个人简历不仅会在网络上投递，部分用人企业还会要求应聘者在面试的时候准备好一份打印的个人简历。

因此，个人简历的打印最好控制在一张 A4 的白纸上，版面清秀不混乱，纸张干净无污渍，语句之间没有语病也没有错别字。语言表达用词妥当，态度诚恳。字里行间要透露自信，但又不能骄傲自大。要在个人简历中体现自己谦虚但不自卑的个人品格。在全篇个人简历中要尽量突出自己的个性、避免平庸。

二、大学生就业的基本流程

经过了前期充足的就业准备工作之后，大学生就要根据相应的流程来完成就业。为了能够更好地了解大学生就业的流程，下面将从就业管理部分的一些工作程序及大学生就业的过程来阐述整个流程。

（一）就业管理部门的工作程序

通过了解就业管理单位的一些工作程序，大学生可以做到对就业的整个流程心中有数，并且能够根据以往的经验与情况，来制订一个就业的计划，就业管理部门的工作程序其实还是比较简洁明了的。

1. 基础调研

基础调研工作是整个工作的第一步，也是最重要的一步。首先，教育部每年都会对国民经济发展和国家重点建设情况开展调查研究工作，并根据调查结果制订相应的政策，从而确定每年的就业工作指导意见。这个意见就成为当年指导大学生就业的理论基础。

其次，各省、自治区、直辖市、政府主管部门会按照有关文件的精神来制订出符合本地区、本部门所属高校毕业生就业情况的工作意见。这个工作意见就相对具体详细多了，因为已经结合了当地的实际情况，有了较强的针对性和可行性。

最后，各大高等院校会根据国家就业方针政策和规定以及本校主管部门经过会议谈论之后的文件要求，再具体结合本校毕业生近几年来的实际就业情况，来制订本校毕业生就业的具体工作细则，以此来引导高校大学生就业工作。

2. 资源统计

就业管理部门除了要根据国家制订的就业政策来推动大学生就业之外，还会把全国的毕业生资源进行统一分析工作。

毕业生资源统计工作一般在会在每年的九月份开始进行。这个时间段正是大学生毕业前的最后一个在校时期。因此，在这个时间开展调查统计工作效果更好。资源统计是一项重要又严肃的统计工作，不能出现闪失，同时也不能出现弄虚作假的现象。

凡是属于国家正式派遣的毕业生都必须是招生时列入国家计划内招收的学生。除了就业管理部分要开展毕业生资源统计工作，各高校也要给予相关部门一些工作上的配合，如各大高校应该担起本校毕业生的资格审查的工作，并且及时向相应的主管部门和当地调配部门去汇报现在毕业生资源情况，以保证毕业生资源统计工作的顺利开展。

3. 开展就业指导

到了这个层面，就是各个高校结合自身的实际状况，对应届毕业生进行就业指导。开展就业指导的目的很简单就是要帮助大学生根据自身的特点优势以及社会岗位的需求，选择既能够发挥自己才能，实现自己的价值，又能够在未来拥有良好发展态势、前景及空间的职业。

不少高校对就业指导非常重视，甚至有不少高校在大二就开始了形式多样的就业指导课程，并把这些课程作为大学生的必修课程，如开设讲座、个别指导、班主任谈话、假期社会实践等。

4. 供需见面和双向选择活动

这个环节是建立在高校已经对即将离开学校的大学生进行就业指导之后的工作。供需见面与双向选择活动都是毕业生落实就业单位的重要方式。毕业生在经过供需见面和双向选择这两个过程之后，毕业生会与有意向的招聘单位签订毕业生就业协议书，以此来做毕业生就业的基本依据。

5. 毕业生鉴定

这个步骤基本上就是在毕业生离校的最后时期，即每年的 5 月或是 6 月份。高校会根据应届毕业生的就业情况做出毕业生鉴定。进一步审查毕业生与用人企业签订的就业协议书是否合法有效，手续是否齐全。毕业生就业的主管部门凭高校、应届毕业生、用人企业这三方签订的就业协议书来签发全国普通高等学校本科毕业生就业的报到证，以便毕业生可以在拿到毕业证后顺利进入企业开始入职工作。

6. 派遣毕业生就业

就业管理部门工作流程的最后一步，就是派遣毕业生就业。学校派遣毕业生的时间一般在每年的 6 月。派遣毕业生要统一使用各大高校之前签发的全国普通高等学校本专科毕业生就业报到证来入职，公安部门则要依据毕业生手中的报到证来办理户口迁移手续。

毕业生要手持报到证和户口迁移证这两个证件到用人工作单位报到。用人单位则要用毕业生的报到证来办理接收手续和户口关系。毕业生完成岗位报到之后，用人单位要根据毕业生即将入职的岗位需求及毕业生在校期间所学习的知识来及时安排岗前培训。

（二）大学生就业的基本程序

在大学生就业求职的过程中，大学生需要了解就业工作的所有程序，以便最终达到顺利就业的目的。大学生就业的基本程序分为以下几个方面。

1. 获取就业政策信息

获取就业政策信息是大学生选择未来工作岗位的第一步。对就业政策的了解能够为大学生提供信息的指导作用。如果缺少获取就业政策信息的这个步骤，那么大学生日后的就业就可能与理想目标差距甚远。

以下就是一些具体的就业政策：政府调控、市场导向、招聘单位与学生双向选择、学校推荐的就业机制。鼓励高校毕业生到基层支教、支农、扶贫；到西部地区工作；鼓励毕业生到非公有制单位就业；鼓励和支持高校毕业生自主创业；鼓励人才合理流动，取消城市增容费、出省费和其他不合法、不合理的收费，简化落户手续。

2. 正确评估，保持心态

任何实践都离不开物质基础。大学生就业前也要对自己有一个正确的评估，对就业形势有一个基本的了解。大学生一定要根据自己所学专业的实际就业情况及供需分析所在院校的声誉、地位；学历层次的就业需求，对自己作一个正确的评估，一定要明确目标的差距。想要求职成功，最基础的工作便是做好充足的心理准备，在就业过程中时刻保持良好的心态，在选择具体行业与岗位的时候，一定要遵循能够顺利就业，便于发展，能够发挥自身优势的三大基本原则。

3. 筛选就业信息

大学生的就业与就业信息的时效性、可行性、准确性有直接的关系。就业信息的筛选是毕业生开展就业的基础条件。如果能够在众多的就业信息中筛选出有价值的就业信息，那么在就业阶段就掌握了一定的主动权。因此，大学生需要掌握比较全面而又系统的就业信息，并且要对信息进行谨慎分析与筛选整理。

4. 参与应聘工作

大学生在掌握好就业信息，并且已经做好就业前的准备工作之后，就可以开始应聘了，主要的应聘方式有两种：第一种方式是大学生在高校、各级地方就业指导管理部门举办的毕业生就业市场上参加应聘；另一种方式则是大学生本人去用人单位应试。

5. 完成签约

大学生完成用人单位的笔试、面试之后，如果与用人单位在工作岗位上达成一致以后，大学生与用人单位就需要进行签约工作。签约具体的内容是由教育部统一制订的协议书。这份协议书将明确规定高校、大学生以及用人单位三者之间的责任、权利以及义务。

6. 离校

完成签约之后的大学生，需要做的就是等待毕业。这个阶段主要就是配合高校的最后的一些日常工作，并与用人单位保持一定的联系。大学生既要保证自己能够顺利毕业，同时也要为即将开始的工作生涯做好思想准备和专业知识的储备与学习。

7. 报到就业

毕业生在完成离校手续之后，就可以拿着报到证和户口迁移证在规定期限内到用人单位报到，与此同时，高校也要在这个时间段将毕业生的个人档案移交到招聘单位。

毕业生完成入职报到之后，他的工资和福利待遇要按照国家的相关规定发放，工龄要从报到之日开始计算。自报到证签发之日起，无正当理由，超过3个月不去指定单位报到的，国家将不再负责该毕业生的就业。

第四节　大学生就业应聘技巧

对于大学生来说，能否顺利开展就业工作，主要取决于大学生自身的综合素质、实践能力以及不可控的客观社会因素。但是，如果我们的大学生能够提前掌握一些就业应聘的技巧，那么这些技巧就将帮助我们的大学生少走一些就业中出现的"弯路"，尽快找到合适的工作。本小节将从四种应聘方式——讲解具体的应聘技巧。

一、应聘方式——自荐

（一）自荐的分类

自荐就是自我推荐。自荐一般分为间接自荐和直接自荐这两种形式。直接自荐就是本人直接向招聘方做自我推荐。间接自荐就是借助中间方推荐自己，间接自荐只需要将自己个人信息及求职意向告知招聘负责人，或是求职者将个人材料送到招聘负责人手中就可以了，这个推荐过程中不需要本人亲自出马。自荐的方式还可以进行以下的具体划分。

1. 上门自荐

这种自荐方法就是求职者带上自荐材料亲自到用人单位推荐自己。这种自荐方式的优点就是直接面对面，与用人单位进行沟通与交流，可以在企业面前展示个人风采。

2. 电话自荐

电话自荐与上门自荐有相同之处，都是直接自荐。电话自荐与上门自荐的不同在于是通过打电话来向用人单位推荐自己。电话直接也是求职者与用人单位之前的直接交流，不少有个性、有胆识的大学生很乐于通过电话自荐来推荐自己。

3. 书面自荐

这种自荐方式比较合适内向的求职者。因为书面自荐不需要直接与用人单位面对面进行自我推荐，而是通过邮寄或呈送自荐材料的方式来介绍自己。这种自荐的方式范围比较大，且不会受到客观环境因素的影响，一些文笔不错、书写漂亮的大学生愿意选择这种自荐方式。

4. 参加人才招聘会自荐

这种自荐方式是最为常见的，即大学生带上个人简历到当地的人才招聘会上推荐自己。因为招聘会的规模比较大，大学生的自荐机会也比较多。

5. 他人推荐

他人推荐基本就是靠人际关系了，因为这种推荐方式需要请同学、父母或是老师向用人单位推荐。部分高校的老师具有较高的学术声望，而部分大学生的父母有拥有较为广泛的社会关系，他们的推荐很容易引起用人单位的信任和重视，从而达到推荐的目的。

6. 网络推荐

近些年来，网络推荐成为大学生就业应聘的一种常见形式。网络推荐就是借助互联网这个大平台来进行自荐。由于现在网络比较发达，这种自荐方式也就具有了覆盖面广、时效性好的特点。

7. 学校推荐

学校推荐不再是直接推荐的方式，而是间接自荐。学校推荐的一般都是在校期间表现良好的学生。学校推荐的优势在于，学校对毕业生的情况比较了解而且高校比较有权威，用人单位更容易认可；学校对用人单位的情况比较了解，也可以给大学生提供更多的就业信息。

8. 实习自荐

实习自荐主要通过各种社会实践与实习机会，用工作期间的良好表现来打动用人单位，起到推荐自己的作用，也就是"先相亲后过门。"

9. 广告自荐

这种自荐方式与网络自荐也有相似之处，它们都是借助网络平台，只不过广告自荐是借助新闻传播媒介来进行自荐，它同样具有时效性与覆盖面广的基本特点。

（二）自荐的具体技巧

对大学毕业生来说，就业求职既是日后人生的自我选择，也是对个人能力及素质的考验。如果大学生能够灵活掌握自我介绍的一些基本技巧，这将有助于大学生顺利打开就业的大门。

自我推荐的技巧也分很多类，只要我们灵活掌握自我推荐的一些技巧，那么就业入职近在眼前。

第一，包装是竞争中生存的一种形式，但它不仅具有保护的功效，还在于包装能够弥补求职者自身的不足，包装能够提高个人的价值，发挥自我推荐的作用。

第二，自我推荐一定要关注应聘负责人的需求与感受，并以此为依据来说服对方，如求职者自己表达的信息与对方所需的信息相吻合，想要做到这一点需要事先准备好问题，然后临场一定要随机应变，不能往上硬套。

第三，自我推荐的时候，一定要控制好情绪。任何人在这种时刻都会紧张，人可能出现说话节奏过快，吐字不清楚的现象，这种容易使听者产生厌烦的心理。因此，在推荐自己的过程中，一定要放慢话说的节奏，尽量保证吐字清晰完整。

第四，自我推荐的时候一定要注意礼仪礼貌。俗话说得好"礼多人不怪"大学生在自荐的过程中，一定要使用礼貌用语。

第五，自我推荐常出现在人才招聘会上，大学生可以提前把准备好的材料递交给用人单位，尽量为自己争取到面试的机会。注意自荐材料一定要亲自呈递，并根据数量按人头来呈交。

二、应聘方式——网上求职

网上求职是现代人最常用的应聘方式之一，其应聘技巧也有很多，具体的技巧内容如下。

（一）收集整理网站信息

网络上有不少的资源，政府的人事部门一般都会在网上进行招聘，大学生的就业也常常通过网络来进行，然后毕业生要及时把相应的网站收藏起来，方便下次查询。

很多招聘网站所包含的内容比较混乱，发布的岗位要求与招聘条件仅仅是简单罗列，此时大学生应该选择下载网页，等信息收集完毕之后，再仔细阅读。

在阅读招聘信息的时候，需要及时记录整理。大学生可以使用传统的笔记法，或是利用网站摘录，把所需要的信息整理好。

（二）明确求职目标

不少人网上求职都是盲目的，其实这是网上求职中最忌讳的。求职者一定要明确自己的求职意向，及时标注求职区域。切记不要选择海投，以免浪费双方的时间。

（三）细心留意首页

细心留意首页就是要保证就业信息能够第一时间掌握在求职者手中。招聘网站都会在首页最醒目的位置放置最新鲜、最重要的消息，在最新消息里面还包括了相关政策和具体的招聘信息。观察首页的同时，招聘网站首页上的结构与相关索引也非常重要，因为里面也有重要的就业信息。

（四）选择适合的上网时机

选择适合的上网时机就是指在网速快的情况下去搜索信息或是投递简历，一般要避开上网的高峰期，如中午午休时间，晚上下班休息的时间等。如果在高峰期上网，网速会变慢，在填写表格或者是简历的时候容易出现各种错误，影响信息的搜索与表格的填写。

（五）订阅邮件

订阅邮件是网站提供给受众的一项专业信息传递服务。如果大学生常用的招聘网站具有订阅邮件的功能，那么大学生就可以足不出户在家随时掌握最新鲜的就业消息。

（六）建立个人主页

如果大学生拥有较好的互联网操作技术，那么可以建立起个人主页，这样既可以在个人的主页中详细地介绍自己，让人看起来一目了然，还可以向别人展示自己出色的计算机技术，一举两得。

三、应聘方式——笔试

笔试是考核求职者学识水平的重要工具。利用笔试可以有效地测量出求职者的基本知识、专业知识、管理知识、综合分析能力和文字表达能力等素质与能力的体现。

（一）笔试的分类

笔试的内容与形式也具有多样性，具体分为四大类。

1. 专业测试

专业测试主要是为了考察求职者的文化知识水平能力。在一般企业中并不常见。但对于专业性较强的岗位，可能就需要提前对求职者的专业能力进行卷面的考察。

2. 能力测试

能力测试主要是为了考察求职者的综合能力，即理论知识与实践的综合。一般考察求职者发现问题、分析问题、解决问题的实践能力，有些用人单位还会考察求职者的价值观、人生观等。

3. 心理测试

心理测试主要是为了考察求职者是否具备与岗位相匹配的心理素质。主考官是把使用事先编制好的调查问卷（标准化量表）下发给求职者，让其在一定的时间内完成，测试结束之后主考官根据求职者完成问题质量来判定求职者的个性差异或心理水平。

4. 命题作文

这种笔试一般都在公务员考试或是事业单位考试中出现。它所考察的是求职者应用信函、常用公文等文字写作能力以及逻辑思维的能力和分析问题的能力。

（二）笔试的准备工作

1. 了解笔试的目的

如果用人单位需要对大学生进行笔试的考察，那么也就意味着岗位有一些能力与技能的要求，考生可以提前了解岗位所需要的专业知识，便于笔试的答题。

2. 了解笔试的内容

如果需要参加笔试，那么大学生可以提前上网去了解笔试中可能出现的问题类型，根据不同的考试内容，大学生可以有针对性地准备，因此，在考前应做到详细了解。

3. 保持良好的心态

笔试虽然是一种考试，但它与学校的考试不同，它不重视考试的最后成绩，而是求职者在卷面中体现出来的综合能力，因此，大学生在参考笔试的时候，一定要稳住心态，不要有过大的心理压力，以免影响发挥。

（三）笔试的具体技巧

1. 提前准备

无论任何考试都需要提前熟悉考场环境，因为这样可以消除紧张的心情。与此同时，在参加笔试的前一天，一定要详细阅读考场注意事项，切勿遗漏重大事项，提前准备好考试需要的一切书写工具。考试当天一定要携带好身份证及准考证，以便在进场时证明自己的身份。

2. 充满信心

考试最怕的就是缺乏信心，因为情绪会直接影响大脑的正常运转，所以，在考场上一定不能因为遇到了问题就失去信心，影响后面题目的作答。

同时，在笔试前一定要克服自卑心理，尽量不要在考试前复习知识，而是要使高度紧张的大脑得到放松休息，以充沛的精力去参加考试。参加考试的前一天一定要保证充足的睡眠，从不同的方面去减轻心理负担，保持良好的心态，对未来的考试充满信心。

3. 复习知识

就业期间的笔试内容覆盖面比较广，因此考生可以对大学专业知识进行复习，对考试的内容有一个大体的框架就可以了。就业的笔试重视能力考查，只要考生在考试前做一些简单的知识梳理，在考场上正常发挥，都能通过单位的笔试。

四、应聘方式——面试

面试是通过面谈的形式来考察求职者的工作能力。面试其实是给用人单位及求职者提供了一种双向交流的机会，促进求职者与用人单位之间的了解，继而可以使双方对工作岗位得出一致的意向。

（一）面试的分类

面试作为一种考察方法也是形式多样，内容丰富，它一般包括随机面试、个体面试和集体面试。

第一，随机面试。也就是采用非正规的、随意性的面试方式，这样便于考察求职者的真实能力与综合素质

第二，个体面试。也就是用人单位对求职者采取单独面试。

第三，集体面试。这种面试一般出现在大型国有企业或是公务员考试中，它会安排一些求职者在一起参加面试。面试的问题都是一样的，这样用人单位可以在相同的条件下去衡量每一名求职者的能力与素质。

（二）面试的具体技巧

面试其实就是考察人的综合素质，如求职者的表达能力、组织能力、社交能力、协调能力、道德修养等。既然面试是一种人与人面对面的交流，那么它就有一些表达方式方面的技巧。

1. 不要答非所问

如果考生在面试过程中，发现没有听清主考官提出的问题，一定要及时向主考官提出重新提问的请求，一定不要为了面子答非所问，影响面试的成绩。

2. 答题要体现个人风格

一般面试的问题不会有太多的变动，主考官听到的答案也都大相径庭，如果你的答题颇有个人特色的回答，或是具有独到的个人见解，那么你便能从这场面试中脱颖而出。因为能给主考官留下深刻印象的求职者，一定能获得高分。

3. 答题内容具体详实

在面试的过程中，求职者一定要注意不要用简单的"是"或"否"来结束问题，因为主考官的提问总是带有一定的目的性，他希望通过这个问题，来了解你是否具有相应的能力与素质。所以，尽量去扩充自己的答案，让主考官在你的表述中找到他想要的东西，如果他只得到了你不讲原委、过于抽象的回答，那么你就不可能在他的脑海里留下深刻印象。

4. 保持答题的流畅性

面试是一个交流的过程，求职者回答问题的时候一定要口齿清晰，发音尽量标准，不要用方言。表述语言完整、简练，保证面试答题的流畅性，不要磕磕巴巴地去回答问题，以免让考官产生厌烦的心情。

5. 答题条理清楚

我们的面试回答都是要结论在前，议论在后。答题时一定要抓住答题要点，一定不要长篇大论，说得多不代表说得对。在有限的时间里，把精华回答出来就可以了，多余的话可能会将答案主题冲淡。

6. 语气平稳

面试时，求职者难免会觉得紧张，情绪难以控制，但此时语气、语调和语言的正确运用正是给主考官留下印象的关键。回答题目的时候最好用平和的陈述语气，音量适中即可。答题时遇到需要强调的重点，可以适当加强语气，来起到引起考官注意的目的。

7. 坦诚相待

求职者在面试时遇到自己不会的问题时，一定不要不懂装懂、牵强附会。要记住面试只是一次正常的交谈，诚恳的态度也能给人留下好感。如果不懂装懂，被考官发现了，那么就会给人留下投机取巧的负面印象。

8. 灵活应变

在整个面试过程中，求职者一定要与主考官有一定的目光交流，或是在答题期间注意考官的身体反应，如摆头、皱眉可能表示你的答题不够确切；侧耳倾听，则说明由于你的音量太小听不清；考官心不在焉，可能表示你刚才那段话没有新意。总之，求职者应该根据考官的细小反应来适当调整语气、语调、语言、音量，以及表达的内容等，只有在考场上灵活应变，不要把题"答死了"，那么我们的面试就是成功的。

（三）面试的基本礼仪

面试中有一些基本礼仪礼貌是需要注意，虽然不是明文规定，但这些举动都体现着求职者的精神风貌及道德修养。

1. 穿衣得体

面试时的穿着是很有讲究的，衣服与鞋子都不能过于随便，随意的装束会考官留下太过随便的负面印象。女生脸上的妆要淡雅自然，不宜浓妆艳抹。以正装穿着为主，给人以干练、专业、成熟的感觉。另外，双手指甲要干净，尽量不要涂抹指甲油。可以适量喷香水，但气味不要太浓郁。男性穿着大方得体，不要穿运动鞋或是拖鞋参加面试，衣服大小要合身，最好选择深色的西服来搭配衣物。

2. 面带微笑

保持微笑能够给考官留下一个积极向上的形象。求职者在参加面试的时候应该表现出一定热情，但也不能过分热情，太显张扬。即使在面试过程中出现了失误，有时一个微笑便能挽回败局。

3. 礼貌谦虚

面试过程中，一定要保持一个谦虚谨慎的态度，面试的遣词用字要有所选择，注意使用基本的敬词。一个礼貌的求职者未来也一定是一个好相处的员工。

4. 握手有感染力

如果面试中有需要握手的环节，那么此时需要注意握手的姿势、力度与时间。握手时用力过大或是时间过长都是不好的，握手时要让整个手臂是呈 90 度，然后稍稍有力地摇两下，随后自然把手放下。

通过对以上四类不同应聘方式的介绍分析，我们知道了就业工作中需要关注的重点。细节决定成败，大学生只有关注细节，才能在就业中脱颖而出。

第六章　大学生创业资源与创业准备

上一章对大学生就业形势与就业准备进行了一番探讨，本章主要围绕大学生创业资源与创业准备展开具体论述，内容包括大学生创业的要素、资源、机会、风险、准备、融资渠道等。

第一节　大学生创业的要素与资源

本节主要针对大学生创业的概念、主要特征、要素与资源，进行具体探讨。

一、创业的概念与主要特征

（一）创业的概念

对于创业的概念，中国与西方有不同的看法。中国传统文化认为，创业就是创立基业。在西方文化中，创业有两种表述形式，venture 和 entrepreneurship。前者是动词，表示冒险创办企业，创业呈现增长势态；后者是名词，表示静态的创业状态或创业活动，是从企业家、创业者角度来理解创业。最早对创业做明确定义的学者是奈特（Knight，1921），他认为创业是一种成功预测未来的能力。熊彼特（Joseph Schumpeters，1934）认为创业是实现创新的过程。科兹纳（Kerzner，1973）指出创业是正确地预测下一个不完全市场和不均衡现象在何处发生的套利行为和能力。盖纳特（Gartner，1985）则认为创业是建立新组织。洛·麦克米兰（Low MacMillan，1988）认为创业已经超越了传统的创建企业概念，在公司的各个阶段都存在创业活动，并提出了一个定义：创业是思考、推理和行动的方法，它不仅受机会的制约，还要求有完整缜密的实施方法，同时讲求高度平衡的领导艺术。

显然，创业的定义分为广义与狭义两种。从广义的角度看，创业可以理解为一个人根据自己的性格、兴趣、所学专业、能力等选择适合自己的职业。并为这个职业的成功准备各种条件。最后实现自己人生目标的过程和结果。从这个角度来讲，人生就是创业。

狭义的创业是指自主创业，也就是创业者个人或创业团队转变择业观念，以资源所有者的身份，利用知识、能力和社会资本等，通过自筹资金、技术入股、寻求合作等方式创立新的社会经济单位。

（二）创业的主要特征

创业具有自身鲜明的特征。经过长期的研究与分析，我们对其做出了总结，主要归纳为以下五个方面。

1. 自觉性特征

自觉性，无疑是创业的首要特征。其原因在于，创业是创业者自觉做出的选择，是其能动性的反映。

2. 创新性特征

创新是创业的主旋律。创业过程是一个不断创新的过程，创新人才首先要有创新动机、创新意识和创新精神。只有不断创新，企业才能够具有旺盛的生命力。

3. 利益性特征

创业以增加财富为目的，没有利益的驱动，就不会有人能够承受创业所面临的风险。创业过程中获利的多少，往往也是人们衡量创业者成功与否的重要标志。

4. 风险性特征

创业是有风险的。通常情况下，创业可能有以下风险：

（1）政策风险，特别是临时性、突发性出台的政策法规，对创业企业可能产生较大打击。

（2）决策风险，不同的决策方案有不同的机会成本，创业者对于市场的把握和经验的缺乏都容易放大这样的风险。

（3）市场风险，这是核心风险因素，如更强势的竞争对手出现导致竞争加剧，市场形势变化。

（4）扩张风险，如果扩张盲目，不能与企业能力、市场需求合拍，是极其危险的。

（5）人事风险，人事风险不仅仅表现在使企业组织不能正常运行上，还表现在当员工不能为创业企业所用时，到竞争对手那里去挖创业企业的"墙角"等。

5. 曲折性特征

在创业的过程中，创业者往往会受到许多挫折。所以，创业者必须经过多年艰苦奋斗，倾注大量心血，才能获得成功。创业者必须做好吃苦的思想准备，只有在困难面前不屈不挠，才可以获得最后的成功。

二、大学生创业的要素

不同的学者对于创业过程从不同角度划分的具体的分类阶段各不同，但无论怎么进行分类，创业的基本要素都不会改变——创业团队①、创业资源②、创业机会③。

（一）创业团队

创业团队是在创业过程中由一群才能互补、责任共担、愿为共同的创业目标而奋斗的人组成的特殊群体。是一个把感知到的机会落到实处，转化为价值或使用价值的过程，必须通过社会性组织的努力和行动来实现，比如公司或个体经营，能否组建一支强有力的创业团队以及创业团队的运作是新创组织能否生存、发展的关键要素。

团队创业能够带来许多好处，即能同时从多个融资渠道获取创业资金，保证创业资金的充足，具有更强的资源整合能力。

（二）创业资源

创业资源是创业过程的基础，是创立创业组织以及成长过程中所需要

---

① 创业团队是创业要素中起着决定要作用的要素之一，团队成员对创业者而言，将扮演不同的角色，他们或是合伙人，或是重要员工。尤其是在高科技领域创业，更需要技能互补的团队成员来降低创业过程中的高风险。找几个志同道合能够同舟共济、有管理经验、有资金或有技术发明的互补伙伴共同创业也是当前比较流行的创业手段。

② 创业资源包括人力资源、财务资源、技术资源、信息资源、供应商资源和顾客资源以及社会资源等。其中财务资源是关键性资源，它是从事生产经营活动投入的稀缺性资源，具有引导、替代和配置其他资源的作用。创业者投入的可交易的实物、土地使用权和知识产权等可以视为创业者财务资源等价物。

③ 由创业者发现或创造的代表着通过资源整合、满足市场需求以实现市场价值的可能性，是一种待满足的市场需求，实现该需求的商业活动将有利可图。

的各种生产要素和支撑条件。创业资源的管理，就是创业者准备创业之后，利用创业机会整合、开发和高效地配置创业资源，使其与创业机会相匹配，从而提高创业成功率。创业资源整合对于创业过程的促进作用主要是通过创业规划或者创业战略的制订和实施来实现的。

（三）创业机会

新兴市场往往蕴藏着新的创业机会，而新的创业机会就表现在生产要素系统矛盾运动中所显示出来的市场信息之中。创业机会是创业过程的核心要素和首要条件，是围绕着机会的识别而进行利用或创造并不断发展的一系列过程，创业者也应是对变化着的环境或者被普通人忽视了的机会保持机警的人。

三、大学生创业的资源

大学生创业的资源主要分为两种——主体资源与客体资源。下面，我们主要围绕这两部分内容展开具体论述。

（一）主体资源

在资源整合过程中，资源整合能力具有十分重要的意义。显然，创业者所拥有的主体资源对创业绩效产生重要影响。在此我们针对大学生创业主体资源对创业的影响予以分析。

相关统计数据表明，高校大学生认为创业存在很多种障碍因素，在所有的障碍因素中，排在前三位的分别是资金问题、创业经验与社会关系问题。

综观我国目前所有的创业群体，与城镇新增劳动力、农村富余劳动力和下岗失业等人员相比较来说，高校大学生接受过系统的高等教育，富有激情，知识储备相对丰富，具有强烈的创业愿望和良好的创业潜质，是资源禀赋最好的群体。而大学生拥有的这些创业主体资源，经过针对性的创业教育与培养，创业能力得到进一步提升，可使其在创业过程中有效整合创业资源，从而实现成功创业。

（二）客体资源

大学生创业的客体资源主要有以下几种。

1. 信息资源

创业企业科学决策的依据之一就是信息资源。我国各级政府及社会组织充分运用现代信息技术为创业大学生提供创业项目、引导学生强化信息意识。如建立大学生创业项目库，举办创业项目展示和推介引导活动，创业大学生联谊会等多种形式的大学生创业交流平台。

2. 资金资源

资金资源是重要的客体资源之一，其原因在于充足的资金将有助于加速新创企业的发展。中国各级政府、高校及各类社会组织开创了多种多样的融资渠道，为高校大学生创业提供资金资源。国家以及各地方政府为了更好地在资金上支持大学生创业活动的开展，纷纷发起创业资金项目，为大学生创业活动提供了充足的资金。

3. 教育资源

在大学生创业的客体资源中，除了以上两点以外，还有一点需要我们在这里进行具体论述，即教育资源。下面，我们主要围绕这部分内容展开具体论述。

教育资源十分重要，因为它是高校创业教育的重要影响因素，而拥有大量高质量创业教育师资是核心环节。教育部和社会各界在提供教育平台，培训创业师资等方面展开了有益的探索。

教育部开展了骨干培训班、创业教育人才培养模式、创新实验区等多种途径的高校创业教育师资培训活动，以提升高校创业教师的素质。国家出台一系列的政策，以推进普通本科学校创业教育的开展。政府和各地高校通过各种渠道邀请创业成功者和企业家、投资家走进高校创业教育课堂，担任创业导师，通过"一对一"方式进行针对性创业辅导。

在国家和各级政府地推动下，高校创业教育有了长足的发展，高校大学生的创业素质得到了很大程度的提升，加之各省、市在场地资源、资金资源、教育资源、信息资源等创业资源方面提供了大量扶持政策和配套措施，各级政府、社会媒体对大学生创业给予高度关注、大力宣传，形成了比较浓厚的大学生创业社会氛围，大学生创业的主体资源和客体资源日益具备，高校大学生创业环境向着成熟的方向发展。

第二节 大学生创业的机会与风险

本节主要围绕大学生创业的机会与风险展开具体论述。

一、大学生创业的机会

首先，我们对大学生创业的机会进行一番探讨，内容包括大学生创业的典型机会，创业机会的特征、识别过程。

（一）大学生创业的典型机会

创业机会就是在创业的过程中找到有效的市场需求，并且又具备以创业团队能力为基础，形成满足这种需求的产品或服务的可行性，同时还能从中获益的经营机会。

大学生最好依托自身的优势来进行创业，进而逐渐提高创业活动的层次。大学生创业者了解年轻人市场，有较强的信息搜集能力和丰富的创意，能帮助大学生创业者找到适合自己的创业机会。下面，对大学生创业的典型机会展开具体论述。

1. 小产品的品牌化经营

成熟行业由于已经形成一定格局，所以给大学生的创业机会很少。只有一些零散型的产业才有创业的机会，如那些处于商品化阶段的日常用品或农产品。这些小产品的行业内竞争层次很低，同质化的产品导致相同的价格很难做大企业和打造品牌，企业的利润也很微薄。创业者需要转换经营思路，进行品牌化运作，将产品的档次提升，甚至加入一些创意元素。创业者可以从杯子、镜子、梳子、玩具等日用品以及农产品中选择创业项目，将小产品打造出特色品牌。这类创业的进入门槛比较低，也无须承担较高的风险，需要大学生以高端化或回归自然的品牌运作，并从小产品中开发出大市场。

2. 具有技术含量的新产品

大学生创业者的创新技术是创业的关键资源，开发出新产品，组建公司来生产和销售创新产品（或提供技术服务）。新产品的开发是很难靠某个人就能成功的，它需要一个团队来协作开发，一般以导师为核心的研究团队才有可能开发出更高技术含量的新产品。创业者如果自身无法开发新产品，那么就要寻找可以合作创业的新产品开发者，这需要创业者与研发人员的能力互补。这种创业可以获得政府相关机构的大力支持，尤其是与政府产业扶持政策相关的战略性新兴产业和其他重点产业，更是有可能成为政府关注与扶持的典型创业项目。

3. 特色零售店或服务项目

零售和服务行业的门槛比较低，对资金、技术和团队的要求也不高，服务的对象又非常的广泛，随着消费需求的持续变化，商业机会层出不穷，每年都会有新的模式和新的企业迅速崛起，这一行业适合于多数大学生进行创业。零售和服务行业最需要的就是商业模式和服务的创新，创业者把自己的独特创意融入其中，就有可能开创出新的零售模式或特色服务项目。

4. 网上开店、网络服务

当今的大学生几乎每天都会接触互联网，所以对其非常熟悉，互联网上的创业机会也非常丰富。最普通的网上创业就是开网店，在淘宝网上注册账户销售自有产品或代销，浙江省的义乌工商学院就非常鼓励甚至要求学生开网店进行网上创业。网上开店的秘诀在于透彻理解网上购物行为，合理规划产品的品类，高水平地展示产品，积极管理客户评价等方面来提高网店的利润。此外，大学生还可以创造出特色的网络服务，以低成本实现客户价值。

5. 满足大学生生活、学习需要的产品或服务

大学生创业者比较了解学生市场的需求，所以往往会首先考虑这个方向。创业者可以通过回顾自己在大学生活中遇到的问题或不满的地方，也可以通过访谈在校大学生，了解大学生的各种重要需求，然后从中挑选出最适合自身资源的创业机会。做校园代理是大学生常见的创业方式，如考研、考证、旅游、手机卡等大学生常用的产品，这些业务的成本和风险都比较低。

6. 国外最新产品的移植

发达国家的经济与技术在世界领先，它们所经历过的商业机会也很可能在今天的中国出现。这需要用历史的眼光来看待经济和技术的发展，找出不同经济阶段的典型商业形态，从而借鉴发达国家把握这些机会的商业

成功经验。其目的就是减少大学生创业的弯路，为提升大学生创业成功提供可能。

7. 个性化的产品或服务

在大学生创业的典型机会中，除了以上六点以外，还有一点需要我们在这里进行具体论述，即个性化的产品或服务。

与以往相比，当今消费者对于产品或服务的个性化程度有了更高的要求，收入水平的提高和市场需求的多样化为个性产品或服务的需求提供了坚实的购买基础。80、90后一代消费者对个性化产品或服务的需求更高、更敏感，而这类产品创业成功的关键在于准确和快速掌握市场需求的能力，这为大学生开展个性化产品或服务的创业提供了天然的优势。创业者需要把握的除了基于个性化需求的定位，还需要从商业模式上进行创新，在提供个性化服务的同时寻求规模化经营，并保持较低的成本。个性化的创新机会有可能通过将其他行业的特点引入新行业中，满足客户的多重需求，甚至开发出全新的市场，从而形成新的商业模式。

（二）创业机会的特征

对于创业者而言，只要抓住了机会，就获得了成功的希望；但若是我们失去了它，那么就会错失千载难逢的好机会，这样的事物可能会让人悔恨终身。其实我们正处在一个国家兴旺发达，创业人才辈出的时代。机会对每一个创业者都是均等的，正如时间一样，都给予了创业者同样的机会。所不同的是，有的人发现了机会并抓住了他，而有的人却视而不见，导致失之交臂。之所以会产生如此大的差异，除了自身的素养之外，还因创业机会具有人们难以识别和把握的特征，主要表现在四个方面，具体如下。

1. 高度隐蔽性

高度隐蔽性是创业机会的主要特征之一，因为它是一种无形的事物，人们只能凭感觉意识到它的存在，而无法用事物来表达它。机会总是隐藏在社会现象的背后，其真相往往被各种纷繁复杂的表面现象所掩盖，人们通常很难找到它的踪迹，发现它的本来面目。正如法国文学大师巴尔扎克所说："机会女神总是披着面纱，难以让人看到她的真面目。"正是因为机会的这种隐藏性特征，才使它在人们心目中如此的宝贵与神秘，如此的渴望和向往。如果机会没有这一特征，人们一眼就能发现它，那么它也就会失去其魅力。

2. 快速易逝性

实际上，创业机会出现的时间很短，可以说是稍纵即逝。这就像我们在生活中经常听到的一句话——"机不可失，时不再来"。机会的快速易逝性表现在时间上稍纵即逝，一去不复返，内容上不可再造，不可重来。因此失去机会就是失去成功的机缘和财富，抓住了机会就如同搭上了成功的高速列车，其结果是不言而喻的。

3. 极大偶然性

事物的发展总是从量变到质变，量变时不易被人察觉，质变时让人猝不及防。人们越是刻意地去寻找它就越难发现它，而当人们在毫无思想准备的时候它却突然出现在你的身边，让你惊讶万分、兴奋不已。这样"踏破铁鞋无觅处，得来全不费工夫"的快感和"众里寻他千百度，蓦然回首，那人却在灯火阑珊处"的惊奇正是机会可遇不可求的生动写照。

4. 鲜明时代性

在创业机会的特征中，除了以上三点以外，还有一点需要我们进行具体论述，即鲜明时代性。下面，我们主要围绕这部分内容展开具体论述。

机会具有时代性，实际上机会是随着时代的发展而逐渐发生变化的，我们在现代的社会中是绝对不可能出现100年以前人们做饭时所使用的厨房用具。机会时代性特征，是指一定时代决定和孕育产生各种机会并凸显时代的特色，同时赋予时代的内容。时代是机会产生的土壤，繁荣发展的时代能缔造出大量的创业机会，为人们的事业成功提供各种条件和保障。衰落动乱的时代因其政局不稳、经济衰败、民心混乱，自然也很难造就出成功的机会。

总而言之，正确了解和认识创业机会的特征，主要是为了深刻了解机会的内在本质和重要作用。机会是一笔宝贵的无形资产，它可以给创业者提供成功的条件保障；机会是一列高速行驶的列车，它可以承载着创业者快速到达成功的彼岸；机会是可遇不可求的天使，它可以以其神秘的力量为创业者保驾护航。任何忽视或轻视机会的人都是不理性和没有智慧的表现。由此可见，每一位创业者在创业的时候都要对创业机会有一个明确的认识。

（三）创业机会的识别过程与途径

毋庸置疑，创业机会的识别过程与途径是十分重要的。下面，我们主要围绕这部分内容展开具体论述。

1. 识别过程

经过长期的研究与分析，我们对创业机会的识别过程做出了总结，主要归纳为三个阶段，如图 6-1 所示。

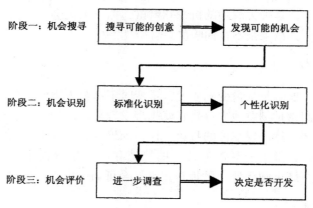

图 6-1　创业机会的识别过程

下面对这三个阶段展开详述。

（1）搜寻阶段。首先，每位大学生创业者都应该了解创业机会在哪里；其次，才是想通过什么办法去找这个机会。

（2）识别阶段。在创业的过程中，创业者可能会遇到不止一个机会，这种情况下，创业者要学会对机会进行识别，识别的主要目的是寻求更加适合自己创业思路的机会，以便创业得到更快更好的发展，从而促进自己创业获得成功。

（3）评价阶段。对各项财务指标的预测分析、创业团队和资源的酝酿等，通过机会的评价，创业者决定是否正式组建企业和吸引投资。通常机会识别和机会评价是共同存在的，创业者在对创业机会识别时也有意无意地进行评价活动。

2. 识别途径

创业机会的识别必然要通过一定的途径。经过长期的研究与分析，对其作出了总结，主要归纳为以下八个方面。

（1）分析特殊事件。例如，2003 年"非典"疫情对我国经济有很大的消极影响，但给生产喷雾器、消毒液、口罩、温度计的工厂带来了许多机会。

（2）分析社会需要。社会需要是创业的条件。能够急社会发展所急，供社会发展所需的项目，容易取得社会的承认、帮助和支持。例如，从社会需要出发发现商机，可以从政府或研究机构提出鼓励发展的产业政策中、从社会问题中、从市场信息中、从社会调查中、从社会变化潮流中、从行业的交叉领域中、从市场空缺处发现创业商机，通过开拓社会需要创造创业项目。

（3）分析生产程序或工作程序、经营程序。例如，通过改进生产环节，改进产品的性能，使价格更低、功能更多，开发新商机。又如，绕过分销，直接销售，降低生产和经营成本，实现创业。

（4）分析市场变迁趋势。市场变迁趋势是指某种产品、服务发展的潮流。例如，农资在城市的连锁经营，工业产品在农村的连锁超市经营方式，这些都受到了市场的欢迎。

（5）分析人口结构及其变迁发展趋势。例如，老龄化的出现，使得在一些地区、地域专为老年人服务的商品、服务受到欢迎。此外，还可以分析、研究地域和气候特点，选择有地域特色的创业项目。

（6）分析人们思想观念变化及其趋势。随着技术变革，居住环境、职业结构变化，人们思想观念也随之发生变化，研究分析、认识把握这些趋势，能够为我们提供新的创业机会。此外，还可以分析、研究地域人口习俗、消费偏好及其变化，有利于选择符合地域习俗的创业项目。

（7）分析新知识、新技术。通过新知识、新技术应用，为市场推出新产品、新服务。这种创业方式风险比较大，但竞争对手少，甚至没有竞争对手。如果时机选择得好，创业成功地概率就比较大。

（8）分析自身特长和环境基础。第一是从自我优势出发发现商机；第二是从自己的兴趣爱好出发发现创业机会。例如，从自我能力、特长、优势出发，根据自己专业技术、个性特点、经验，在自己熟悉的行业扬长避短。

3. 识别技术

经过长期的研究与分析，对创业机会的识别技术作出了总结，主要归纳为以下三点。

（1）从变化中识别机会。从本质上来讲，机会起源于变化，变化中又蕴藏着无限商机。因此，能够注意到变化的人，就可能是创业机会的识别者。创业者可以分别从宏观环境①和微观环境②的变化中去识别创业机会。创业者可以借助市场调研，从环境变化中去识别创业机会。例如：日本夏普公司就是通过市场调研，研究人们的消费需求变化，开发了许多新产品。在经营过程中公司敏锐地发现日本社会越来越信息化，人们每天必须接受许许多多新资讯，并要保留这些资讯。他们立刻感觉到这是一个很大的生产空档。于是组织技术人员研究开发了电子系统笔记本，将日历、记事簿、时间表、计算器、电话簿等功能合为一体，除了随时可以输入、消除、添加资料外，还具有排列功能、隐秘功能，受到了人们的青睐。

（2）从解决问题中识别机会。在现实生活中，我们经常遇到各种各样的问题，创业者应发现问题并找到解决问题的方法，并最终将其商业化，让更多人享受到解决方案得到的好处，同时也为自己带来更多的利益。当然有时候，某个人刚开始只是为了解决某一实际问题，解决时才发觉解决方案有更广泛的市场吸引力。在另一些情况下，某个人可能只是注意到别人存在的问题，并认为解决办法将表现出某种机会。对那些有准备的人来说，偶然发现就可能是机会。

（3）从创意中识别机会。通常，实际上识别机会的过程是一个创造的过程，对于个人而言，创造过程可分为五个阶段：准备、孵化、洞察、评价和阐述。一个创意形成以后，必须经过严密的评估筛选，只有那些具有商业价值的创意才能发展成为真正的创业机会。就如现代广告之父大卫·奥格威所言："商业世界，拥有创造性思维的思想家百无一用，除非你能把创意卖出去。"总之，创业机会识别一半是艺术，一半是科学。创业者必须靠自觉，使之成为一门艺术；也必须依靠有目的的行为艺术和系统分析能力，使之成为一门科学。

二、大学生创业的风险

在创业过程中，大学生必然会遇到各种各样的问题，但是最关键的问题也是最不能规避的问题就是创业风险。

---

① 宏观环境变化包括：政府政策变化、经济信息化、科技进步、通信革新和人口结构变化等。

② 微观环境变化包括：产业结构调整、消费结构的升级、顾客需求变化、市场供需情况变化、竞争对手变化等。

（一）大学生创业不同阶段可能会遇到的风险

1. 创业前期的风险

针对创业前期存在的风险，在这一部分中主要从以下几个方面进行探讨。

（1）计划不明。创业无疑是一条创新又冒险的道路，如果没有明确的计划必然会给创业者带来苦头。尤其是关键的步骤、内容不明确，那么创业将不可能成功。

计划不明就意味着盲目，而盲目势必会导致失败。计划的核心实际上就是目标，所以说有了明确的目标就有了明确的计划。

（2）过于悲观。创业者在创业的过程中，往往不会一帆风顺，如果他是一个悲观的人，那么很难越过这道坎，而且会影响其他人的情绪，与最终的成功也无缘了。乐观在危机时十分重要，因为这种心态有助于创业者保持创业的激情。我们反对过分的乐观和头脑发热，但一个过分悲观的人同样很难成功。

（3）资源不足。如今，空手套白狼的创业奇迹越来越少，所谓"空手套白狼"也就是说自己在没有资金或者很少资金的情况下进行创业，并获得成功。但通常在创业初期，创业者没有大量的资金，资金匮乏的可能性很大，加大了公司运转的难度。实际上，公司要有足够规模的购买量之后，才会有资金的回流。由此可见，在创办公司时对资金的需求量应做到心里有数，并留出资金余地。

市场在创业中是一个十分重要的因素。可以肯定的一点是，没有市场也就没有创业。所以说，产品没有市场是企业失败的第一原因。如果在创业之前错误地估计了市场，那么，这种错误的估计就会导致整个企业的失败。有一些产品，尽管它是一种创新，而且也很管用，但是它可能因为高昂的价格使得无人问津。所以，如果一家自营企业的主要产品没有市场，创业就必然会失败。

2. 创业过程中的风险

创业过程中，创业者会遇到很多风险，往往表现在以下几点。

（1）用心不专。这主要表现在以下三点。

1）多动症。比如一家生产白酒的企业，觉得碳酸饮料能挣钱，就生产碳酸饮料。后来发现果汁饮料是未来发展趋势，就改生产柠檬茶，或生产其他饮料，这并不有利于产品销售，而是狗熊掰棒子，变来变去，破坏了企业形象和品牌形象，从而失去了最重要的核心竞争力，使企业辛辛苦苦铸就的品牌和形象毁于一旦。

2）花心病。当企业有了一定实力，就开始"对外搞活"，不再专注于主业，移情别恋，想再找点能挣钱的项目干干。这种愿望很好，但发展思路超越了企业经营能力和企业实力，往往以失败告终。

3）虚胖症。和花心病"相似"，"创业"成功后形成多业并举的态势，但主辅业不分，大都是亏本的多，挣钱的少，基本是拆了西墙补东墙，说起产业来如数家珍；其实都是"夹生饭"，亏本买卖。

（2）目标不定。一个明确的目标，是成功的第一步，也是非常关键的一步。一个人如果没有奋斗的目标，那么，他将不知道何去何从；有了目标，努力才会有方向，有的放矢，结果自然就事半功倍。

但在现实生活中，我们或许不会每天都为自己定一个目标，但是至少我们应该有一个总体目标，为了实现这个目标我们将按照步骤来慢慢实现，为了这个目标第一步需要去做什么，需要多长时间打好基础，这实际上也是一个小的目标，其目的是为了实现最终的目标。

创业的过程中，如果没有一个明确的目标，那么，创业者是无法进行下一步的，因为创业中涉及的问题很多，在没有明确目标的情况下就乱下决定，这只会让我们离成功越来越远，最终导致创业失败。

除了我们平时所说的能力、努力、天时、地利、人和等许多因素之外，还有一个细节，那就是：这些是你的真正目标吗？你想做这些事，是因为你的真正目标在此，还是你做它只是因为别人在做，并且已经取得了成功？如果这不是创业者真正的目标，或并非真正适合创业者，创业者只是不断追随潮流，那只会使自己疲于奔命，一无所成。

（3）孤军奋战。在一个人最初创业或想做些什么事的时候，就要逐渐开始建立这些支持，一开始不可能就有团队和社会网络，但可以从一点点做起，慢慢地扩大自己的联系范围，当这个强有力的团队和网络建立起来之后，再做起事情来，才会如鱼得水，游刃有余。孤军奋战不但会令我们疲于奔命，也根本不可能使我们取得大的成功。

（4）急功近利

在创业过程中，如果太急功近利将很容易出现差错，可能最终导致事情的失败。创业的道路上同样如此，如果将步伐迈得太快，很可能会由于

"急"导致创业的失败。

同时去创业的两位年轻人，他们所做的准备工作都很充分，一个是比较急的个性，一个是比较稳的类型，很显然，在初期的时候肯定是比较急个性的会领先一些，他在夺占先机上肯定要比另一个人快，但是，稳的人会一稳到底，当另一个人没有上升的空间的时候，这一个人却还在慢慢地稳步前进着。

（4）遇难即退。在生活中通常存在两种人，一种人是遇到困难就退缩，另一种人是迎难而上。在面对困难的时候，我们应该要有信心去解决它，面对困难，如果我们形成了知难而退的习惯，那么，在以后的生活中就会轻易被困难打到。创业中也是一样的道理，在创业的过程中，我们遇到的困难是我们所不能估计的，对于这些困难，如果我们不想办法克服，那么，后面越来越多的困难会压得我们不得动弹，创业也即将面临失败。

3. 创业后期的风险

企业在创业后期也会面临一些风险，具体如下。

（1）满足现状。有些创业者在事业刚刚成功之时就失去了进一步的进取心，就像当年李自成进北京一样，坐享辛辛苦苦打下来的江山，却不去考虑如何巩固江山，如何开拓新的领域。当然，或许还有一些别的主客观原因使他们只满足于现状而不思进取，或者采用一些拙劣的手法、省事的途径维持现状。

（2）管理危机。在创业的过程中，管理是非常重要的，但是我们需要明确一个问题，创业中的管理并不是让所有的问题都远离我们，而是将所有的经历全部都放在当前最重要的问题上。我们在管理的过程中会出现各种各样的问题，我们不可能去避免不出问题，但是一定要分清楚，什么问题是当下最急需解决的，什么才是能够更快地提升企业实力的办法。

1）用人失误。创业初期的雇员不会很多，但是这些人数不多的雇员对公司的意义却非同小可。比如，选择了错误的助手，或者任命了不称职的人担任了你公司的销售主管，那么就可能使公司走入困境之中。一个不恰当的助手常常会使经营思路发生很大的变化，如果这种变化不利于公司发展，那就会对公司发展造成极坏的影响；而一个不称职的销售主管可能会使一个销路很好的产品没有了销路，这对公司的发展更为不利。

2）利润徘徊不前。创业成功后，会有许多跟进者进入市场，企业的优势会逐渐减弱，竞争压力增大，业绩增长率会随之下降。另外，企业越是成功，创业者越是感到志得意满，有时甚至觉得无所不能，扩大经营和多元化便在所难免。但摊子铺得太大和对新业务不甚了解，难免会出现失误，从而使企业的利润徘徊不前。

3）财务混乱。许多自营企业的创建者，都有一种错误的观念，认为既然是自己的公司，就没有必要天天记账，因为这是一件很麻烦的事情，甚至是一种毫无意义的形式主义。对于创业者来说，没有比这个错误更大的错误了。很多企业就是因为账目管理混乱，甚至没有记账的"习惯"，导致创业者对于自己公司的经营状况、财务状况一点也不了解，所以走向了失败。

4）创业缺乏动力。创业的过程想必只有亲身经历创业的人才能明白，也正是由于创业的过程过于辛苦，因此，在创业获得成功以后一些"功臣"就开始沉醉在那些经历中，对于新进的员工他们不是想着怎么去培训，如何让新进员工更快地融入这个集体之中，而是讲述在创业中的奇闻异事，实际上这就有一点得意忘形的意思，这对于企业后期的发展是非常不利的。

作为企业的元老级人物，想的应该是企业该如何继续更好地发展，而不是想着怎么分享成功的果实，否则不仅会影响自身的价值取向，还会丧失企业发展的动力。

（3）缺乏创新。创业的过程就是不断创造与创新的过程，创新是企业的唯一生命主线，失去创新，企业将停滞不前，甚至衰亡。企业得以生存与发展的根本就是能不断地满足人类社会不断增长的物质与精神需要；企业要做到这一点，唯一的依赖是创新。目前市场上那些岌岌可危的企业和失败的创业者对此体会应该更加深刻。

随着时代的不断发展，科学技术的日新月异，创新已经成为企业的立足之本。资本力量在创业经营中的重要性已经让位给知识、技术创新，走在时代前列的创新将引导企业走向繁荣。没有创新，也赶不上时代的潮流，终将成为失败者。

（二）降低创业风险的途径

当加入到创业的行业中后，我们才会知道自己在实际的创业中到底能遇到什么样的风险，创业中流传着一种"三高"的说法：高难度、高风险、高不确定性，而将这三个方面的"高"加以综合之后，我们可以用简单的一句话来概括，也就是创业具有很高的失败率。

由此可见，大学生必须清醒地意识到创业过程中的风险，如创业资金缺乏的风险，创业经验不足的风险，团队内部分歧的风险，人力资源流失的风险以及自身缺陷带来的风险等。虽然大学生创业充满了风险，但是仍然存在一些方式可以帮助大学生在创业过程中最大限度地规避风险，取得最终的成功。

下面，我们主要围绕降低创业风险的途径展开具体论述。

1. 利用大学期间空余时间和寒暑假

如今，社会留给学生的打工机会很多，利用打工可充分锻炼自己的综合能力。市场调研、销售、组织、人力资源管理、财务管理、物流管理等各方面能力都可以在打工的过程中或多或少地得到锻炼，加上相关书籍的对照学习，可以充分积累经验。大学生打工的实际工作往往都是烦琐的或者重复性强的工作，但这些工作是不可小觑的，因为大学生可从中使自己的能力得到提升。

2. 利用大学中的社团组织

学校社团的任何一项活动，从策划到最后实现都是一个综合过程。参与全局，体验全局，可锻炼组织、协作、资源利用等能力，让你从中发掘自己的潜力，提高自己的应变能力。

3. 参加学校的科研项目获取实践经验

参与学校科研项目的学生，有更多接触项目导师的机会。项目导师跟社会的接触往往很紧密，在导师那里能学到很多实践经验。参与科研项目的学生能通过实验充分锻炼动手能力，找出创业金点子，锻炼策划能力。

4. 毕业后在企业进行实际锻炼

企业是实际的创业团队。大学生在其中能够锻炼能力、积累经验。但在企业里，要想独立创业，还需要善于发现全新的创业点子，或在所在企业市场空白处找到创业契机，或自己组建的团队高于所在企业的团队，那么独立创业才会有成功的把握。

第三节 大学生创业的准备与计划书编写

本节主要围绕大学生创业的准备与计划书编写展开具体论述。

一、大学生创业的准备

首先，我们对大学生创业的准备展开详述，内容包括八个方面，具体如下。

（一）明确创业原因

在创业之前，大学生一定要明确自己为什么要创业。每个人的情况不同，当然对统一问题的回答也不尽相同，可能有人是为了不受早九晚五的工作时间限制，也可能有的人是为了像阿里巴巴的掌门人马云那样挣大钱当老板做个风光的有钱人；或者有的人是为了自谋职业解决就业温饱问题，也可能是为了追求作息时间自由实现自我价值；更有的可能是为了体验一下创业生活丰富人生阅历，或是真心想创业做一番事业。如果大学生的创业目的模糊不明确，那么创业成功地概率也很小。

（二）选择创业地点

正式成立公司后，就将面临房租、水电和税收等方面的费用支出问题。由此可见，创业项目的注册地点和办公地点的选择，也是创业者需要认真考虑的问题。

1. 新公司的办公地点选择

对于新公司办公地点的选择，前期最好能进行详细的选址考察再确定。创业项目如果属于设计策划类项目，最好选择在公司入驻密度较高的商务写字楼里办公，其主要优势表现在三个方面，具体如下：

（1）创业项目如果属于商业类项目，那就要多考虑办公地周边客流量大的地方。

（2）创业项目如果属于科技类的项目，最好选择在科技园区、科技企业孵化器、大学科技园里办公，那里科技氛围较浓，商业信息也较多。在这些区域中，由于人流量大，购买服务的需求相对来说比其他地区的机会要多。

（3）如在商业圈已经形成的金边银角地段，客流量一般都较大，客人多消费也自然多，购买力也会很强，这样公司的生意就会比较景气。

2. 新公司的注册地点

目前，科技园区、科技企业孵化器、大学科技园、大学生创业实习基地等很多地方，都有针对大学生创业的扶植政策，包括房租减免、税收减免、扶植资金的支持等。所以，大学生最好将创业公司的注册地点选择在能享受到国家和地方政府优惠政策的地区。

（三）选择创业项目

对于创业者而言，选择适合的创业项目十分重要。从以往大学生创业失败的案例来分析，我们可以发现创业不利的主要原因是没有找到好的创业项目。由于大多数大学生都没有创业经验，要想提高创业成功率，创业项目的筛选至关重要。大学生筛选创业项目时，最好能围绕以下六个关键要素进行评估。

1. 政策风险

项目的政策风险要小。选择创业项目时，一定要多了解和研究近期国家颁布的产业政策，把握国家政策支持的产业发展方向以及对夕阳行业的限制情况，尽可能选择国家政策扶植的产业。一旦不慎选择的创业项目属于国家政策限制性发展的产业，那么，项目的生命力就会很短，创业的路就会比较难走。

2. 市场容量

项目的市场容量要大。选择创业项目时，一定要考虑市场容量。创业项目的市场空间一定要足够大，最好能达到几亿元以上的销售规模。要从行业深度和地域的广度去分析，项目产品在行业里是否可以延伸，在其他省市是否可以拓展，在产业链上的地位是否关键重要。如果项目的市场容量很小，从事同类服务的公司又多，相互间的市场竞争就会十分激烈，公司赚钱将较难。

3. 市场需求

项目的市场需求要大。选择创业项目时，一定要把握市场需求。市场服务需求越大越好，服务需求越急迫越好，项目服务的购买力越强越好。如果没有市场需求或市场需求很小，那么项目服务就卖不出去，这个创业项目就做不大，公司盈利将十分困难。

4. 盈利空间

项目的利润率要高。选择创业项目时可能会有很多选择方案，如果选择盈利空间大、附加值高、毛利率高的项目，就能够在同样的创业时间里赚取更大的利润，也更容易获取第一桶金，早日实现创造财富的梦想。

5. 技术水平

项目的技术水平要高。大学生是知识性群体，选择创业项目时，最好能选择有科技含量的高附加值项目，一方面突出自己的专业特长；另一方面扩大项目的利润空间。现代社会知识和技术发展都很快，技术更新日新月异，大学生选择创业项目时，最好能跟上社会潮流，踏准时代的节拍与步伐。

6. 准入门槛

项目准入门槛要高。从目前来看，国内很多行业都处于生产过剩状态，社会就业形势十分严峻，政府为鼓励社会自主创业出台了很多扶植政策，很多年轻人都想尝试自己创业。所以，大学生选择创业项目时，一定要考虑到市场的竞争程度，项目的进入门槛越高越好，尽可能减少市场竞争对手。项目的科技含量、专利保护、软件著作权等都可以作为设置市场准入的门槛。

（四）调整创业心态

在创业过程中，大学生不可能十分顺利，创业生活会给创业者带来快乐，也会带来很多迷茫和困惑，创业路上的困难、艰辛和坎坷会打垮一大批从事创业的探路者。所以，创业者在创业前一定要调整好心态。公司赚钱了不要骄傲，不要飘飘然，不要为利益产生矛盾；公司赔钱了也不要气馁，不要抱怨，在困难面前，要团结一致地坚持走下去。为了实现创业梦想，为了实现人生价值，为了更好地回馈社会，只要保持一颗淡然的平常心，将创业生涯作为丰富人生的一段经历，努力驾驭好创业风帆，就一定会有丰硕的回报。

（五）组建创业团队

许多人在创业中只考虑自己要怎么做，从不考虑创建自己的团队。大学生要想创业成功，就一定要组建一支优秀的创业团队，创业团队是创业成功的关键，也是风险投资者最看重的地方。那么什么样的创业团队才算是优秀呢？创业团队最好能符合三个条件，具体如下。

1. 创业团队人员年龄经验互补

大学生创业团队里如能有一两名年龄稍大且具有工作经验的人最好，在性别上如果不是清一色男性或女性，就能实现男女搭配、干活不累，团队工作时融洽的气氛会更好。一方面,可以发挥男生的阳刚、威猛、粗犷的特长;另一方面,也可以发挥女生做事细腻、认真、柔性的优点。团队成员最好是在学校就经常参加社团活动,有一定的社会实践经历。

2. 项目团队专业互补

创业项目在运营过程中,往往会遇到技术、管理、财务、营销、策划、法律等诸多方面的问题。所以,一个优秀的项目团队,最好能在项目经营时涉及的相关专业领域里配置专业人才,这样就不至于在项目运营时出现人才短板。例如,有的大学生创业项目是搞软件开发的,项目团队都是从事软件开发的技术人员,没有从事营销、管理和财务的人,这样的团队组合就不够理想。

3. 项目负责人优秀

项目负责人是项目团队的灵魂人物和核心人物,不仅要具备饱满的创业激情和创业成功的信心,还要具有不怕失败、坚忍不拔的毅力。他应该擅长组织、管理、沟通与协调,同时还具有一定的专业特长,并积累了一定的社会实践经验。项目负责人的经营理念要比较超前,要有较强的号召力与凝聚力。

(六) 创业项目的市场策略

大学生创业不是纸上谈兵,而是真真正正的"实战",创业者是要投入真金白银的,将会面临资金风险。所以,大学生一定要在创业前仔细审视创业项目,认真考虑应该采取什么样的市场策略,才能尽快将产品服务推向市场,建立客户渠道,树立公司品牌形象,培育公司的诚信度。大学生可以借鉴的市场战略有很多,包括技术领先战略、成本领先战略(低价格战略)、蓝海战略(差异化战略)、技术模仿战略(技术紧跟战略)、市场细分战略、连锁经营战略、知识产权战略、标准战略、兼并重组战略、多元化战略等。由于大学生初创企业没有以往业绩,没有品牌形象,诚信度也很难被社会马上认可,竞争实力也不足,所以,差异化策略是大学生创业项目应该重点考虑的市场策略之一。从事别人做不了的新奇特别服务产品,那么创业更容易成功。

(七) 创业资金的筹备

资金在创业过程中是不可或缺的,创业资金的多少一定要根据具体的创业项目种类而定。一般情况下是指大学生自主创业需要的创业项目资金。若是在创业的过程中没有足够的创业资本，创业项目很难启动，更不必说成功了。

实际上，创业资金是大学生自主创业的必要元素，也是挡在很多想创业的大学生面前的拦路石。大学生如果想自主创业，就一定要了解清楚筹措创业资金的渠道和途径。下面，我们对创业资金的筹备渠道展开具体论述。

1. 创业基金

近几年，许多省市都建立了扶植大学生创业的"大学生创业基金"。大学生通过申报创业项目，参加创业计划大赛，都有机会获得一定数额的"大学生创业基金"，项目支持金额从几万元到几十万元不等。有志创业的大学生可以对"大学生创业基金"多加关注，只要创业项目好，就可以着手准备创业计划书，就有机会获得创业基金的支持。

2. 自筹

在创业中，本金是不可或缺的，而在众多的创业资金筹集中最容易募集到的就非自筹资金的方式莫属了。

大学生自筹资金的来源有很多，但是都存在一定的局限性，总也离不开一个"借"字，但是自筹资金是筹集创业资本最有效的途径。自筹资金的来源主要有以下四方面。

（1）从父母和亲戚那里借来的钱。

（2）大学生自己省吃俭用的存款。

（3）向老师和同学那里借来的钱。

（4）向好朋友那里借来的钱。

3. 合伙人

大学生自己筹的资金额度往往不大，很难满足创业资金需要。如果全部是拿自己的钱投入创业，投资风险都落在自己一个人身上，则资金压力也很大。故大学生创业可以多找几个志同道合的同学或朋友作为项目合伙人，共同投资运作创业项目。这样，一方面可以降低个人的投资风险；另一方面，也可以形成项目团队的能力、专业与经验互补，项目运作起来会更容易成功。

4. 风险投资

所谓风险投资，就是投资机构针对具有高附加值的科技项目进行的项目投资。这是大学生创业融资的渠道之一，但由于大学生创业团队大多没有实战经验，即使项目再好，创业风险也很大，要想得到风险投资机构的青睐十分困难。风险投资机构通过对创业项目、创业团队、创业计划、创业风险、商业模式等诸多方面进行评估后，才会对创业项目进行投资。然而，风险投资一般要求占到项目公司 10%～30% 的股份。这样的情况在创业初期是不太理智的行为，最好能够等到创业成功后，当创业公司经过 1～3 年发展壮大后，开始进行融资时，可以将风险投资作为融资的首选目标。

5. 天使投资

在创业资金的筹备途径中，除了以上四种以外，还有一种需要我们在这里进行具体论述，即天使投资。

所谓天使投资，是指无偿为创业者提供创业资金的自然人或机构。美国的天使投资人一般都是成功的企业家、企业老板、大学教授和有钱人。在美国硅谷，大学生创业氛围十分浓厚，很多创业的高科技企业都已经发展成较大规模的企业，那里的天使投资人很多。而在我国，由于大学生创业成功率较低，天使投资人很少。但是随着我国近年来经济的高速发展，也派生了一大批像李开复、柳传志、马云这样成功的企业家和事业有成的老板。这些人经过多年的打拼，积蓄了很多的财富，愿意充当天使投资人的角色帮助大学生创业，愿意助大学生一臂之力帮助他们实现创业梦想，成就一番事业。一般情况下，天使投资可以无偿资助的项目金额在 10 万～30 万元，但是这有一个前提，即必须要有好的创业计划、最佳的创业团队和创新的商业盈利模式。

（八）确定盈利模式

大学生可以借鉴很多成功的商业模式，然后确定自己的创业项目应该采用哪种商业模式。一般常见的商业模式包括："鼠标+水泥"的商业模式、服务外包的商业模式、连锁经营商业模式、免费服务由第三方支付的商业模式、中介及经纪人商业模式、版权销售的商业模式等。在市场竞争日益激烈的今天，创业项目一定要有自己独特的创新商业模式。

管理大师彼得·德鲁克说：企业之间的竞争早就不是产品之间的竞争，而是商业模式之间的竞争。创业项目的商业盈利模式，也就是项目如何赚钱，是创业前需要认真思考的问题。只有能赚钱的商业模式，才能保证公司赚钱，才能使公司快速、健康地发展，才能使创业早日成功。具有创新性的能赚钱的商业模式，也是获得风险投资的关键。

二、大学生创业计划书的编写

大学生创业计划书的编写是十分重要的。下面，我们主要围绕这部分内容展开具体论述。

（一）编写创业计划书的意义

对于正在创业的大学生而言，计划书的编写具有十分重要的意义。在创业之前进行创业计划书的编制过程，从某种程度上来说，实际上也就相当于创业者本人在沙盘上经历了一次真真正正地模拟创业实践过程。

由于种种原因，大学生在创业计划书的编写过程中可能会遇到一些问题，即便情况这样，我们也不得不承认这都是必不可少的经历，可能在这个步骤中避免了同样的错误，而进行到下一步的时候又会出现其他的问题。

通常，大学生在编写创业计划书的过程中出现的问题主要表现在以下几点：

（1）大学生在计划书的编写过程中，对于创业项目的服务特色描述不够清楚。

（2）大学生在计划书的编写过程中，对于创业项目三年规划不切合实际。

（3）大学生在计划书的编写过程中，对于创业项目的市场竞争态势分析、理解不够深入。

（4）大学生在计划书的编写过程中，对于创业项目的商业盈利模式没有特色。

（5）大学生在计划书的编写过程中，对于创业项目风险分析与控制较差。

（6）大学生在计划书的编写过程中，对于创业项目的产品与服务描述不清楚，不能给予明确的表述。

（7）大学生在计划书的编写过程中，对于创业团队中共同创业的人员构成不理想。

（8）大学生在计划书的编写过程中，创业项目需要的启动资金数额太大无法筹集。

（9）大学生在计划书的编写过程中，对于创业项目的 SWOT 分析还不够全面、透彻。

（10）大学生在计划书的编写过程中，对于创业项目的市场运营计划不够全面。

（二）创业计划书的编写步骤

经过长期的研究与分析，我们对创业计划书的编写步骤做出了总结，主要归纳为以下四个阶段。

1. 第一阶段——准备工作

周详的前期准备与启动计划，包括文案调查或实地调查、确定计划的目的和宗旨以及组成专门的工作小组确定创业计划的种类与总体框架与制订创业计划编写的日程安排等。

2. 第二阶段——草拟阶段

全面编写创业计划的各个部分，包括对创业项目、创业企业、市场竞争、营销计划、组织与管理、技术与工艺、财务计划、融资方案以及创业风险等内容，初步形成较为完整的创业计划方案。

3. 第三阶段——完善计划

征询各方面的意见补充、修改和完善草拟的创业计划，向合作伙伴、创业投资者等各方人士展示有关创业项目的良好机遇和前景，为创业融资、宣传提供依据。力求引起投资者的兴趣，并使之领会创业计划的内容，支持创业项目。

4. 第四阶段——正式编写

创业计划书撰写的定稿阶段，创业者在这一阶段定稿并印制成创业计划的正式文本。

第四节　大学生创业的融资渠道与方式

在本章中，除了以上三部分内容以外，还有一部分内容需要我们在这里进行具体论述，即大学生创业的融资渠道与方式。下面，我们主要围绕这部分内容展开具体论述。

一、创业融资的类型与方式

在创业融资的基本类型中，由于其融资方式的方向不同，可以大致分为表 6-1 所示的几类。

表 6-1　不同分类标准的融资类型

分类标准	按资金性质		按融资方法	
融资类型	股权融资①	债权融资②	直接融资③	间接融资④
融资方式	内源性权益资本 天使投资 风险投资 场外发行和交易市场 主板市场 创业板市场 ……	银行贷款 亲友贷款 发行商业票据 发行债券 商业贷款 非银行金融机构贷款 融资租赁 ……	企业留存收益 发行债券 风险投资 ……	银行贷款 商贸融资 租赁融资 ……

由于创业企业在发展的过程中要经历不同的阶段，企业运行在各阶段中有着各自不同的发展特点。因此，在不同的发展阶段有着不同的融资来源与不同的融资方式，不同发展时期具体的融资来源可参考图 6-2，其不同发展阶段的不同融资方式可参考表 6-2。

---

① 股权融资是指企业的股东愿意让出部分企业所有权，通过企业增资的方式引进新的股东的融资方式。股权融资所获得的资金，企业无须还本付息，但新股东将与老股东同样分享企业的赢利与增长。股权融资的主要渠道包括风险投资、天使投资、与其他企业合资、争取国家财政投资、公开向社会募集发行股票等。

② 企业通过向个人或机构投资者出售债券、票据等筹集营运资金或资本开支，借出方则成为公司的债权人，获得该融资企业还本付息的承诺。其主要的渠道有金融机构贷款、向亲朋好友借贷、民间借贷、租赁融资、企业债券（企业向社会公众发行债券）以及政府借贷等。向亲朋好友借钱是债权融资的最初阶段，发行债券则是最高阶段。

③ 直接融资是指不经金融机构的媒介，由政府、企事业单位及个人直接以最后借款人的身份向最后贷款人进行的融资活动，即资金供求双方之间直接融通资金的方式，其融通的资金直接用于生产、投资和消费。间接融资则是通过金融机构作为信用媒介，由最后借款人间接向最后贷款人进行的融资活动，如企业向银行、信托公司进行融资等。

④ 具有与直接融资截然相反的特性，即间接性、集中性、安全性、周转性。即资金的初始供应者和资金的需求者不直接发生借贷关系，而是由中介机构把众多供应者的资金集中起来贷给需求者，具体的交易媒介包括货币和银行券、存款、银行汇票等。另外，像"融资租赁""票据贴现"也都属于间接融资。

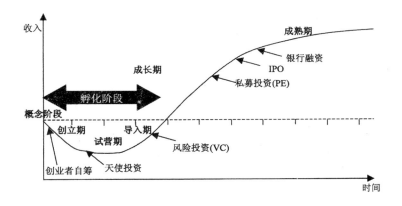

图 6-2 不同发展阶段的融资来源

由此可见，创业企业共分为四个不同的发展阶段：种子期（产品的研发阶段，没有正式的产品，没有销售收入）、试营期（创建期，完成了较为完善的生产方案，为批量生产做准备）、成长阶段（在经受了初步的考验之后以具备良好的基础，但收入尚不稳定）、成熟阶段（企业技术开发成功，市场需求迅速扩大，进行大规模生产）。

表 6-2 企业不同发展阶段的融资

发展阶段	融资方式	优势	劣势
种子阶段	自有资金	成本低，安全性强	数量和规模有限，不易形成企业最优资本结构
	政府基金	成本低，无偿使用或低息贷款	数量少，项目的挑选条件比较严格，时间长
	天使投资	投资程序简单方便，天使具有相关经验或资源，可提供咨询等方面支持	天使投资少，不适用于大规模资金需要

发展阶段	融资方式	优势	劣势
种子阶段	风险投资	可为公司引进国内外战略合作网络，能够为公司在战略、运营和财务上提供建议，具有丰富的上市或进行商业运作的经验	风险投资的寻找比较困难，与他们进行谈判的门槛很高，资金方谋求对公司运作的控制，影响企业战略方向，可能与企业家目标存在差异
成长阶段	银行贷款	不影响公司股权结构，不参与公司经营管理，偿还本息固定	利息成本高，中小企业信用担保较差，融资难
成熟阶段	资本市场	融资量大，不涉及负债，流动性强，可扩大公司知名度和声誉	审批程序复杂，发行成本高，监管严格，信息透明度高

二、创业融资的原则

刚刚创业的企业在进行融资的决策时，通常情况下要遵循以下几个方面的原则。

（一）选择最佳融资机会

所谓融资机会，就是由有利于企业融资的一系列因素所构成的融资环境和有利时机。环境变化会增加成本和难度，融资过早会导致资金闲置，过晚则丧失机会。关于融资机会的把握，主要考虑的因素有企业外部环境、国内外利率、汇率等金融市场的各种信息、国家的宏观经济形势、具体融资方式所具有的特点和企业自身的实际情况。

对前景较好的企业而言，融资方式有很多选择，要选择最佳融资机会，就必须结合分析内外环境的现状和未来发展趋势对融资渠道和方式的影响，从长远和全局的视角来选择融资方式。

（二）制订最佳融资期限

融资期限决策考虑资金的用途和风险偏好程度。风险偏好大体可分为三种类型，具体如下。

（1）保守型。用长期资金满足部分甚至全部波动性资产（成本高）。

（2）激进型。用长期资金满足部分永久性资产的需求，其余全部用短期资金满足（风险大）。

（3）稳健型。对波动性资产采用短期融资，对永久性资产采用长期融资。

（三）融资总收益与融资风险相匹配

首先估算融资的最终收益有多大，然后列举出企业可能遇到的风险因素，并用经验预测这些风险一旦转化为损失会有多大。如果融资的最终收益大于这些损失，并且企业能够接受这样的损失，也就是说融资收益是与融资风险相匹配的，那么企业融资行为是可行的。

（四）合理保持企业控制权

创业企业的成功，需要多方面力量的支持，而在获取这些支持时，很可能涉及控制权的让渡。通常，只要有利于企业的发展，出让部分控制权是可以接受的。但在企业发展的初期，创业者保持对企业的实际控制权是很有意义的。企业的控制权主要体现在三个方面，具体如下：

（1）在有要求时，利益能够得到体现，例如改善工作条件，有权参与分享利润，等等。

（2）能够参与企业决策，并对最终决策具有较大的影响力。

（3）控制者进入相关机构（董事会或监事会）的权利。

（五）寻求最佳资本结构

在创业融资的原则中，除了以上四点以外，还有一点需要我们进行具体论述，即寻求最佳资本结构。下面，我们主要围绕这部分内容展开具体论述。

学术界对最佳资本结构仍存在很多争议，包括股权融资和债权融资是否平衡的问题，是否存在最佳资本结构的问题，以及如何决定最佳资本结构的问题。现实社会中，股权和债权的结构主要受企业所处行业的影响，不同行业对最佳资本结构有不同的标准。最佳的资本结构决策可参考以下三个步骤：

（1）估算各个融资方案的加权平均资本成本率。

（2）分析各款项的要求，股票市场的价格波动，根据财务分析判断资本结构的合理性。

（3）根据分析结果，在融资决策中进一步改进融资结构。

三、创业融资的主要渠道

在本节中，除了以上两点以外，还有一点内容需要我们在这里进行具体论述，即创业融资的主要渠道。

所谓融资渠道，就是创业者筹集资金来源的方向与通道。目前中国社会资本的提供者众多，数量分布广泛，为新创企业融资提供了广泛的资本来源。了解融资渠道的种类及其特点和适用性，有利于创业者充分利用和开拓融资渠道，实现各种融资渠道的合理组合，有效筹集所需资金。下面，我们主要围绕创业融资的主要渠道展开具体论述。

（一）短期资金融资

短期资金融资是创业融资的主要渠道之一，主要有以下两种。

1. 典当行融资

创业者只要有价值较高的物品，短期内急需资金，而又无其他方法融资时，可以考虑典当方式。目前典当行已经较多，大到房产、汽车，小到相机、电脑、手表、钻石等均可典当。典当的优点是速度快、手续简单，当天就可以拿到现金。但典当融资成本较高，一般按月计息，月息在3%左右。一些贵重或占空间大的物品，还要收取管理费。如果临时急需的资金量大，典当这种方式就不太适合。典当物品是有期限的，一般最长期限为六个月，过了这个期限，所典当的物品就由典当行处理了。

2. 信用卡消费透支

在创业过程中，创业者遇到急需的短期资金，可以考虑利用银行给予的信用额度进行透支取现或消费。各银行对信用卡的审批条件较为宽松，不少银行的初始信用额度都比较高，有的能达到五六万元。信用卡可在信用额度的规定范围内提取现金，这种方式的门槛非常低，但资金成本较高，只适用于较短期的资金应急。另外，还可以利用银行信用额度进行消费或分期付款购买一些企业必需的物资，一般有25~56天的免息期。还可以一次消费，分期还款，费用通常也比贷款等方式低一些。

（二）接受投资

接受投资者投资，是创业初期的普遍选择。虽然从资金成本角度来看，其资金成本较高，但投资者作为企业的所有者，企业的盈利共享，风险共担，没有固定的利息支付的负担。另外，对于企业盈利如何分配，是由投资者之间共同协商来决定的，具有很大的灵活性。这些对于处在创业初期、面临资金短缺、经营不稳定、盈利少甚至亏损的企业来说，具有很大的吸引力。但是，接受投资者投资这种筹资方式有一个突出的问题是：会分散股权，使得创业者的控制权有所削弱。

（三）政府资金援助

鉴于中小企业在经济和社会发展中所具有的重要战略地位，针对创业型企业在融资条件上存在的天然不足，各国政府普遍采取通过财政手段、设立政策性的创业基金和提供其他多种优惠政策等办法，用以扶持中小企业成长。

政府资金援助的方式包括许多，如税收优惠政策、财政补贴政策、增加贷款援助及鼓励中小企业到资本市场直接融资，等等。争取获得政府资金援助的方式包括：组建高科技型或可解决当地就业压力型企业；组建国家重点扶持吸收社会弱势群体的福利型企业；组建符合国家产业政策、产品适销对路、有利于吸收下岗职工的企业；可参与星火计划、火炬计划及技术成果推广计划，吸收高薪技术成果，并将其商品化、产业化的企业。创业者在选择创业方向和具体安排创业项目时，可以参考政府资金援助的项目，尽最大可能争取政府的资金援助。

（四）私募股权投资

在创业融资的主要渠道中，除了以上三种以外，还有一种需要我们在这里进行具体论述，即私募股权投资。

广义的私募股权投资（Private Equity，PE）包含的内容很多，涵盖企业首次公开发行前（种子期、初创期、发展期、扩展期、成熟期和 Pre-IPO）各阶段的权益投资，相关资本按照投资阶段可划分为创业投资（Venture Capital）、发展资本（Development Capital）等等。狭义的 PE 主要指对已经形成一定规模的，并产生稳定现金流的成熟企业的私募股权投资部分，而这其中并购基金和夹层资本在资金规模上占最大的一部分。

从目前来看，我国私募股权投资的组织形式主要有限合伙制、信托制和公司制三种形式。

私募股权投资（PE）与风险投资（VC）的区别是：私募股权投资（PE）与风险投资（VC）虽然都是对上市前企业的投资，但是两者在投资阶段、投资规模、投资理念和投资对象等方面有很大的不同。其主要区别见表6-3。

表6-3　PE与VC区别对照

对比项目	PE	VC
投资理念	一般是协助投资对象完成上市然后套现退出	强调高风险高收益，既可以长期进行股权投资并协助管理，也可短期投资寻找机会将股权进行出售
投资对象	主要为拟上市公司	具有良好发展前景的创业型企业
投资阶段	一般是在企业较为成熟后才投资	从企业的前期就开始投资
投资规模	资金数额一般比较巨大	资金数额根据不同项目、对象等从小到大都有，灵活性强

第七章　大学生创业团队建设与创新能力培养

创业的核心要素就是创业团队和创新能力，这就要求大学生创业团队建设要合理并科学，具有创业团队精神和团队意识，并且创业者本身具有良好的创新能力，从而为成功创业打下夯实的基础。

第一节　大学生创业团队建设

20世纪，日本的经济发展突飞猛进，其企业的国际竞争力一下子跻身世界的前列。其他国家纷纷对日本经济的飞速发展产生了强烈的兴趣，包括美国和其他资本主义国家，他们开始探索日本经济奇迹的原因，希望可以找出其中的奥妙所在。其实不仅是这些国家对此产生了很大的兴趣，就连日本的各界也开始对本国的经济开始了研究，目的是为了能够从中总结出经验并持续进步。

经过一段时间的研究，将日本与欧美的最优秀的员工进行对比，得到的结果令人大吃一惊：如果是个体之间进行竞争，日本的员工基本上不能获胜，但是如果以一个团队即班组和部门为单位进行竞争时，其他国家的员工就会败下阵来。日本企业的员工之间非常团结，每个员工对企业都有一种非常强烈的归属感，不会由于个人原因发生口角，他们会团结在一起维护团体利益，全身心投入到企业的事务上。但是，欧美企业的员工就很难做到这些，他们大多数都是个人主义的，与同事相处得并不是非常融洽，更别提齐心协力解决问题了。通过研究表明，日本企业拥有强大竞争力的原因就在于其员工的团结性，起决定性作用的就是日本人企业中的一种新型组织形式，即团队。

一、创业团队的概念和构成

（一）创业团队的概念

关于团队的概念，很多专家学者从多种角度进行了研究，最后得出的概念也是各有不同。例如，20世纪90年代，相关学者是这样定义一个团队的，团队是具有一个共同目标且愿意去完成它的人组成的群体，他们愿意在一起工作，致力于取得高质量的结果。与此同时，还有其他的学者这样认为，团队的成员应该是技能互补的，成员们拥有一个共同目标，并且有一个促使他们分担责任的程序。我们可以发现，这两种不同的概念中都提到了一个词语，就是共同目标。由此我们可以得出，团队的最终目标必须是要达到某个既定结果，团队与群体最大的区别就是共同目标的存在与否。

（二）创业团队的构成

创业团队的构成不是单一的，是由多个方面共同构成的，相关领域的专家经过不断的研究和探索，将创业团队的构成总结为以下五个方面。

1. 共同目标

每一个创业团队都应该拥有一个共同目标，这样可以明确未来的发展方向，并且还要对共同目标所包含的现实意义进行了解。所以，一个创业团队只有有了目标，才能说它是一个有价值有意义的团队。

2. 合理的计划

创业团队只有共同目标显然是行不通的，还需要制订出能够完成共同目标的计划，计划包括两层意思，一是可以将为了实现共同目标而制订的非常具体的工作程序称为计划；二是按照计划工作可以使创业团队的进度得到一定的保证，有计划是一个前提条件，拥有计划创业团队才能离目标越来越近。

3. 合理的定位

需要注意的是，这里的定位指的不仅是创业团队的定位，还有个体即创业者的定位。其中，创业团队的定位指的是创业团队在企业里所处的位置，由谁决定和选择构成团队的成员，创业团队激励下属采取怎样的方式，创业团队最根本是对谁负责。而个体的定位则是指作为构成创业团队的人应该扮演怎样的角色，是实施者还是决策者或评估者；是大家共同出资并同时管理，还是大家共同出资，委派一个人管理。实质上就是所说的合伙企业或是公司制企业，这些都是创业实体的组织形式。

4. 团队成员

团队成员在创业团队中属于核心力量，是所有社会活动的主体。在一个创业团队中，与其他创业资源相比，人力资源是最重要的。因此，应该积极调动创业者的各种资源，把人力资源转化为人力资本。

如何对团队成员进行挑选是特别关键的。在团队中大家的工作职责不同，有的人负责做决定，有的人负责想方案，有的人负责实施方案，有的人负责对各方面的工作进行协调，每个人都有属于自己的任务，需要大家共同合作来实现共同目标。这样看来，要想团队能够顺利创业，就要全面地考虑所有人的能力范围，技能能否互补，人员经验是否丰富等，这一环节也是非常重要的部分。

5. 权限分配

创立团队中领导人、下属的权力范围，与这个创业团队处于什么样的行业和发展阶段有关。经调查研究，一般来说，创业团队越成熟，那么领导拥有的权力就会越小，换句话说，创业团队的成熟度与领导者的权力范围成反比。一般在刚开始创业时，创业团队的领导权相对比较集中，下属人员的能力不能够分担其权力，随着下属人员的能力越来越强，领导者就会渐渐地将权力下放，所以领导者的权力范围就越来越小，下属人员的权力范围越来越大。有调查显示，高科技实体实行民主的管理方式居多。

二、创业团队建设与影响

（一）创业团队的组建

1. 选择创业合作者

众所周知，创业合作者对于社会的各种实务的接触是有限的，所以往往会选择身边认识的朋友作为理想的合作伙伴，但是知心朋友并不能与创业合作伙伴等同。当友情面对一些考验例如金钱的诱惑、公司经营的压力的时候，往往是经受不住的。一定要客观、理性地选择合伙伙伴，以免遗憾终生。在合作伙伴的选择上，通过相关学者长期的努力，他们提出了五步法则。

（1）正视自我。作为一个创业团队的组织者，首先自己一定要对即将从事的事业有着非常明确且清晰的认识。比如说，创业是为了什么，你想要通过创业完成什么样的人生理想，自己身上的优势和劣势是什么，这些问题在创业前就要充分考虑好。

（2）合理选择合伙形式。第一步的作用毫无疑问为合伙形式的选择提供了依据。对于合伙形式，可以选择对实现这个事业有利的，例如去找寻那些与自己互补并且态度积极的人，如果事业启动后出现一些波折或困难，态度消极的人会影响公司的整个氛围，就会变成公司的一种负担。

（3）物色合作伙伴。合作伙伴的寻找与选择使创业中非常重要的一步，这关系到创业的成功率。如果你选择了一个智力型合伙，那么就要清楚未来合伙人所需要具备的所有条件，例如他应该是什么样的学历，具备什么样的知识结构，性格开朗还是不善言辞，都需要考虑清楚。

（4）沟通。如果前三步都已经顺利进行，已经找到了合伙人，在相关问题上，对方要可以与你达成共识，研讨确定大家都拥有共同目标，这些都还需要更进一步的沟通，直到对方主动表达出想与你一起创业。企业创业初期都是特别脆弱的，创业者之间要紧密团结，形成坚不可摧的堡垒才能抵御外界的压力，否则等企业经营到一定阶段的时候，可能会由于创业合作伙伴的意见不一而导致企业停滞不前，甚至导致企业解体，最终导致创业失败。

（5）明晰股权配置。最后要和你的合伙人进行谈判，最重要的一个问题是股权配置或投资比例问题。它不仅与各创业合作伙伴今后在企业中的地位相关，而且还与创业合作伙伴的利益分配相关。所以，合作创业一定要做到手续齐全、账目清楚，合作协议签订好，将各方的职责与应分的利益仔细协定下来，不能因为信任对方而不签协议，口头约定会造成以后很多不必要的麻烦。宁可"先小人后君子"，避免以后闹得反目成仇。此外，对于所有账目的进出情况、合作实体的经营状况和损益情况要定期公开，使所有合作人都对此清楚，利益分配严格按照合作协议中的规定来办理。一定要做到"亲兄弟明算账"，合作人私人使用合作实体财物的，一定要及时入账，并在利益分配中予以扣除，以免留下后患。

美国的一位作家曾经说过这样一句名言："能力固然重要，但发现能力的能力更重要。"通过认识其他人的能力优势与劣势，来决定是否与他组建创业团队，这是组建创业团队的一个基本条件，也是社会关系发挥其作用的重要时刻。创业者需要可以对社会网络进行梳理，这就包含了许多方面，比如家庭关系网络、朋友关系网络、同事关系网络、同学关系网络以及其他关系网络等，从中寻找有可能成为创业伙伴的人，然后通过反复的沟通讨论确定最终的人选。因为大多数的创业机会是某一个人发现的，他需要通过上述的过程去说服别人加入团队一起创业。如果创业机会是几个人共同发现的，则他们很自然就会成为创业伙伴，也很容易组建一个比较理想的团队。

2. 团队成员的能力互补

有关学者认为，大多数的创业团队的组建都是因为成员之间有着相同的兴趣或者技术能力，并没有考虑到成员之间的能力是否互补，导致多方面的能力缺乏，例如管理、销售、财务等。再优秀的人也有其不足之处，这就需要其他团队成员共同进行创业团队的互补。

（1）保证团队成员能力互补的方法。保持一个创业团队稳定的重点在于组建技能互补的团队。团队的形成中非常重要的一点就是核心创业者评价其创业战略。首先他需要考虑创业企业发展的方向，是否要成为一个有潜力的百年企业；其次他要评价需要拥有怎样的资源、才能、技能、技巧，明白创业者现在具备的和需要补充的。创业团队作为人力资源的核心存在，"主内"和"主外"的不同的人才，技术和市场这两个方面的人才都需要重视，不能有所偏向。在组织创业团队的过程中，还需要观察个人的性格及其看问题的角度，一般来说，那些能够提出一些建设性和可行性意见，并且能够发现问题的人，通常对于创业有着很大的帮助。

若想组建出一个非常优秀的创业团队，那么在组建时必须要考虑到成员之间能力的互补性，以此来达到团队的平衡，使团队健康、科学而综合地发展。由众多成员组成的创业团队中，各个成员扮演的角色到底是什么，对于团队完成既定任务会有什么样的作用，团队还需要什么样的角色，什么样的人与团队现有成员的个人能力和经验是互补的，这些要提前界定清楚。只有做到这些，才能挑选出优势互补的成员。

（2）团队成员能力互补的意义。有关调查数据显示，创业的企业中成功的概率只有20%，新成立的企业中仅有20%可以生存5年或是更长的时间，在开业的当年就失败告终了的企业占35%，能够生存5年的仅有30%，可以活过10年的只有10%。其中，创业是以合伙形式进行的有60.5%，独自创业的有39.5%，这个数据表明，企业家们更加喜欢合伙创业。我们先不考虑这些数据的精准性，但是这些数据充分表现出了许多问题，例如创业企业由于不够成熟，缺乏管理经验，还需付出更多的努力。最重要的是，要非常注重创业团队的组织设计。所以可以得到这样的一个结论，决定创业成功的一个重要条件就是要组建优势互补的团队。如果团队没有优势互补，那么企业很有可能中途夭折。合伙创业可以分散创业失败的风险；通过团队成员的优势互补能够使企业家驾驭环境不确定性的能力有所提高，进而使新企业经营失败的风险降低；合伙创业具有更加强大的资源整合能力，能够同时从多个融资渠道获取创业所需资金。

（二）创业团队的组建方式与影响

创业团队有很多重组建方式，每种方式各有利弊，不同的组建方式对于公司后续的发展与运作的影响程度也是不同的，具体的组建方式与影响分析如下。

1. 亲友组合

亲友组合形式的团队非常多，占的比率也是不小的，许多创业者最开始的融资都是属于亲情融资，因为这种融资方式实际上是最简单也是最容易的方式，由这些出资方组成一个创业团队。

亲友组合的优势在于在创业初期，因为团队成员之间有着一定的感情基础，对彼此的性格和优势都非常了解，所以能够快速地开展创业的实质进程。但是这种组合形式的劣势体现得也比较明显，就是因为有着感情的掺杂，在很多方面创业者很难做到既客观又理智地决策和管理，否则就会在一定程度上影响他们之间的感情。时间一长，自然就会发生许多矛盾和纠葛，最终有可能会出现亲友之间因为利益而感情破裂的后果。

2. 兴趣组合

通常情况下，如果有人创业成功了，就会召唤一些与自己兴趣相同并且以创业为目标的朋友一起加入到自己的创业团队中来，一起为了共同目标而奋斗和努力。

这种兴趣组合的优势在于在刚刚开始创业时，大家都对金钱方面不大在乎，大家注重的是友谊和志向。这种组合的劣势在于一般在创业成功之后，有的会由于看法和做法的不一致而发生一些矛盾，企业也有可能因此而解体。

3. 同学组合

同学组合的形式最开始可能是为了在学校或是社会上参加创业比赛，随着创业项目的不断推进和深化，大多数创业者就会想一直做下去，最后就决定开始创业并付诸实践了。这样一来，就组建成了由同学构成的创业团队。

这种组合形式的优势在于在创业过程中，每个项目都是大家共同参与打造出来的，大家对于具体的细节和流程都特别了解。当然，成功的一个基本前提就是，每个成员的价值观都要相同，否则就很容易产生重大的分歧，导致创业的失败。

4. 志向组合

志向组合是大家有着共同的目标或是愿景，并且大家愿意为了这个目标而奋斗，不会过分计较个人得失，在创业过程中，通过不断磨合变成一个有坚实基础的创业团队，因此，这样的团队成功率都比较大。

总体来说，志向组合的团队带头人还是比较擅长管理的，对于人心、公司、股份、人才挑选、薪酬分配等方面都设计得比较合理、科学，并且执行力非常强，对于制订的计划和指定的目标都能够如期实现，时间长了以后，就会形成一种互相信任的氛围，这对于创业者有着很高的要求，需要创业者本身有着非常好的人格魅力以及非常强的创业能力。

对于组建创业团队，我们做了很多的研究和分析，并对其常见的误区进行了总结，主要可以概括成四个方面。

（1）自我牺牲。要求团队成员做出牺牲小我来换取大我的企业屡见不鲜，追求趋同，否则会阻碍团队的团结。很明显，这是一个非常错误的观点。尽管协同合作是团队精神的核心，但是盲目追求趋同的结果肯定会使团队成员的创新能力产生阻碍，从而使团队的核心竞争力减弱。对于团队来说，其团队精神的本质在于能够充分发挥所有成员的优势来完成一项工作，而不是倡导他们牺牲自我来完成。团队需要对团队成员进行鼓励，使他们能够充分展现自我，尽力发挥出个体的潜能，这样才会发挥出最强大的能量，才有利于整个创业项目的成功。

（2）团体利益最重要。很多企业都认为集体利益高于一切，这是一个被普遍认可的价值取向，所以人们也做出了这样的一个推论，就是团队的利益高于一切。但是如果一直在团队中强调这个观点，会产生很多不利影响，主要体现在：一是很容易产生许多小团体。事实上对于企业而言，团队利益是局部利益。团队成员如果总是站在维护团队的角度考虑问题，就会打破企业内部固有的利益均衡，导致团队与团队、团队与企业之间的价值目标错位。二是很容易导致忽视和践踏个体的应得利益。如果只是一味地强调团队利益，就会出现"假维护团队利益之名，行损害个体利益之实"的情况。如果长期忽视个体的应得利益，就会使个体的工作积极性大大减弱，从而使整个团队的竞争力和整体利益都降低。

（3）过分追求团队的人情味。很多企业都认为团队的成员之间都是一家人，都是兄弟，所以就出现了这种现象，若某个成员发生了某种错误或是违反了某项规定，领导者出于同情不予以处罚，久而久之，就会使他产生一种无所谓的心态，越来越散漫，经常违反规定，并且这种心态还会影响到其他团队成员，后果也就可想而知了。这种认为严明的团队纪律会影响彼此之间的感情的观点是错误的，这样会导致团队内部缺乏完善的管理制度，即使有完善的管理制度，也只是形同虚设而已。正如"没有规矩，不成方圆"，纪律是非常有必要的，它是成功的保证，只有做到令行禁止，打造出来的创业团队才有可能战无不胜。这不仅是在维护整个团队利益的需要，也是在维护团队成员的根本利益。

（4）团队内无竞争。有些人认为，团队内部不可以有竞争，这种观点是极其错误的。在团队内部引入竞争机制有利于充分调动大家的工作积极性。相反，如果在一个团队内部没有任何竞争，时间长了就会削弱成员的工作热情，工作效率也会越来越低，很多企业都有这种弊端，需要大家更加注意。通过引入竞争机制，对于那些努力奋斗的员工要给予一些奖励，对于那些工作消极懒散的员工要给予一些惩罚，从而打破这种看似平等实则压制的利益格局。只有团队内有竞争，才会充分调动成员的工作积极性和主动性，团队才可以向着更高的目标大步迈进。

三、创业团队意识与精神

对于创业而言，团队意识与精神非常重要，直接影响着创业的成功与否。下面，我们对团队意识与精神做进一步地分析。

（一）团队意识的培养

年轻人刚进入职场时可能会不太适应这个环境，因为职场与学校环境有着很大的差异，学校环境更加单纯，而工作环境中的各种关系都比较复杂，每一件事都可能要考虑到部门的利益和个人的利益，还有可能在背地里暗暗竞争。所以，一定要快速适应环境，转变心态，从多方面快速适应，如谦虚低调、努力工作等，在团队中确立自己应有的位置，找到融入团队的快捷方法。

1. 注意自己的工作态度

第一，要将自己的姿态放低。在学校环境中，有可能你是一个学习成绩优异，参加过比赛并取得很好成绩的学生，但是，从学校迈向职场后就要对自己有着清晰的认识，你就是一个没有任何工作经验的初学者，将原有的骄傲收起来，将姿态放低，尊重每一位工作伙伴，不要对别人的行为进行妄自评价，只要做好自己的工作。

第二，在工作过程中，会出现有些同事对你的不满，这种情况下，一定注意不要和对方产生正面冲突，即使他对你有冷言冷语，不要去在乎这些话，只要安心努力地做好自己的工作，通过优异的工作成果来打碎同事的闲言碎语，做到"无招胜有招"，记住"小不忍则乱大谋"。

第三，主动与团队融合在一起，成为团队中真正意义上的一员。热爱整个团队，与同事真诚相待，在新团队中快速找到新朋友多沟通，这样一来逐渐就会被整个团队认可。

2. 学会如何融入一个团队

团队之所以这么重要，就是因为个人的工作经验和工作能力是有限的，如果想要完成一个目标，融入一个优秀的团队会加快成功的脚步，获得更好的发展。那么如何融入一个团队呢？

第一，保持最清醒的工作态度，其实指的就是将工作看作团队的工作，这样的工作态度有很多优点，比如可以使自己的心理压力减少，不需要将所有压力到放在自己身上；可以更加专注于发挥自己的优势所在，并随时采取最有效的方法来完成工作；可以调节与其他同事的关系，从而求得稳妥的平衡心态；还可以使工作变得更加简单。

第二，培养乐观开朗的性格。如果你的性格非常活泼开朗，那么每天都会生活在一个快乐的氛围中，充满了正能量，其他团队成员也会被你的这种魅力所感染，愿意主动接近你。相反，如果你的性格非常孤僻，那么不仅会经常遭到非议，而且还容易受到他人的排挤。所以，要想快速地融入一个团队，那就要积极主动，用你的热情来对待所有团队成员。当然，如果性格属于比较慢热的类型，也不要着急，可以从现在开始，先学会用微笑去面对每个团队成员，对于工作中的小失误也采取乐观和开朗的态度对待。

第三，学会赞赏同事。赞赏是认同的一种表现形式，它会增进同伴之间的关系。想要融入一个团队，要善于发现他人的优点，而不是用挑剔的眼光去看待他人，总是觉得别人不如自己。每一个人都有优点和缺点，也有着不同的性格，所以不能主观地对同伴进行批评。我们要拥有一颗包容的心和宽广的胸怀，学会真诚地赞赏同伴，这种赞赏并不是阿谀奉承，而是发自内心的欣赏和认同。不管赞赏的事情是大还是小，都会营造出一种非常和谐的团结氛围，团队的力量会越来越强大。

第四，公平竞争。在职场中会有晋升和加薪等关键性问题，这时要积极争取，不能妄自菲薄，觉得自己没有与同事竞争的优势而主动放弃竞争的权利，应该做到公平、公正，抛开那些杂念，不在暗地里做手脚。在面对能力高于自己的竞争对手时，也不必胆怯，调整好自己的心态，用平常心来面对挑战，面对能力低于自己的竞争对手时，也不能骄傲自负。特别需要注意的一点是，如果与同事出现观点不一致的情况，不能争吵，争吵是没有办法解决问题的，要用平和的心态来讨论，学会用无可辩驳的事实和镇定自若的态度来表达出自己的看法。

第五，学会融入团队的感情。一个团结的队伍，首先就要有享受团队的愿望和勇气，并且愿意为此付出自己的努力。团结最简单的表现就是大家齐心协力地去共同完成一件事情。以龙舟比赛为例，队员们的行动要有一个统一的节奏，这是省时省力的方法，如果再加上自己的技能，就会事半功倍。当龙舟冲出终点线的时候，所有的队员都会为此而欢呼鼓掌，甚至落下激动的眼泪，这是因为在划船过程中大家一起努力，承受了压力，当获得胜利时，他们彼此要表现出惺惺相惜的情感。最好的团结就是能够分享一个团队的喜悦，这样才会发现自己所做的工作是多么的有趣。

3. 积极争取被认可

相信很多刚刚进入职场的大学生都有这样的一个困惑，就是怎样才能被同事和领导认可，怎样才可以从一个职场的新人变成一个职场的红人，怎样才能快速地融入团队等问题。针对这种比较普遍的现象，我们总结归纳了以下几种方法来争取被认可。

第一，要懂得遵守企业的各种规章制度，这是一个员工最基本的职业道德。毕业生在进入职场后，应该先对员工守则进行学习和熟悉，深入了解企业背景和文化。这将有利于之后在制度规范的范围内合理行使自己的职责，从而将自己的才能充分发挥出来。

第二，要保持稳定的情绪和心态。在工作过程中，不能抱着一种"天上掉馅饼"的幻想，不劳而获的思想是绝对不可取的。既来之，则安之，一定要保持一个稳定的心态，踏实工作。如果做事情总是朝三暮四，不上心的样子，对于企业来说这样的员工是会带来消极影响的，久而久之，结果可想而知不会乐观。

第三，在上班时间不做与工作无关的事情。现在有很多新人在上班期间都比较散漫，做着自己的私事，而领导一旦对他们缺乏管理，他们在工作中便愈发随心所欲了。他们有一种这样的想法，就是既然已经确定了岗位，那就没有什么担心的了，在完成工作后总是会做些私事，事实上，这种行为在以后的个人发展上会成为进步的绊脚石，必须引起高度重视。

第四，尽量为团队考虑。大到一个项目，小到复印资料，能省则省，尽量为团队考虑，是一个好员工应该做到的。在保证可以很好地完成本职工作的前提下，要记住高效节能的原则，为公司节省不必要的开销。

第五，学会与同事和谐相处。企业的主体就是人，工作期间一定会有需要与同事进行沟通的事情，所以怎样处理好与同事的关系就显得非常重要。如果想要在自己的岗位上脱颖而出，也离不开同事的帮助。对待企业的前辈要抱有尊敬的态度，不能有一丝的怠慢，保证不与其他同事说某人的坏话，与同事和谐共处。

第六，有合理的目标规划。有些毕业生刚毕业时会好高骛远，眼高手低，总是想着自己工资太少，就提出各种不合理的要求。当看到朋友的薪资待遇很高时就会产生一种不平衡的心理，有的甚至干脆以辞职相要挟，这些做法都是非常不可取的。建议是刚毕业的大学生可以制订一个合理的长远目标，一步一步努力向目标前进。

（二）团队精神的培养

所谓团队精神，就是团队成员对于团队感到满意和认可，主动以组织的目标和利益为重，在自己的工作中各尽其责，愿意积极主动地和其他成员合作，一起努力奋斗的想法和作风。整个团队拥有的团队精神非常重要。其实质是组织成员与组织共同的价值观，是组织成员对客观事物总的看法和观点。

团队精神的核心是团结协作、优势互补。它注重合作与团结，更加注重团队成员对工作的沟通，利用个性和能力差异，在团队合作中实现优势互补。那么如何对团队精神进行培养呢？

1. 学会高效沟通，培养敬业精神

人际交往能力是任何工作单位都非常看重的能力，现代社会中，合作和协调是任何一个公司、单位在完成一项工作中所不可或缺的，任何一项工作都无法在孤立的状态下完成。对于一个集体或者一个团队来说，人际关系良好就等于和谐、理念、团结和事业的发展。学会高效沟通非常重要。"行胜于言"是指多做少说，但是在当今社会，清楚地表达出自己的建议、想法，并使他人理解、采纳是非常有必要的，因此，一定要学会如何高效沟通，多说多练。

表达被誉为"敲开企业大门的第一块砖"。据相关调查显示，在就业困难的诸种要素中，性格内向、不善于表达是极其关键的要素之一，如向

招聘单位递交简历，展示出的是自己的文字表达能力；去招聘单位面试，体现的是自己的口头表达能力。某企业的高层管理曾经很直白地说，企业招进的每一名员工都是公司形象的代表，在实际工作中表达能力不容忽视。如果不善于表达，人际关系必定受到影响，进而自己的其他能力也将受到影响。

培养自己的敬业精神也是很重要的，因为有了敬业精神，才会把团队的事情当作自己的事情，这样做起来会更加认真负责；有了责任心，才能进一步发挥自己的智慧。个人的命运与他所在的团队的关系密切，平时应该积极参与集体活动，努力完成自己的工作，养成敬业的好习惯。

2. 积极参加集体活动，增强团队合作能力

众所周知，大学生综合素质的提高与校园中举办的集体活动是分不开的，校园文化活动、社团活动和社会实践都与大学生的校园生活有着十分紧密的联系。例如一些球类比赛、辩论赛、群体性文艺活动和暑期社会实践等活动，参与的团队中那些善于协作、组织协调性强、分工明确的团队一般是最后的胜出者。因此，大学生要积极踊跃地参与这种集体活动，增强团队合作能力。

3. 培养求同存异素质，增强团队精神

每个人都有优点和缺点，身处一个团队中时，要在平时的相处中发现对方的优点，而不是一味地挑剔对方的缺点，挑起不必要的事端。所以，要有一颗包容和宽广的心，培养自己求同存异的个人素质，这也会影响团队精神。这就需要同学们在日常生活中，培养与人平和相处的心态，并且在生活中灵活运用。

团队精神与张扬的个性从来都不冲突，但是个性要与团队的行动步调保持一致，有整体意识和全局观念。团队成员之间要主动互相帮助和配合，共同努力奋斗，向着共同目标前进。

事实上，团队精神象征着组织成员的态度，这还是一种对于个人和组织之间、个人对组织成员之间的关系、真善美、团队事务与工作的根本态度，这种态度和组织的要求是一致的。团队精神是一种稳固、持久、积极的群体心理，是综合成员的信仰、意向、意志、情感和品质后形成的新的特殊的感情。

四、创业团队的社会责任和社会道德

创业团队属于社会的组成部分，那么就需要承担一定的社会责任。事实上，创业企业在社会经济的发展过程中做出了较大的贡献，是经济持续发展的活力源泉，对地区经济的发展和稳定都产生了积极的影响。创业企业从创立到经营，如果想要持续地发展，就要努力发展壮大追求经营企业的利润最大化，一定要保证遵纪守法、诚实经营，同时要承担相应的社会责任、社会道德。

（一）创业企业的社会责任

1. 企业社会责任的含义与起源

企业社会责任的含义是企业在追求利益最大化时，对于社会应该承担的责任或者应该尽到的义务，最终使得企业的可持续发展得以实现。企业社会责任主要表现为以下几点：在经营过程中，尤其是在做决策时，不仅要考虑投资人的利益和企业本身的利益，还要适当考虑与企业行为有着紧密联系的国家、股东、员工、供应商、消费者等利益群体及社会的利益；不仅要考虑其行为对自身的利弊，还要考虑对他人是否有不利的影响，如是否会造成资源浪费或环境污染等一系列损害他人的行为。企业若想发展得越来越好，规模越来越大，就要承担起社会责任。企业发展规模越大，就意味着更多人的就业问题可以得到解决，更多人的生活也会因此而得到改善。

企业社会责任的概念最早是在欧洲提出的。以前的企业以利润最大化为追求目标，只要不违法都可以合理追求利益。当时，美国有位经济学家指出，企业为整个社会谋求最大利益就体现在不采用欺骗或者舞弊的手段实现企业的收益目标。这种企业经营目标虽然在某种程度上对社会经济的发展起到了促进作用，但是从另一个角度看，也带来了社会问题如环境污染、贫富两极化等，这样就对社会生活以及经济的发展带来了消极影响。因此，西方国家政府和社会公众对于该经济学家的观点越来越赞同，对于企业履行社会责任的问题越来越重视，要求企业在追求利润最大化的同时，也要对企业雇员、社会公众、消费者和国家的利益进行一定的照顾，并保护环境、减少污染，将社会目标与企业的经营目标进行统一，使得企业可以可持续发展。从本质上来讲，企业社会责任是一种企业本身对于社会所承担的义务，也是一个企业组织向前发展的必然结果。

我国《公司法》中第 5 条是这样规定的："公司从事经营活动，必须遵守法律、行政法规，遵守社会公德、商业道德，诚实守信，接受政府和社会公众的监督，承担社会责任。"这里提及的"社会责任"的含义主要是对规范企业内部治理和外部经营提供法理依据和立法要求、引领全社会共同承担社会责任。

因此，要求首要任务为追求社会整体长远利益和平衡协调各种利益关系，促进各类主体与国家之间以及相互之间的合作。在对社会共同负责的基础上，处理好权利、义务和责任之间的关系，将这三者与利益进行有机统一。

事实上，企业利益与社会利益的关系非常紧密，可以这样说，企业利益与社会利益是一对兄弟，不能将二者分割开来。企业在履行社会责任时，清楚地认识到自身与社会是双重影响的，所以，这对企业采取的行为也有着很大程度的影响。

大学生在创业过程中，要不断完善和强化内部管理，自觉对正常的市场交易秩序进行遵守和维护，对消费者拥有的正当权益进行保护，并且保障雇员应该有的劳动福利，承担起社会责任。当创业企业生产经营对消费者和环境等产生不利影响时，不能够选择逃避，一定要勇敢地去承担责任，积极地对那些由自身运行所引起的不良的社会影响进行纠正。

2. 企业社会责任的类型和作用

站在不同的角度对于企业社会责任进行分类，首先是从法律角度来看，可以将企业社会责任分为两种类型：一类是法定企业社会责任，是指国家有关法律、法规及相关法律性条文规定企业必须承担的社会义务；另一类是非法定企业社会责任，指的是不在国家法律法规之内的社会责任，换句话说就是企业愿意自主承担的社会义务。再者从范围来看，可以将企业社会责任分为两类：一类是企业内层社会责任，是指企业对企业内部的投资者、雇员、客户、当地社区所应承担的社会责任；另一类企业外层社会责任，是指企业对政府、国内机构、社会团体、媒体、贸易机构、竞争者所应该承担的社会责任。

企业社会责任的意义所在体现在多个方面，这些创业企业从社会中赚取利润，吸取营养，就应该承担起社会责任、尊重与推动社会法治与社会政策的重大责任，对社会的问题高度重视。对于创业企业的社会责任的强化在于能够主动地承担责任。通过主动承担社会责任，可以使企业赢得广泛的认可，这为企业以后的发展具有重要的意义，可以为其开拓更加广阔的前景，使企业的竞争力有所提高，进而逐渐走向可持续发展的道路。创业企业承担社会责任的意义具体表现为以下几个方面。

第一，可以提高创业企业的口碑、声誉和诚信度，对于树立品牌形象有着积极的引导作用，这些对于企业来说都是非常重要的，因为在很大程度上关系到企业的未来发展。还可以促进销售与提高客户依赖度。企业要从客户那里盈利，客户会因为该企业承担社会责任而产生信任，从而建立长期的互利互惠的关系。

第二，可以促进发展与利益相关者的公共关系，可以对公共关系危机有着预防作用，避免出现诚信受损的现象。

第三，可以提高企业的工作效率，提高创业团队的工作积极性，加强其向心力与凝聚力，还可以降低生产经营成本和筹资成本，提高盈利水平，推动创业企业长远利益的最大化。随着企业越来越被社会认可，企业的合作伙伴会越来越多，消费者也更愿意购买其产品，从而形成了一个良性循环，促进企业的发展。

3. 创业企业履行社会责任的措施

社会是企业的利益来源，创业企业要融入社会群体之中才能获得利益。大学生在创业过程中享受社会赋予的自由和机会的同时，也要回报社会，使企业可以更快更强地实现一个个目标，进而持续的发展。对于大学生创业企业如何履行社会责任的问题，归纳出以下两方面的措施。

（1）心态要积极。大学生在刚创立企业时就要把承担社会责任主动纳入到企业发展的中长期目标，保持积极的心态去参与社会公益活动，在消费者和政府群体中树立比较良好的企业形象。在企业经营的过程中，不仅要注重自身的发展利益，而且还要注重相关利害关系人和全社会的综合利益。

（2）以现有能力作为基础。每个创业企业的产生和特点都有所差异，背景的差异使得不同的创业企业承担的社会责任不同。所以，对于不同的创业企业来说，并没有一个固定的标准去规定它必须完成什么样的社会责任。承担社会责任在某一层面上就要支付"责任成本"，新成立的企业必须有能力自行消化这些成本，而不能全部转嫁给消费者、股东和雇员。例如，成立工厂可以增加就业岗位，拉动经济增长，但是同时会对环境有着非常不利的影响，增加环境污染，这样就有一个矛盾产生了，这座工厂给社会所带来的影响到底是积极的还是消极的呢？这个问题需要人们仔细思考。企业要为公司的盈利以及股东分红最大化不断努力，需要采取具有社会责任感的一些行为，在追求长远利益时要采取符合职业道德的措施。因此，成功的企业懂得在履行社会责任方面要尽力而为，对利润和责任、公平与效益间的关系进行合理地协调，进而达到可持续发展的经济目标。

企业要承担利益相关者的社会责任，我们对其做出了总结，主要归纳为以下六个方面。

（1）对社会的责任：积极向国家缴纳税款，扩大自身发展的规模，出现更多的就业机会，使更多人的就业得到了保障；为所在地区的环境保护事业和建设提供人力、财力和物力，与自然环境和谐共处；重视保护环境，强化对于环境的治理措施，迈向可持续发展，尽可能地回报社会，赢得社会的认同，使企业更好地发展。

（2）对环境的责任：要认真遵守国家有关环境保护的立法和规定，做到节能减排，杜绝对环境的污染，开发绿色产品，发展低碳经济，同时也可提高核心竞争力。

（3）对投资者的责任：企业需要保障投资者对于企业管理经营的权力和股权收入。

（4）对顾客的责任：保障顾客的权力，为顾客提供质量合格的产品；加强售后服务，给予技术指导；尽最大努力保护顾客信息，使顾客拥有自主选择的权利，与其建立长期合作关系。

（5）对员工的责任：建立明朗的劳资关系，关注员工的健康与安全，给员工提供社会福利保障，鼓励员工的工作积极性，在最大程度上增强员工的归属感、认同感及向心力、凝聚力，使员工感受到公司给予的温暖与关怀。

（6）对竞争对手的责任：企业之间要用合理的手段进行竞争，保证公平、公正。

美国一位企业家这样认为：企业家能够并且也应该成为社会发展的一环，这是社会整体的一部分，它对整体社会应有一层权利与责任的关系。换句话说，创业企业应该建立在创业者的社会责任观念上而不要建立在创业者的权利观念上。创业企业若是被动地承担社会责任，那么不如主动地去承担社会责任，实际上，在某种程度上来说，解除了企业发展中的限制条件，使经营和决策变得更为灵活。如果一个刚成立的企业主动承担对社会的责任，那么就会赢得社会的普遍认可，有利于未来发展。

（二）创业企业的社会道德

创业企业的社会道德体现在产品质量的保证与回馈社会。下面主要对这两者展开具体的分析。

首先是对产品质量的保证。毫无疑问，只有制造出来的产品具有高品质的企业，才能够树立起好的品牌形象，这样才能够实现可持续发展。当然，这属于企业不可推卸的社会责任。任何只追求利益而做出的有损于社会公德的产品，都是企业不负责任的表现，都应该被抵制，例如三鹿奶粉等质量恶劣、严重危害人体健康的产品制造商，都逃不过法律应有的制裁，这是创业团队社会责任的一个底线。

再者，企业除了重视自身的利益和发展之外，还应该关心企业所处的社会环境，回馈社会，捐献出自己的爱心。就捐赠慈善扶贫而言，企业本着回报社会的原则，为弱势群体和社会公益做出自己力所能及的贡献，从社会上讲，不管企业捐赠的多少，都是一份爱心，都会基于尊重与感恩。

第二节　大学生创新能力培养

虽然创业与创新密切相关，有着密不可分的内在联系，但创新并不等同于创业，创业也不等于创新。从一定意义上讲，创业的本质就是对现实的超越，就是一种创新，它的核心在于超越既有资源限制而对机会的追求。

在自主创业的过程中，创新就是一个不断挑战自我的过程，它是创业的源泉和内在动力。因此，作为自主创业者，就必须在创业过程中保持旺盛的创新精神和创新能力，才能不断接受挑战，寻求突破，不断推陈出新，使自己的产品或服务更好地满足人们求新求变的个性化需求，最终获得创业成功。

大家都比较熟悉创新这个词，概括地说，创新就是一种不断突破旧事物、创造新事物的过程；具体地说，创新就是基于一种新的思想和方法对原有事物进行改造或在这种思想方法指导下进行的创造性活动。创业的开创性特征是创新能力成为创业者立业的基础。大学生创业者要善于探索，不断创造出新的事物，使自己的企业更有竞争力。

一、创新态度的培养

创新性人才必须具备的要素之一就是进步的创新态度和信念，这种创新态度是对人类文明进步的一种信念，有着为之做出贡献和牺牲的使命感，主要表现为敢于提出与别人不同的观点，喜欢尝试新方法、新手段，勇于探索新道路。

对于大学生来说，创新态度和信念转化为内在动机，就会成为一个人不断取得创新性成就的巨大驱动力，能够促使他在创业成功的道路上越走越远，不断前进。

（一）坚定的创新信念

进行创新性活动一定要具备对创新工作具有巨大激励作用的信念支撑，这样才可以为创新性活动提供源源不断的动力支持。因为信念的力量是无穷无尽，源源不断的，所以，当创业者在创新工作上受到挫折时，坚定的创新信念能够激发自身的斗志和战胜困难的信心，从而调动自身的创造潜力。

通常来说，几种很有代表性的信念包括："有志者事竟成""天道酬勤""前途是光明的，道路是曲折的""困难是暂时的，是可以克服的""办法总比困难多"等。

就大学生而言，如果他拥有自信，那么他就成功了一半。信心是创新的不竭动力，拥有自信的人会有一种创新的热情和欲望，自信并不是妄自尊大，也不是刚愎自用，妄自菲薄与妄自尊大都不可能成为创新人才，自信是建立在客观、准确认识自我的基础上的，是对自身能力的相信。

（二）独立的创新态度

创新强调的是独创性，而不是模仿、雷同。因此，要培养创新意识，就要注重培养独立意识。所以说，创新还是一种对现实的超越，基于这些，自主意识的培养就显得更加重要。

在美国最常听到的一句口头禅就是"没有做不出的东西，只有想不出来的东西"。美国教育家杜威曾说："科学的每一项巨大成就，都是以人的幻想为出发点的"。就像瓦特发明蒸汽机一样，更快、更好、更强是创新的原动力。

由此可见，创造力并不神秘，不是遥不可及的，很多创新的成果其实都出自一种好奇或者最初一个非常简单的想法。因此，敢想是发挥自己创新潜能的先决条件。创新就是要敢于打破常规，把不可能变成可能，如果故步自封，遇到难题就认为不可逾越，就很难有信心和勇气走向创新成功的彼岸。

实际上，在很多时候，我们考虑问题有一种思维定式，首先会想到一些局限性，当然这并不是说不能考虑，考虑到这些局限性有可能会解决问题，但是仍然存在一些不能很好解决的问题，关键是我们首先要敢于想象，想象如何能突破某些局限性，敢于提出新观念、新方案。世界上几乎每一个杰出的成就，都是从敢于想象开始的。

（三）坚持不懈的决心

牛顿的"万有引力""牛顿三定律"和爱迪生试用三千多种材料发明电灯等事实告诉我们：坚持不懈、持之以恒是成功之道。对于任何一位成功者，我们可以发现，他们的共同特点都是把理想和信念紧密地融合在一起。"行百里者半九十"，做事越接近成功越困难，越要认真对待，做事要善始善终，方能成功。

美国的科学家吉耶曼曾经领导一个科研小组进行下丘脑激素研究，花了 14 年的时间，仍然没有找到这种难以捉摸的激素。有些老科学家甚至断言，这项研究将以失败告终。但吉耶曼并没有因此而灰心气馁，他以超乎常人的毅力承受着无数次的失败，舍命扑在科学研究上。前后共 35 年的时间，他解剖了 27 万只羊脑才终于提取出微乎其微的 1 毫克促甲状腺释放因子的样品。1977 年，吉耶曼终于因为这个成果而荣获了诺贝尔医学和生理学奖。

（四）直面困难的勇气

创新是走在前人从来没有走过的路上，在这一过程中难免会遇到一些困难，遭受一些挫折。对于大学生来说，如果想要创新，那么在实践过程中就要具备风险意识与冒险精神，拥有敢于克服困难的精神以及百折不挠的决心。例如，意大利文艺复兴时期伟大的科学家布鲁诺，勇敢地捍卫和发展了哥白尼的太阳中心说，面对火刑，毫不退缩，用生命捍卫了真理。

当代大学生的头脑是比较聪明和灵活的，但是存在一个问题就是依赖性太强。他们虽然是有抱负和理想的人，但是并没有充分准备好，创业的心理准备不充足，尤其是抗打击能力方面还是太弱，意志力也比较弱，缺乏开拓进取的意识。创新是一项非常艰苦的工作，是一条充满艰辛、坎坷的崎岖之路，期间会遇到各种苦难和挫折，所以一定要有充足的心理准备去迎接这样的困难，强化自身的抗打击能力，并且正确对待这些挫折，不能够半途而废，要坚持不懈，有始有终。

实践证明，大多数创业的大学生在创业过程中如果遇到了困难和挫折，总是会情绪变得低落，没有办法走出来，从此之后一蹶不振，严重的还会发生心理扭曲，走上歧途。因此，大学生在创业过程中，要慢慢地树立信心，培养自立自强和百折不挠的精神，面对人生路上的各种困难和挫折将其视为人生的洗礼。要记住孟子的一段话："天将降大任于斯人也，必先苦其心志，劳其筋骨，饿其体肤，空乏其身。"

二、创新性抱负的培养

（一）树立创新抱负

人是要有一点精神的，这里所谓的精神，就是远大的理想和志向。一个人如果没有远大的志向，就会在工作中停滞不前，无法进步，即使有所成就、有所创新，也会就此满足。只有那些具备远大理想、不断追求成长的人，才能不断开拓，不断进取，创造非凡的成功。

纵观古今中外，只要是大有作为的人，都是志向高远、有大抱负的人。虽然在芸芸众生中，最终有大作为、名留青史的是少数人，但是，如果没有一大群人与他们意气相投、共同奋斗，这些人也是难有大作为的。所以，不管是个人发展，还是社会进步，都需要从小树立远大的理想。

（二）培养创新自觉

一般来讲，创新自觉指的是创新人才充分认识到自身的创新活动对国家、对社会、对个人的意义和责任，从而自觉地加入到创新队伍的行列，开展创新活动的一种动力。古今中外，大量事实让我们明白，那些对人类做出卓越贡献的、在事业上取得了一定的成就的人，都是在年轻的时候就立志要实现目标并为之努力奋斗、坚持到底的人。

目前，我国大学生比较缺乏创新观念和创新欲望，而且没有创新的毅力。在我国的各大高校中，有的大学生是在思想上能够意识到毅力在创新活动中的重要程度，但是在实践工作过程当中，他们还是会虎头蛇尾，见异思迁。大学生普遍都存在这样一个问题，就是缺少创新兴趣，抑或兴趣总是随着环境、时间、心情不断变化，缺少深度与广度。产生这些现象的原因，归根结底是社会责任感有所缺失。

对于大学生而言，要清楚地认识到，个人的成功离不开社会和国家，必须要发挥出主观能动性，积极地去思考，主动自觉地去想克服困难的方法。同时还要理智地处理个人与团队和国家的利益关系，努力去完成自己的学习和工作任务，充分利用自己的聪明才智，自觉寻找自我价值与社会价值的结合点，发挥出敬业奉献的精神，承担社会责任，从而为社会做出贡献，这样就会得到社会的肯定。

（三）明确发展目标

发展目标是由人的社会性来决定的，人一旦具有了独立意识，自然就会萌发出人生发展目标的思想。对于发展目标，一般是从两方面来考虑的。

第一，在心理学角度上来看，发展目标属于心理期待的范畴。第二，从社会学的角度上看，发展目标属于理想的范畴。通常来讲，人的发展目标包括有不同的类型，例如远期目标、中期目标和近期目标等。所有伟大的事业都开始于伟大目标的确立，都开始于矢志不渝的执着追求，都开始于通权达变的创新性思维，都开始于大小之处敢于不同的信念。

所以，对于大学生而言，一定要树立一个长远的明确目标，并为之努力奋斗。在努力的过程中，还要不断检查、修正自己的目标，思考实现的可能性，如果切实可行再具体确立阶段目标。在人生的旅途中，如果能够尽早认清自己的发展方向，并通过有效的途径不断地为了这个目标全力以赴，最终才能有所成就，才可能真正实现自己的人生价值。

三、创新思维的训练方法

在日常的学习、工作生活中，做任何一件事时总是存在"思"和"做"两个不同环节，也就是要经历"先想后做"的逻辑联系。在激烈竞争的现代社会，从个人发展的角度来说，思路决定出路，要想成为创新型人才、产生创新性成果就必须具有创新思维。

（一）创新思维的特征

根据对创新思维的大量研究，总结归纳出创新思维具备的以下几种特征。

1. 求异性

创新思维作为一种重要的思维形式，在创新过程中，不管是对问题的思考方式方法，还是思维活动过程与结果，创新从本质上来说应该是一种积极的求异性，这与其他常规的思维活动形式是不同的，创新体现除了一种与众不同的创新意义。求异性是指对于常见的现象和已有的权威性理论保持着一种分析的、怀疑的、批判的态度，与思维的创造性、灵感性、灵活性、多维性和综合性等特征密不可分。与传统思维活动相比，总会表现出一些与众不同的新颖之处。

可以这样说，积极的求异思维，从不盲从和轻信，不仅要从不同的角度揭示客观事物的本质及内在联系，而且要在此基础上用新的方式来对待和思考问题，产生新颖的、具有一定社会价值的思维成果。通常来说，思维方式的求异性，主要有这几个特征：对选题的标新立异；对于方法的另辟蹊径；对异常的敏感性；对思维的独立性。

正因为如此，有人把创新性思维称为求异思维。当然，这种求异是建立在实事求是的科学态度之上的，并不是单纯地为求异而求异。

2. 敏锐观察力

观察是人一生知识积累的一种最重要的途径和方法，它是人的一生中获得知识的重要能力，对于大学生来说更加重要。观察力的高低影响人一生知识积累的能力和学习的能力。在心理学中，一般是把观察定义为有目的、有计划、比较持久的知觉。正确理解知觉，可以看出，它是大脑对直接作用于感觉器官的事物整体的反映，而观察力正是利用感官感知客观事物而获得认知的能力，是非常重要的智力因素之一。

通常来讲，客观事物的特征，不仅包括明显的特征，还包括那些不明显的特征。观察力比较强的人，除了可以观察到那些明显外露的特征之外，还可以观察到那些在外部不表现或者表现不明显的特征，也是平常人不会去注意到的那些特征。一个人的观察能力的高低以及观察的效果，会受到诸多因素的影响，观察的目的性和计划性是其中最重要的因素。同时，观察的效果也与智力因素、知识和经验的积累等因素相关。

（1）观察的目的性。这是指确定进行观察的指导因素，进行观察时要明白为什么要开展这个观察，这样观察才能围绕核心，层层展开，层层深入。

（2）观察的计划性。这是围绕观察目的而展开观察行为时的操作过程，计划是紧紧地围绕目的制订的。

（3）智力因素。智力因素是观察力的主要影响因素，对于观察起着主导作用。观察是人进行的观察，所观察到的结果必须经过大脑的思考过程，与观察的目的进行过滤取舍，并做出判断。作为大学生，我们有很多专业实验和研究都需要进行观察。有明确的观察目标，制订详细的观察计划，是我们进行成功观察的保证。所以，在学习的过程中，大学生要努力提高自己的观察力水平，对有效地学习获得知识和今后事业的成功有很大的作用。培养敏锐的观察力可以从以下几方面入手。

1）培养观察的兴趣和习惯。做任何事情都有一个同样的规律，那就是兴趣是最好的老师，如果一个人对周围的环境关心注意，就会在日常的生活中细致地观察周围的点点滴滴，在周围事物的点点滴滴中扩大想象和思维的空间，进一步做出联想或者推论，久而久之，就养成了观察习惯和兴趣，积累观察经验。

2）善于探索事物本质。在观察过程中，要通过表面现象寻找本质特征，推测形成这种特征的原因，并寻找机会验证自己判断是否科学正确，这是锻炼观察和判断综合能力的一种好方法。

3）观察具有条理、深度。在观察过程中，要多进行专业观察这是大学学习的重要内容，同时这也是一种提高个人观察力的重要途径。尤其是对于观察的实验，必须认真对待。

4）善于分析和比较。观察事物时，要注意事物之间的细微差别以及共同特征，这样就会使观察具有一定深度，以此来提高观察的敏锐性、精确性、整体性、持久性。

3. 丰富想象力

一个人创新思维的高低与想象力是否丰富有着直接的关系，这种能力是当前创新型时代的基本要求，想象力是一种非常宝贵的品质，是发明、创造的源泉。美国肯尼迪宇航中心的大门上，就刻着这样一句话："只要我们能梦想的，我们就能够实现。"由此可见，想象力对于人类进步的重要性是非常高的。

在当今社会，都说创业难，尤其是刚毕业的大学生。抛开个人能力的大小和机会的多少，只说一个人如果想要获得成功，那么就必须具有丰富的想象力。

4. 完整的知识结构

（1）核心层次性。这里的核心层次性是指将有利于实现目标的知识放在主要的核心位置上，与此同时，将所有与之相关的知识整理在整个的结构当中，这样就构成了合理的知识结构。

创业者不仅要具备专业特长，而且还要尽量多地去接触相关领域的知识，充实到自己的知识库中，逐渐地就会形成一种广博性与精深性相结合的知识结构。

（2）整体相关性。我们在搭建知识结构的过程中，整体性就是指整个系统的总体功能大于其各部分功能的总和；相关性则是指整个系统的不同部分应该是相互适应的。

对于一个人而言，掌握了很多的知识，并且可以将这些知识融会贯通，那么就不仅仅是已经掌握的这几种知识，而且还比较容易从已有的这些知识中产生新的知识。若知识元素中包括数量的优势，但是互相没有协调和配合，那么就难以产生知识应有的整体优势。一般来讲，在科学技术上有比较大的贡献的人，通常他们的知识结构都会带有综合化和整体相关性的特征表现。

（3）动态调整性。

1）宝塔形。宝塔形知识结构是由基础知识、专业基础知识、专业知识构成，它强调的是基础知识要雄厚，由下而上一层比一层狭窄，基础越宽厚，越有发展，即"塔尖"越高。可以这样说，这种结构相对应的大学课程结构包括：公共课程、基础课程、专业基础课程，专业技能课程。

2）工字形。工字形知识结构是由基础知识、专业知识和跨学科的横向知识构成，除强调宽厚的基础之外，重视跨学科的横向知识。这种知识结构与之相对应的大学课程结构包括：公共基础课程、专业基础课程、专业课程、跨学科课程。

虽然每个专业开设的课程相同，同样的教师和学习环境，但是由于大学生各有其个性特点，他们在性格、气质、爱好、特长等方面存在的差异，在学习上的努力程度和方式方法也各有不同，因此，会使得最终的知识结构各具特色。

5. 灵感与直觉

在我们的学习、生活以及科学研究中，激发灵感都起着极其重要的作用。所谓灵感，就是指人们在思考某个问题百思不得其解时，由于受到某种外来信息的刺激或诱导，忽然之间就想出了解决问题的思维过程，因此，也称作顿悟。在创新过程中，创造者对于某一个既定目标久久不能实现时，偶然间突然受到某种启示就茅塞顿开，找到解决关键性问题的新思路，最后实现既定目标的这种思维称之为灵感。

历史上很多科学家取得创新成果并不都是运用了逻辑思维的结果，而是得益于灵感。著名物理学家爱因斯坦就曾指出，科学创造首先是灵感，而不是逻辑。通常来讲，灵感具有五个典型特征：跳跃性、变通性、瞬时性、创新性、模糊性。

对于大学生来说，若想在学习过程中激发自己的灵感，那么就可以从这几点入手进行培养：长期积淀的知识和创新思维能力，对一个问题进行的长时间集中思考，外部信息的刺激来激发灵感、学会在多元化的思路中迅速捕捉灵感，借助某些创新、创意启发，获取不期而至的灵气。通过这几种方法，大学生就能够激发自己的灵感与直觉，最终形成创新思维。

（二）创新思维方式

实际上，创新思维并不是遥不可及的，任何一个人都具备创新思维，对于大学生来说，树立创新思维的重点就在于善于运用各种不同的思维方式具体地进行创新性的思维。不是只有天才才可以创新，普通人也是可以的。创新在于找寻出解决问题的新方法，任何事情的成功都可以找出将事情完成得更加好的方法。创新性思维的重要诀窍就在于多角度、多侧面、多方向地看待和处理事物、问题。这体现在创新思维的四大方式。

1. 逆向思维方式

逆向思维方式属于创造性思维，也称为反向思维方式。它注重从事物的反面或对立面来思考问题，突破思维定式。逆向思维则需要突破这种习惯性思路或思维定式。当大家都朝着一个固定的思维方向思考问题时，一个人能够朝相反的方向进行思索，能够敢于"反其道而思之"，从而树立新思想，创立新形象，这样的思维方式就是逆向思维。

此外，在实际的创新过程中，对于一些问题，特别是针对一些特殊问题，从结论往回推，反向来思考，从求解回到已知条件，反过去想或许会使问题简单化，使解决它变得轻而易举，甚至因此而有所发现，创造出惊天动地的奇迹来。

2. 侧向思维方式

在创新的过程中，如果正面的道路走不通，或从正面突破难度很大，一时之间很难取得进展时，就有必要考虑采用侧向思维方法了。侧向思维往往通过换一种方式，绕过障碍达到解决问题的目的。

不管是在自然界，还是在人类社会中，事物都是非常复杂的，所以，人们在研究和解决问题时，由于各种原因，思维并不能一帆风顺地到达目标，所以，我们可以适度地采取"他山之石，可以攻玉"的思维方式，并通过这样的思维方式克服种种困难。

侧向思维方式，也称为旁通思维方式，通常是沿着正向思维旁侧开拓出新思路解决问题的一种创造性思维，也就是在思维不顺畅时，或者不能带到预定的目标时，人们就会换一个角度去思考问题，不从正面出发，另辟蹊径，这样往往会解决问题，从而达到原定目标的思维方法。

在侧向思维的过程中，对问题的周围进行思索，利用局外信息，从其他领域的、离得较远的事物中得到启示而产生出新设想的思维方式，换句话说，也就是能够通过貌似无关的信息产生出新设想，进而发现解决问题的方法的思维方式。

在日常生活中，总是会看到人们在思考问题时思来想去，说话时会采取"旁敲侧击"的方式。有些人总是采取死抱正面进攻的方法一味蛮干，丝毫不能解决问题，而另外有些人则采用迂回战术，从侧面去想，在最不打眼的地方，也就是次要的地方多做文章，把它挖掘出来，并把它的价值尽量扩大。

这种从旁侧开拓出思路的思维方式就是侧向思维法。它要求思考者尽量利用其他领域的知识和资讯，从别人想不到的角度观察、分析，达到解决问题的目的。

通常来说，侧向思维具有如下特点：思路活泼多变、善于联想推导、能够随机应变。在创新思想中，侧向思维具备以下四个基本特征。

（1）启发性。侧向思维的注意力是分散的，可以接受多维信息流的启发、诱导，突破固定的思维模式，形成一种启发性思维。

（2）跳跃性。思维过程中可以避开主导思想，向空间发展，寻求原本不会注意的其他思路，激发直觉、灵感、顿悟的产生，获得新的认识。

（3）意外性。思维主体在实际过程中，旨在多方向探索可能的结果，即使求得的结果可行性只有十分之一，只要有一个是正确的，也是意外的收获。

（4）探索性。侧向思维没有严格的逻辑规则，往往会寻求到表面看来没有希望，实质也许是最有价值的途径，因而具有相当程度的主观随意性，从而实现无希望之处的突破。

对于大学生的创新教育来说，可以运用以下典型的侧向思维方法进行有针对性的训练。

（1）直接定向强方法。这种方法在改变思维方向的过程中，根据以往的知识和经验，判断出解决某一问题的方法所在的方向。

（2）无定向探试弱方法。在多种可能性之间反复地比较、分析、试错、修正，最后筛选出解题所需信息的思维方法。

（3）趋势外推法。这种方法又称为趋势外括法或趋势分析法，是一种属探索性预测的思维方法。

3. 类比思维方式

所谓类比，指的就是从两个或两类对象具有某些相似或相同属性的事实出发，推出其中一个对象可能具有另一个或另一类对象已经具有的其他属性的思维方法。

类比思维方式则是一种间接的推理，是一种很有创造性的思维方法，可以指引人们进行创新和解决问题。

类比思维可以让我们充分开拓自己的思路，运用已有的知识、经验，将陌生的、不熟悉的问题与已经解决了的熟悉的问题或其他相似事物进行类比，将人们带入完全陌生的领域，从而创造性地解决问题。

其解决问题的程度取决于前提中所确认的事物的性质、特征的数量和可靠程度以及这些性质、特征与类推所得结论的关系是否密切等。在对大学生进行类比思维训练时，主要可以采用以下几种方法。

（1）形式类比方法。形式类比包括形象特征、结构特征和运动特征等几个方面的类比。这种类比主要是依据两者之间形式上相似。举例来说，从猫可以联想到虎，从儿子可以联想到父亲，从照片可以联想到本人，从鸟儿联想到飞机，从鱼联想到潜艇等，这些都是由形状或结构所引起的类比。

（2）功能类比方法。近代发明家贝尔发明电话机的灵感就是来源于人耳骨的薄膜与电话膜片直接类比。他非常自豪地回想起自己是如何应用类比思维技巧而获得成功的。通常贝尔发明电话机的例子可以看出，这种类比方式是根据两者之间存在的相似功能。

（3）对称类比方法。世界上的事物几乎都具有某种程度的对称关系。有大量的发现、创造都利用了这种对称关系。英国的物理学家狄拉克就在量子力学中引入了相对论原理，建立了描述自由电子运动的方程。在解这个方程时，得到了正负对称的两个能量解。在运算研究过程中，他运用的就是对称类比法。

（4）原理类比方法。在现代社会，随着日常创造的增加，类比的作用更加得到重视。所以，为了给创造活动建立一个良好的心理状态，就可以采用类比思维。该类比方法是通过某种事物具有某种原理而体现出的某种功能，通过类比而得出同类的事物也具有某种原理并体现某种功能。

总而言之，类比思维是一种古老的科学思维方法，同时又非常富有生命力。所以，我们在平时的学习生活中，要有意识地、经常性地训练自己的类比思维能力，提高自己的创造力。

4. 发散思维方式

发散思维是指对于某一个问题或某一个事物的思考过程中，不仅拘泥于一点或一条线索，而是从仅有的那么一点信息中将某一问题为中心，尽可能多方位进行扩展，从多种角度去思考探索问题，并且从这种扩散的思考中求得常规的和非常规的多种设想的思维方式。

发散思维是一种在创新性思维过程中常用的思维形式，是提高创造性的最重要的思维方式之一。因此也叫多向思维、开放思维、求异思维、分散思维、辐射思维或扩散思维。

美国心理学家吉尔福特在"智力结构的三维模式"中，明确地提出了发散性思维。他认为，发散思维是一种推测、发散、想象和创造的思维过程，就是从给定的信息中产生信息。

可以这样说，发散思维就是一种寻求多种答案的思维，它不满足于唯一的答案，而指向寻求于多种可能的答案，是多方向、多角度展开的。这种思维方法不会受已有知识的束缚，也不会受已有经验的影响，能够从各个不同甚至是不合常规的思路去思考问题。从思维质量的复杂性来看，发散思维具有如下几个层次。

（1）流畅性。畅性也可以称之为多样性，指的是一共可以想出的答案的个数。在发散思维中，流畅性是发散性思维的最低一个层次的特征，它体现了发散思维在数量方面的特点，也就是把对某一问题用发散思维做出的答案的多少作为衡量其高低的标志。流畅性依赖于一个人记忆信息和认知的多少，它反映了一个人知识面的广博程度。

（2）变通性。变通性也可称为灵活性，是指对一个问题从几个方面去考虑答案，这些答案有多少个类别。变通性是发散性思维较高层次的特征，要求思维者能思路开阔，善于随机应变，从而为思维开拓新的思路，寻找新的方法，为创新的成功开辟新的道路。

（3）独创性。独创性是指创造的程度，它常常突破常规和经验的束缚，产生不同寻常的新念头和新思想，是发散思维中最高层次的特性。独创性可以使思维突破常规和经验的束缚，获得新颖独特的创新成果。在人类创新发明史上，科学家、文艺巨匠和能工巧匠们之所以能为人类做出巨大的贡献，无疑都得益于有较强的独创性发散思维能力。一旦离开了思维的独创性，就会使自己禁锢于世俗的常规之中，难以获得创新性的成果。

在这三个层次中，流畅性是基础，独创性是目的，变通性是关键因素。想出来的可能性越多越好，但是纯粹的多样性往往不够，因为它很可能是在同一类别中重复，假如变通性也强，那就意味着涉及的领域越广，为创造性开辟的空间越大。

由此可见，发散思维可以使人的思路活跃、思维敏捷，不仅办法多，而且新颖，考虑问题周全，能提出许多可供选择的方案、办法及建议，特别能提出一些别出心裁、一语惊人或完全出乎人们意料的见解，使问题奇迹般地得到解决，所以，在创新过程中，发散思维常常起着举足轻重的作用。

吉尔福特认为，训练人的发散思维能力是培养创造力的一种重要方法。因此，对于大学生的创新教育来说，培养发散性思维能力可以通过培养开阔的思路和独特的思维两个方面进行锻炼，从而获得提高。反过来，正因为有了发散性思维，才使我们的心灵更加开放，思路更加开阔，选择更加多样。

通过上述分析，我们可以看出，创造性思维对我们大学生来说是必需的。当前，我们建设创新型国家需要每一个人的参与。因此，这就更要求我们具备创新性的思维，因为只有创造型的人才，才能真正把各种不同的思维方式融会贯通，提高分析问题和解决问题的能力，努力形成尊崇创新、勇于创新、善于创新的良好氛围，从而推动创新实践的进一步向前发展。

四、创新能力的知识与技能培养

创新能力与知识的掌握能力处于同等高度的地位，是顺利完成创新活动所必须具备的心理特征。因此，创新能力的培养也需要重视起来。经过长期的分析与研究，我们对创新能力做出如下了总结，主要归纳为以下七个方面。

（一）洞察能力

随着时代的快速发展，机会也在不断变化，它是一个奇妙的东西，市场的瞬息万变，信息也因此而层出不穷，可以说机会是稍纵即逝的，必须要具备敏锐的洞察能力，能够在各种信息中迅速提取出有效信息，做出分析与判断，把信息巧妙地转化为财富。不仅如此，还要能够随时掌握市场的状况及其动态，实时了解竞争对手的情况并适时调整创业中的竞争策略。这样一来，我们可以得出结论：资本不见得是最关键的，拥有捕捉机会的能力才是至关重要的。成功的创业者经常可以预见到被他人所不能预见到的投资领域和新的盈利机会。

（二）知识学习能力

随着时代不断的快速发展，人类社会已经进入到了知识经济时代，人类的智慧越来越强大，创造出来的知识总量也越来越多，进而知识与技术的更新频率也是越来越加快，这也印证了摩尔定律所预示的观点，新技术新产品的生命周期越来越短。所以，人们需要"活到老，学到老"，需要快速而不断地学习，才能跟上知识潮流的步伐并努力成为潮流的引领者。创业的道路上充满了未知，没有完全的经验可以照搬，只有在书本与实践中不断地学习、思考，才能成长起来。虽然大学生以前的生活几乎都是在校园中度过的，在学校学习了很多年，但这并不意味着大学生真正具备了学习的能力，如果想要提高学习能力，可以围绕以下几个方面进行训练，

（1）学习意识。产生学习行为的前提就是学习意识，所以，训练自己

积极学习的意识就显得特别重要，要学会随时关注时事，善于捕捉新事物、新信息、新知识。

（2）学习态度。态度决定一切，大学生创业者一定要端正自己的学习态度，不要放弃对知识的追求，坚持"活到老，学到老"，要具备不折不挠、坚持刻苦的精神。

（3）学习方法。要善于对学过的知识不断进行总结，学会举一反三，主要的学习方法如以下五个方面。

1）在学习的过程中，不要只读不写，要养成写读书笔记的习惯，久而久之，学习到的知识就会形成自己的思考。

2）将书中内容理解之后，通过一些适当的方式用自己的语言讲给别人听，这有助于对知识的掌握更加深化，以及升华自己的思想。

3）将学到的方法与技巧在实践中加以运用，每天有意识地训练自己采用所学方法，并在实践中检验它们，时间长了，可能自己也可以创造出新型的方法，达到"青出于蓝，而胜于蓝"的境界，真正做到学以致用。

4）学习的内容。如今，市场中有各式各样的学习资料，这就要求大学生要善于筛选适合自己的学习内容，丰富充盈自己的专业知识。

5）学习的渠道。要尽可能地拓宽学习渠道，多去体验不同的方式，比如老师讲解、书籍、网络、电视、论坛、会展、培训班等，都可以成为学习的良好的途径。

（4）知识整合能力。世界上的任何事物都有其存在的价值，把零散的东西彼此衔接，通过某种方式，有机地结合在一起，就是整合。对于整合而言，它们的价值使本来无意义的事物变得有意义起来，整合实现信息系统的资源共享，其主要的精髓在于将零散的要素组合在一起，协同工作，把这些单一看来无意义或意义不大的事物合并，最终获得超值的效果，形成效率的整体。大学生不仅要重视在课堂上学到的专业理论知识，更要重视实践，使得理论与实践相结合，并应用于实践，从而发现问题，产生创新性想法和成果。因此，大学生就要充分利用课余时间，积极参加校内外的社会实践，关注身边生活中的细节，开展调查研究，这样才能有助于自身知识结构的整合和能力的不断提升。

有效地知识整合，可以从以下几个方面着手进行这一能力的培养。

1）构建知识结构网络，掌握结构化知识。在教学过程中，大学生获取的往往是分散的、缺乏联系的、无序的知识，因此，教师的教和学生的学，都应掌握结构化的知识，分析和搞清各知识点间的内在联系，只有这样，才能提高科学文化素质，培养大学生的技能。

在学习中，重要的前提是，在新知识的学习中，掌握了知识的基本结构，连接知识链条，从结构上把握知识，总结概括整个内容，将知识重新编码、排序，从而帮助记忆和理解，使之由点到线、由线到面、由面到网，由无序到系统。

2）针对训练，提高综合分析能力。在教学过程中，训练是深化理解、巩固新知、培养能力的过程。在教学过程中，大学生往往层次不同，教师对于基础知识、基本概念要由点到面、由简单到复杂循序渐进地进行训练。不仅如此，由于学生理解问题和解决问题的能力也有较大差异。因此，对于训练题的设计也有针对性的要求。

首先要思维容量大、思维过程强，从而做到针对性强、全面性强。其次要体现知识的发生、发展、迁移的过程，对于新旧知识易混淆点采用对比练习，同时，还要注意训练的方式，做到求同存异。此外，要从实效出发精心安排，多样活泼，对于知识与能力的结合，对于重点、难点知识，要采用反复练、典型练，从而做到触类旁通。不要拘泥于寻找问题答案。

3）开展创新实践，提升知识整合能力。实践是提升知识整合能力的平台，更是检验知识整合能力的舞台。近年来，在我国高校的大学生创业教育中，已经逐渐开始重视学生的创新实践能力，注重培养学生的主动创新意识。

通过各大高校的教育实践，我们能够总结出，当前促使广大学生参与的创新实践活动主要几种。首先是学科类竞赛，这一类活动主要是指数学建模大赛等活动比赛，它能够帮助学生巩固提升本专业、本学科知识。再者是科技类竞赛，这一类活动有很多，各个高校也非常支持，学校出场地、指导教师，有的还提供经费、奖金、学分置换等服务，是学生进行实践锻炼的一个优秀平台，在这样的活动中，学生组队参加，能够对各学科知识进行整合，创作优秀作品。主要有：挑战杯竞赛、大学生智能车竞赛、机电产品创新设计竞赛、数学建模竞赛、大学生电子设计竞赛、大学生物联网竞赛等，几乎覆盖了所有学科。最后是社会实践研究类活动这一类活动如网上创新应用大赛、"三下乡"社会服务等，培养学生将应用能力和运用所学知识解决实际问题的能力。

（三）实践创新能力

目前，社会和学校都已经认识到，提高大学生实践创新操作技能对于提高教学质量、为社会输送合格人才的重要性，不仅如此，大学生本身也逐渐认识到提高理论联系实际的能力对提高创新能力的重要意义。

所以，社会、学校和学生都在积极努力地寻找提高创新能力的途径。具体来说，提高大学生创新实践操作技能的途径可以有以下几个方面的内容。

1. 积极开展竞赛活动，提高实践创新能力

在大学学习生活中，积极参加大学生科技创新竞赛活动，是提高学生能力的一个重要载体，它不仅能够培养学生的动手能力、自学能力、科学思维能力，而且还能够提高学生的综合素质、增强实践能力、培养创新精神和团队意识。所以说，各大高校应该积极开展大学生科技文化竞赛活动，例如全国大学生数学建模竞赛、电子设计竞赛、力学竞赛等多种学科竞赛和课外科技文化活动。对于大学生而言，通过竞赛这一平台，能够充分锻炼能力、展现才智。通过参加多层次、多学科、多种形式的竞赛，能够使学生在实践过程中，不断提高创新能力。

2. 强化实践教学，提高实践创新能力

在实践教学中，强化实践教学是培养大学生创新意识与拓展知识的有效途径和重要平台，是理论与实践相结合的桥梁和纽带，更是提高大学生实践技能、创新能力的措施与保障。

因此，大学生在学习期间，一定要积极主动参加各种实践创新活动，努力在实践中感悟，进而提升自己的能力和综合素质。

3. 加强校企合作，增加实践创新机会

目前，校企合作成为学校的共识，学生通过在企业身临其境的实习，可以了解现代企业管理模式、工作模式，在实际工作中提高动手实践能力。这样一种全新的"模拟工作"场景，使学生能更深刻体会到理论与实践相结合的重要性，进而提高专业学习兴趣，提高实践创新能力。

因此，选择合适的机构进行技能培训也就成为在校大学生提高动手实践创新技能的一个重要途径。

第八章　新媒体视域下大学生教育管理的手段

对于高校来说，大学生教育管理是非常重要的，尤其是中国这样的社会环境，要实现提高受教育者的素质和道德情操的教育目的，教育者就要在教育的过程当中，有选择性地对各种知识进行筛选和检查，通过特定的教育方式和形式，通过一定的媒介开展教育活动，并利用这些形式和中介与教育对象进行互动。

在新媒体视域下，大学生教育管理的手段主要指的是在网络思想教育过程中，教育者为了实现教育目的而对教育对象采取的方式和方法。具体来看，开展大学生网络教育管理工作所使用的手段必须利用网络这种载体来落实和实现，即可以搭建平台，实现大学生网络教育管理的预期目标。

第一节　利用 QQ 开展大学生教育管理工作

当今社会已经是一个网络的社会，随着网络技术的不断发展和更新，人与人之间的关系在网络的连接中发生着不同的变化，尤其是在各种各样的通信工具的作用下，其中的佼佼者就是 QQ。随着网络的不断推广与发展，以及技术的不断进步，QQ 一经面世就受到了广泛的使用和好评，再加上 QQ 自身的不断进步和更新，让人与人的沟通更加方便直接，特别是后来出现的 QQ 群，为集体活动的开展提供了有效途径，随之而来的就是大量的、各种各样的 QQ 群的建立。这种聊天室形式的联络方式让众多天南海北的人能够因为共同的兴趣而展开讨论，他们可以在其中进行信息、意见的交流和沟通，也可以对共同关注的问题进行讨论。现在，各高校和社会团体，都在不同层次上建立了自己的 QQ 群空间，这样大家在群里可以信息共享、资源共用。当在该 QQ 群内的成员一旦看到群里的信息，就可以根据信息表达自己的意见和看法。这对于高校大学生教育管理者而言是非常方便的，根据群里不同学生的意见，可以对学生思想状况有一个非常透彻的了解，并有针对性地对学生采取有效措施，使学生的教育工作尽可能地开展到最好。

当大学生教育管理工作者建立专门的 QQ 群时，这就意味着他们拥有了属于自己的工作交流平台。一方面，好的工作经验可以得到迅速的推广和完善，激发他们的自主学习能力，提高业务水平。另一方面就是在面对一些令人头疼的问题的时候，可以在群里找到更多解决问题的办法，达到集思广益的效果，通过对问题的共同研究和探讨，达到最终解决问题的目的。另外，专属 QQ 群是教育者自己的家，可以自由地抒发情绪和压力，并从中得到慰藉、理解和支持；QQ 成员之间还可以增进彼此间的了解，有利于更广范围的合作。因此，通过教育者 QQ 群这个平台，教育者开阔了眼界，不再局限于单干、闷干和苦干，并提高了教育效率。

一、大学生教育管理中 QQ 群空间的优势

（一）及时掌握教育对象的思想动态

在传统的教育与管理模式中，很多高校学生在与教育者进行沟通的时候都会有这样的顾虑或现象，那就是"门难进，口难开"，他们感觉自己与教育者存在一种隔阂，这种隔阂让他们很难与教育者进行顺畅的沟通。这种情况在 QQ 群里就能得到有效解决，QQ 群里的成员既可以选择所有成员可见的方式也就是群聊的方式进行意见的表达，也可以利用私聊也就是一对一的对话方式表达自己的意见和看法，这种沟通方式还有一个优点就是不限沟通的方式和地点，具有更高的自主性。

通过这样的沟通方式，不管是学生还是教育工作者，都被赋予了极大的自由空间。对于高校教育者来说，某种程度上减轻了他们的工作压力。由于师生之间的及时沟通，使问题通常能得到及时解决，自然也就不会造成问题的积压；对于高校学生来说，由于思想上面的及时纾解，情感积压、问题堆积现象自然就不会存在，发生不良事故的概率也就会大大降低。此外，通过 QQ 群的及时沟通和了解，高校的教育工作者也能及时了解学生的动态，方便老师及时调整教学思路，方便教学工作的继续进行。

（二）信息传达的有效性和持久性

1. 有效性

传统的教育和管理模式更多地依赖于管理团队，信息在管理团队中具有很大的权威。作为教育过程中的网络资源，使教育者的权威受到了挑战，更重要的是，能力和素质不匹配的管理干部，可以通过对老管理者的记忆来说服人们吗？有时，好的政策和好的活动由于负面的宣传作用导致效果不好。

这就对高校教育管理者提出了新的挑战，在融入学生当中的同时还要保留传统的管理方式，就要对新事物进行充分的利用和创新。也就是说高校管理者要在传统管理方式的基础上，通过 QQ 群的通知、通告和沟通，拉近学生与管理者的距离，取得的管理效果自然也就完全不一样。利用 QQ 群进行高效管理，还有一个非常重要的特点就是对信息的保存，这是传统管理方式所不具备的一种优点，群里的人可以在不同时间看到相关的信息，并且，信息的传递不会因为职位或身份的特殊而延迟或消失，所有的学生是在平等的基础上接受信息。这样，学生的话语权就会更大，学生的积极性也会被激发。

2. 信息传达的持久性

在高校管理的过程中，一旦在碰见紧急信息需要学生及时掌握和了解的情况下，QQ 群就是一个非常有效的手段，不管什么地点，也不管什么身份的人都可以通过 QQ 群进行信息的发布，从而保证了信息的及时发布和学生的及时掌握。与传统的口耳相传的信息传递方式相比，这种方式显得更加便捷、高效。

与此同时，几乎所有的教育者都非常清楚一点，那就是在口耳相传的过程中，不管怎样对重点进行强调，也不管怎样对细节进行分析，学生总会有不同程度的忽略和错过，更不要指望通过一场会议或活动就让学生掌握其中的内涵。但如果辅以 QQ 群这样的网络宣传方式，信息的重要性可以得到有效强调，很多细节可以在群内共享并且得到保存，学生可以不限时间和地点对这些信息进行查阅和了解，这对于高校管理工作的进行是非常有帮助的。

二、QQ 群空间开展大学生教育管理的注意事项

（一）实名制建群

高校管理者在建立一些 QQ 群的时候，要充分考虑建立该群的目的，如果建群是为了信息传递的畅通，那么在建立的时候，就要要求群里的成员实名制，这样可以有效避免有些人胡乱发布一些虚假信息甚至是病毒。如果建群的目的是为了方便管理者和学生之间的沟通，则尽量不要实名制，这样就保证了学生的匿名性和隐私性，使学生在交流的过程中没有顾虑，进而充分释放自己内心的想法和疑惑，教育管理者甚至可以与某些学生进行一对一的沟通和交流。这种方式不仅充分照顾到学生敏感的心灵，利于学生心理健康，同时，对于教育管理工作者来说，也是让工作顺利开展一种手段。

（二）大学生教育管理者不必担任 QQ 群的群主

1. 建立 QQ 群的资格

因为群服务会占用大量的服务器资源，因此腾讯计算机系统有限公司对建群有严格的要求。目前只有会员和等级在一个太阳以上的用户可以创建群，会员最多可以创建 4 个群，等级为一个太阳以上的用户可以创建 1 个群。

2. 管理 QQ 群的能力

有些高效管理者虽然具备非常高的管理能力，但是由于没有及时跟上网络时代的步伐，他们在网络方面的知识相对比较匮乏，自然也就没有相应的能力对 QQ 群进行合理地管理和维护。

3. 管理 QQ 群的时间

由于很多高校管理者不仅仅是管理者，他们还要面临科研和教学方面的压力，时间也是非常紧张和宝贵的，他们没有多余的时间和精力来对 QQ 群进行合理地管理和维护。而对于一名 QQ 群的管理员来说，QQ 群的管理工作是相对繁琐和复杂的，他不仅要对无用文件以及不良人士进行及时删除和剔除，还要能及时发布群公告，让群里的人员能够及时了解和掌握群消息，虽然一定程度上享受了群主的权力，但在维护和管理工作方面

还是需要有一定精力的人胜任。

(三) 传统教育必不可少

QQ 群把现实与虚拟、传统与流行科学有效地结合，使得现代大学生教育中 QQ 群的运用成为教育发展的必然趋势。但是，传统的一些教育渠道仍具有某些不可替代的优势，因此，不能本末倒置，顾此失彼，应该统筹兼顾，优势互补。

第二节　利用微信开展大学生教育管理工作

"微信"是腾讯公司 2011 年 1 月推出的一款移动社交软件。微信打通了传统电信通信和移动互联网的界限，以其社交性、便捷性、开放性、自媒体性等优势，迅速吸引了用户的注意力。如何通过规范来牵手微信，取利驱弊，成为开展教育的新课题。

一、大学生教育管理中微信带来的挑战

(一) 微信的产生对大学生教育管理提出的挑战

当前微信成为所有社会化媒体中与微博一样最为即时性的信息传播平台之一。任何一个人，都可以利用微信来实时传递自己身边的第一手信息，这也直接颠覆了过去由主流媒体主导传播的格局。正是这种强大的功能，迎合了青年人的广泛需求，但青年人在"微信"里进行信息沟通的同时也有可能不加辨别地去接受错误思潮。

此时，让教育工作者的尴尬是，其所讲授的东西教育对象也许早就知道，而他们嘴里蹦出的新名词和新鲜事，自己却可能是闻所未闻。因此，微信传播时间上的即时性，无疑是"微信"给教育工作者带来的新课题。

(二) 微信传播的内容对大学生教育管理提出的挑战

微信作为一种新兴媒介，传播的信息也更加碎片化。基于"单一性"特征，微信所产生、传播的信息，多数是个人琐碎的生活细节或新闻、事态的滚动进展，每一条单独的内容，都只能表达有限的信息。由于微信语言的碎片化，网络信息的内容与教育者所传输的信息不同，甚至截然相反的现象将非常普遍。这可能会引起教育对象思想上的疑惑、混乱，甚至

逆反。

（三）微信传播的方式对大学生教育管理提出的新挑战

微信作为一种新的信息传播形态，是一种裂变式传播，这样的传播方式被有的人形象地比喻成病毒式传播：一个人传给一个人或一群人（群聊），群中的每一个人又可以传给另外一群人。这样的传播特点，激发了人们的表达欲望。重大事件发生时，一些别有用心者常常以微信为平台，刻意夸大，甚至捏造虚假消息，混淆视听。

这些不真实、不健康的消息严重影响了互联网环境。因此，如何监管和规范微信信息，阻止网络谣言的迅速传播，让它们既有利于人们交流信息，又能确保信息的真实性，是值得教育管理者长期思考和探索的现实课题。

二、高校大学生教育管理在微信时代的应对策略

毋庸置疑，微信把沟通带入了一个崭新的时代。微信的出现给大学生教育工作带来了新的机遇和挑战，如何面对微信的负面影响并利用微信开展大学生教育工作，是教育工作者亟待解决的问题。

（一）增强大学生教育管理教育的人文性

在"微信时代"，人的个性将得到更加全面和深入的彰显。因此，创新教育模式，增强其人文性是加强当前教育的现实需要。

1. 以健康网络文化教育人

信息网络技术拓展了大学生教育工作的空间和渠道，有助于快捷、准确地了解师生的思想情绪和他们关心的热点问题，增进相互沟通。因此，要高度重视和充分运用信息网络技术开展工作，用正确、积极、健康的思想、文化和信息占领网络这个阵地。通过优化师资力量、丰富网站内容、创新活动形式，增强校园网络文化的吸引力和感染力，让受教育者在潜移默化中受教育，以弘扬健康向上的网络文化提高受教育者自身的抵抗力和免疫力。

2. 以解决实际问题来关爱受教育者

作为教育工作者，在日常的管理工作中，要把广大受教育者当亲人。大学生教育者要注重人文关怀，充分尊重受教育者的能动性、自主性和自

觉性，想受教育者之所想，急受教育者之所急，身体力行为受教育者解决他们最关心、最直接、最现实的问题，并平等地对待每一个受教育者，真正成为受教育者思想上的"知情人"，心灵上的"知心人"，生活中的"贴心人"。只有把受教育者当亲人，受教育者才会把你当亲人。

（二）增强教育的科学性

1. 以洞察力呈现真实性

在微信时代，做好受教育者的教育工作，除了要始终坚持教育的主渠道和主阵地之外，还要加强对网络文化的监管，及时关注受教育者的思想动态，并掌握受教育者思想中的热点问题，提高对信息的敏锐度和洞察力，发现问题就及时解决，对"微信"中青年人所表现出来的思想动态及时进行疏导，防微杜渐，从而真正起到引导教育工作潮流的功效。

2. 以监督力实现可控性

面对海量信息，教育者可以通过建立"微信"平台，选拔培养一支专兼职微信信息员队伍，具体负责微信的舆论动向，对微信群的运行管理、安全保障、信息发布、审核程序等实施严格管理，确保微信平台正常、安全、有效地运行。

总之，随着"微信"及其他网络平台的深入发展，教育工作者应保持思想和行动上的与时俱进，利用"微博"等网络平台做好引导和教育工作，切实提高广大受教育者的认识水平和能力，并探索出一条有效的管理新模式，提出更多的解决办法，促进教育工作健康、和谐发展。

第三节　利用博客进行大学生教育管理工作

博客，即电子日志，可以分为两类。一是个人博客，这是个体情感倾诉、思想观念展示的空间。通过个人博客，可以捕捉到当事人的认知、情感、意志，洞察其行为动机。二是群体博客。这是群体工作的有益载体，这类博客的主题发布者是大学生教育管理工作者。在群体博客当中，每个参与者都可以陈述事实、发表评论和看法，同时也要经受其他人的评判。需要指出的是，由于网络的匿名性，博客中难免有措辞激烈的现象。对此，教育者要有宽容的心态，并坚持对受教育者进行积极、正面地引导。

一、博客的教育功效

博客是新型教育工具，相较于其他传统网络教育，它在思想导向、思想交流和渗透覆盖等方面有着更为突出的优势。

（一）思想导向功能

思想导向功能是博客教育的本质功能。依托于计算机和网络技术的快速发展，博客的思想导向功能日益彰显。教育者可以在博客上发布受教育者最关心的教育素材，保证受教育者学习的及时性。同时，教育者还可以将自己欲传授给受教育者的基本思想道德教育和价值观引导等方面的教育观点，在博客上辅以相关教育实例对受教育者进行"润物无声"地教育，进而有效地提高对受教育者思想教育的针对性。

（二）思想交流功能

教育行为的本质是教育双方的交流行为。教育主体之间的交流沟通，是促进受教育者个性发展和形成主体人格的重要途径和有效手段。在现代教育过程中，先进的科技为教育双方的交流提供了更多的渠道，而博客为双方的交流提供了更为便捷、及时和直接的手段。

同时，由于网络不受时空限制，交互式教育使教育双方能够随时随地进行交流和探讨，变单向传递为积极互动的双向、多向交流，变点对点的线性教育为点对面的立体型交流。教育主体之间的通畅交流可以有效地改善现在人们之间的联系和沟通弱化的现状，将本是零星分散的个体凝聚成强大的社会集合体。

（三）渗透覆盖功能

博客的渗透覆盖功能主要是依靠其特点来实现的。因为博客本身就是一个"没有门槛的信息库"，任何人都可以随意访问自己想访问的博客。网络教育的逐步实行，使得教育突破了时空的局限，增强了教育影响力，增大了教育覆盖面。

教育者和被教育者可以通过博客深入地了解对方的基本状况、思想动态，甚至是彼此的心路历程。博客在教育中的应用，使得教育双方彼此深入了解和剖析成为可能。

二、博客的教育功能的实现途径

（一）加强教育者的网络素养培训

人类社会的每一次重大变革，总是以思想的进步和观念的更新为先导。网络教育工作的进步离不开教育者思想观念的更新，唯有观念伴随时代同步发展才能适应新形势下的教育工作。博客，作为应用较广的新型网络交流媒体，是新型教育的手段和方式。但是在运用过程中应注重操作能力和技巧的培养。

由于任何精神活动的进步都应该以人们思想观念进步为保障，所以培养复合型人才担当网络教育工作是网络教育工作必要而迫切的任务。

（二）建立教育博客群组，共享教育资源

所谓"博客群组"是指有着相同经历或者相同兴趣爱好的博客，自发或有组织地建立的博客圈。在博客群组里，群成员可以从群发布的信息中获得有用的信息，同时也可以将自己拥有的资料通过群共享给其他博客。

在信息技术高度发达的现代社会，在对大众受教育者进行教育的过程中，应该保证信息更新的及时性。通过博客群组的建立，教育者能够及时地获得同行的教育案例、经验和受教育者的最新动态，为自己的工作提供便捷和增加针对性。同时，教育者本身也可以充分利用博客群组进行有针对性地学习和研究，实现教育资源的共享。

（三）建立健全受教育者与教育者之间基于博客的沟通制度

在对受教育者进行教育的过程中，大学生教育工作者应该充分利用博客在教育双方沟通、问题反馈和受教育者学习等方面的优势，逐步引导教师建立以教育为主要功能的个人博客，并向受教育者公开。以此为受教育者和教育者之间的沟通搭建一座更为畅通有效的桥梁。在建立教育者个人博客时，应该注重博客内容的时效性、知识性和可欣赏性，增加受教育者访问个人博客的兴趣。

（四）促进受教育者的协作学习

协作学习是一种通过小组或团队的形式组织受教育者进行学习的一种策略。小组协作活动中的个体（受教育者）可以将其在学习过程中探索、发现的信息和学习材料与小组中的其他成员共享。博客的应用可以为受教

育者的协作学习提供必要的交流平台，在博客上协作小组的人们可以通过竞争、辩论、合作、解决问题等协作学习的基本模式，实现学习效果的最优化。教育者在对受教育者进行教育的同时可以发挥受教育者干部自主管理能力强的优势，引导品学兼优的受教育者干部和后进生组建协作学习博客小组，通过博客上的学习交流，建立受教育者之间的"比、学、赶、帮、超"的互助机制。

（五）建设专题特色博客，提高受教育者教育的效果

在信息技术日益发达的今天，网络是开展教育的极为重要的阵地。教育者在具有教育意义的特定日期通过添加文字、图片和影像资料等开展网络教育。同时，教育者可以根据自身的优势建立针对心理健康、学习辅导、生涯设计辅导等专题的特色博客。

第四节　建设高校大学生教育网站

在互联网对社会影响日益深入的时代背景下，大学生教育工作需要新的方法。美国著名的未来学家阿尔温·托夫勒曾说："谁掌握了信息，控制了网络，谁就拥有整个世界。"随着信息技术的快速发展，网络正在改变着人们的学习和生活模式，深刻地影响着人们的政治态度、思想观念、道德风貌和价值取向。因此，互联网条件下的教育离不开网络，网络将成为教育的重要载体和手段。

一、建设教育网站的有效措施

（一）精心策划和设置网站频道及栏目，增强学生精神家园的生命力

1. 积极主动地设置思想教育类栏目，抢占思想舆论阵地的制高点，弘扬主旋律

网络思想教育阵地，一定要有党的声音，有正面的声音，向广大群众传递世纪最强音、正能量。

要在世界观、人生观、价值观上给网民一些有益的东西，提高网民自身的免疫力和判断力。还要把握正确的政治方向，营造积极良好的网络舆

论氛围，使网站成为新型社会德育基地，成为传播红色思想的平台，真正成为广大网民成长的精神支柱。

2. 设置新闻类栏目，增加网络服务的广度

大学生教育工作应与大众传媒结合和互补，拓宽教育的信息资源。因此，网站管理者要把国内外、校内外的新闻信息传递给网民，提高他们对各种纷繁复杂信息的分析能力，增强教育的吸引力、辐射力和感染力。

3. 设置服务类栏目，发挥网络服务育人的作用

开设网上辅导员流动站、心理指导中心、就业指导中心、校园文化活动服务中心、网民网上社团活动中心、家教服务中心等栏目。同时应考虑开设"同学录""聊天室""留言板""网上调研"等交互性频道，并增加友情链接、个人主页、搜索引擎等栏目。

通过设置服务类栏目，在社会教育中实现"教书育人、管理育人、服务育人、环境育人"的有机结合，构建广大人民共同的精神家园。

（二）发挥教育主题网站的动感与个性，增强网站的吸引力

大学生教育主题网站是教育的网上阵地，没有这些阵地，大学生教育的网络化就无从谈起。自互联网进入中国以来，特别是近年来，教育研究者非常重视互联网对教育的影响，建立教育主题网站已经成为众多研究者的共识。从这个共识出发，政府机构、新闻单位、人民团体等组织和个人迅速建立起一批具有教育主题的网站。

其中，具有一定影响的包括血铸中华网站、民族魂系列网站、毛泽东思想网、大学生教育工作之窗等网站。还包括主题鲜明的教育网站，例如"5·12汶川大地震"，在5月19日全国公祭死难同胞。全国各地建立了许多以抗震救灾和悼念死难同胞为主题的纪念网站。奥运火炬开始传递后，还专门建立了网络传递网站。

这些教育主题网站，具有栏目众多、信息量大、主题鲜明等特点，初步解决了教育占领网络阵地的问题，在广大网民中产生较大影响，成为对网民进行教育的强大阵地。

（三）网民共同参与网站建设与管理，保持网站发展的可持续性

教育主题网站的建设是一项复杂的系统工程，需要社会各部门的共同协作。因此，网站建设应由党委直接领导，党委宣传部牵头，由"两课"

教师、各党总支、网民工作组织和计算机网络技术部门共同协作，组成网站建设群体，并强调分工协作原则。

此外，在网站开发、建设和维护的过程中，要充分发挥广大网民的积极性，明确职责分工，落实工作任务。通过人民不同程度地参与网站的维护和管理，不仅学习和提高了他们运用网络知识的能力和水平，而且锻炼了组织管理能力，增强了政治意识和责任意识。

二、建立教育网站应注意的问题

全国的教育网站自开通以来，广受人们的关注和欢迎，在社会中影响非常大，真正提高了教育的针对性、实效性、主动性，扩大了教育的覆盖面，增强了影响力。通过建设教育网站的实践，我们深切地感受到建设教育网站给我们带来的启示。

（一）更新网络教育理念，树立以网民为本的服务意识

强调以网民为本，就是强调大学生教育工作者在教育中要善于总结事物发展的规律。作为受教育者的网民，其思想变化也有其内在的规律可循，如果能够恰当地把握这种规律，切实以网民为中心，必将有利于教育工作的开展。

（二）改进网络教育方法，将单纯灌输教育转变为主动接受教育

在网络化时代，灌输式的传统教育方法难以收到实效。大学生教育网站的开通，为加强和改进教育提供了一个崭新的平台和手段。我们应充分利用互联网所具有的及时性、互动性、灵活性等优势，改进教育方式方法。

要善于整合各种有效资源，借助多媒体计算机的一切手段，将单纯灌输教育转变为受教育者主动接受教育。要向网民提供信息，增强网站的吸引力，并引导网民积极参与，正确选择思想信息，增加自我教育在网络教育中的分量，使网络教育更具亲和力，进一步增强教育的实效性。

（三）拓宽网络教育领域，实现教育内容、对象和覆盖面的拓展

互联网具有信息含量大、资源共享性强和速度快、范围广的优势。利用网站开展教育，不仅是为了运用一种新的技术手段，更重要的是要用先进文化占领新的思想阵地。

因此，要注意充分运用教育网站的优势，不断拓宽教育领域。我们应

当不断增加网络教育的知识含量和科技含量，充分利用先进的网络技术将教育内容设计成吸引人、教育人、娱乐人的，且易被受教育者接受的信息，使教育的内容因多媒体技术的承载，打破地域和空间限制，从静态变为动态；使教育对象在教育内容的不断拓展中受到先进文化潜移默化的感染和熏陶，从而实现教育内容、对象和覆盖面的新拓展。

（四）完善教育队伍，建立网络时代工作新团队

培养一支既具有较高的政治理论水平，熟悉工作规律，又能较有效地掌握网络技术，熟悉网络文化特点，在网络上进行教育工作的队伍，是做好教育进网络工作的重要组织保证。这就要求我们必须把政治强、业务精、懂网络、会管理的干部充实到工作队伍中去。通过对工作者网络知识的培训，使网站成为他们开展日常工作的重要阵地。

总之，建设教育主题网站是一个崭新的课题，既需要理性的思考以明晰方向，又需要大胆地实践以总结经验。同时，只有把两者紧密结合起来，才能少走弯路，成功地迎接网络时代所带来的机遇和挑战，不断实现网络教育的创新发展，才能把校园教育主题网站办成受教育者的网上精神家园。

第五节　基于"翻转课堂"的线上线下混合式教学模式探索

中央宣传部、教育部 2015 年明确提出积极开展高校理论课综合改革试点探索，鼓励创新教学模式；教育部 2016 年 6 月 7 日又下发了《教育信息化"十三五"规划》，明确指出信息技术对教育的革命性影响日趋明显，"十三五"期间，要全面推进教育的信息化。

教学改革的重要课题一直是高校理论课教学模式的创新，这种创新模式需要在一定教学思想或教学理论指导下建立起来并成为较为稳定的教学活动结构框架和活动程序。

高校理论课顺应信息化社会的发展趋势，通过对教学内容进行重大调整，切实提高了理论课的教学效果和教学质量，探索了多样化的教学方法，自"05 方案"以来，各个高校积极创新教学模式，由此可见，构建理论课的信息化教学模式将是顺应信息化发展趋势，推动理论课教学改革的重要内容。

一、当前大学生教育管理教学模式的瓶颈

（一）传统教学模式的局限

传统的教学模式主要以掌握式教学模式、发现式教学模式和讲授式教学模式为主，这种教学模式的中心以教师、书本、课堂为主，理论课的传统教学模式，主要是以讲授式为主，这种教学模式在教师的指导下可以高效集中的学习理论知识，掌握基本知识技能，强调学生在单位时间内的学习，满足了我国高校大批量传播中国特色社会主义理论及培养人才的需求，但是随着社会的进步、科技的发展，传统教学模式在面对信息化教育的趋势下，难免还会存在一些不足。

1. 学生主体地位减弱

在我国传统教学模式中学生一般的主体性相对来说比较弱，教师在教学中的主体地位相对来说比较高，这种不平衡的学习方式，在一定程度上阻碍了大学生自主学习的能力，削弱了大学生的自主创新能力和能动性，同时在教学过程中教师也是按照自己的思路进行教学，这样对于听课的学生来说就处于一种被动状态，从侧面削减了学生的学习兴趣，容易让学生形成一种惰性，不利于培养学生主动获取知识的能力和创新能力。

2. 教学目标单一化

传统的教学模式容易忽视学生学习过程和创新思维形成的培养，更多的是重视学生在单位时间内高效系统地学习和过多的关注学生的学习结果，在这种教学模式下，教学目标重点在于指导学生学会所教授的知识，易于开展教学，同时能够呈现较好的秩序性、规范性，对教学的管理和评价也是很有帮助的，但是这种目标单一的教学模式，限制了学生创新能力的培养。针对我国信息化时代的到来，人才是推动创新的基础，我国为了推进大众创业、万众创新，国务院办公厅于 2015 年 3 月 11 日发布《关于发展众创空间推进大众创新创业的指导意见》，意见中明确指出创新是富民之道、公平之计、强国之策，是发展的动力之源。

根据大学生实际情况，理论课需要破除重学习结果、轻学习过程的教学目标，注重学生在学习过程中解决问题、分析问题和获取知识践行道德素养的综合能力及推动学生创新创造能力的培养。

3. 评价单一模式化

在传统教学模式下，评价方式较为单一，基本上以教师的评价为主，对学生的中心地位突出效果不明显，理论课过于强调主导地位，难以应对学生的个性化学习需求，教学服务意识较差，未能真正体现学习者中心地位，难以为学生自主学习提供更好的支持。

传统教学模式缺乏个性、多元性和弹性，更多使用诊断性评价、形成性评价和终结性评价，结合平时考勤、作用来给学生定性评价，往往以期末笔试成绩或结课论文的成绩为主，考核学生对知识的掌握程度，关注学习结果的评价，评价机制单一，评价内容标准化，评价方式单调，教师缺乏可靠的判断依据，只能收集到片段化的评价信息，过于依赖经验判断或者主观评价，评价缺乏针对性，难以全面考查学生学习过程的变化。

（二）信息化教学模式有待完善

随着信息化时代的到来，我国的信息化教学模式仍然存在一些问题，但是我国已经在信息化教学模式中开始进行改革和更新，比如很多高校开始投入资金开展"慕课"建设，最先开展的有清华大学推出的首个可获得证书认证的"慕课"项目，随后杭州师范大学开展"慕课"学分互认等，以上新教学模式的开展在初期取得成效较好，但是在后期发展中，注册大数据的到来与应用，但是应用结果并不理想，根据大数据的处测人数，他们在课程的完成率上不是很明显，由此可以就看出我国在信息化教学模式中还是存在一些问题。

1. 线上学习过程关注不足

对于信息化教学模式我国并没有将信息化技术和理论教学要素真正做到有机结合，传统教学模式并没有真正结束，依旧是教材、教师和课堂为中心，线上和线下教学没有实现统一，教学目标依旧是注重知识的传授，忽略情感教学，从而反映出态度和价值观教育得不到重视，对学生线上学习过程关注不足。

2. 缺乏真正交流

由于对学生线上学习过程的关注不足，导致教师在教学过程中依旧是扮演者权威者的角色，教师和学生之间缺乏真正的平等交流，虽然有的地方将讲授的内容从线下转移到了线上，但是采取的依旧是传统教学模式，只不过是将讲台上的教师搬到了视频中去，学生也仅仅是从之前的坐在课堂上换到了坐在电脑前，由于各方面因素教师和学生之间的交融和交流依旧缺乏。

3. 不利于情感教学

课堂教学活动缺少师生和生生互动，缺少教师与学生互动情景的设置，教学内容难以贴近实际、贴近学生、贴近生活，线上教学内容难以较长时间吸引学生的注意力和兴趣，不利于情感教学的实施。

4. 缺乏科学合理的评价

没有完整的教学评价体系。利用网络平台开展教学活动结束后，往往缺乏一套科学合理的过程性评价体系，使得教师对于学生的学习状况没有一个准确、完整的认知，学生在学习结束后也难以对自己的学习成果进行自我评价。

"互联网+"时代，信息技术的发展对高等教育教学质量提出了更高的要求，传统的教学模式已不能满足当今社会发展和大学生成长成才的需求。推进信息技术与高等教育的深度融合，创新人才培养模式成为高校推进教育信息化所要解决的核心任务。高校大学生管理理论课要积极利用信息技术，创新教学理念，重构教学逻辑，丰富教学资源，改变单向灌输的教学方式，改善学生学习环境，努力提升教学效果。结合近年来学术界的研究和各高校的探索实践，"翻转课堂"的线上线下混合式教学模式改革，能较好整合在线教育和传统教育，更好调动学生学习主动性，形成较好的"教学相长"模式，成为理论课教学模式改革的一项重要探索和尝试。

二、基于"翻转课堂"的线上线下混合式教学模式

（一）翻转课堂

翻转课堂目前正成为教育理论研究与教育实践探索的热点，翻转课堂通过改革教学流程，通过学生的自我监督和自我反思，近年来备受关注，使学习者形成良好的学习习惯，真正实现自主学习。

2007年前后，翻转课堂源于美国林地公园高中两位化学老师纳森·伯尔曼和亚伦·萨姆斯成功实践的翻转学习，2011年，萨尔曼·可汗提出学生晚上在家看教学视频，第二天到教室做作业，遇到问题向老师和同学请教的教学模式，这一模式受到全球学者的关注，成为全世界最热门的教育改革和教育创新话题，被加拿大《环球邮报》评为2011年影响课

堂教学的重大技术变革。

将原来的课堂样态倒过来而形成一种全新的课堂样态，目前越来越多的学校将翻转课堂应用到教学实践并取得了良好的教学效果，传统的课堂范式是以班级授课制为主要形式的教学模式，以传授知识为主要过程，以教师中心、教材中心、课堂中心"三个中心"为代表。

随着信息化时代的到来，形成了以学生的学习活动为主的现代课堂教学范式，以信息技术为背景的课堂教学范式，传统的课堂教学范式已不适应信息时代的需求。

翻转课堂通过对知识传授和知识内化的颠倒安排，改变了传统教学中的师生角色，这种模式将学习时间进行重新规划和设计，实现了先学后教和对传统教学模式的革新。

学生在课前进行自定步调的学习，课堂时间则用来深化概念和参与合作性问题的解决。正因为此，翻转课堂的本质在于变革传统的课堂教学方式，翻转课堂的目的在于满足学生的个性化学习能力及方式，翻转课堂转换了教学过程中知识传授和知识内化两个环节，变被动学习为主动学习，翻转课堂在现代信息技术的支持下变得具体可行。在传统教学中知识传授一般需要通过教师的课堂讲授得以实现，而知识内化则需要学生通过课后作业以及其他学习活动来完成。

在翻转课堂上，关注学生学习内在动机的激发，强调学习过程中学生的"做"和"活动"，注重发挥学生在课堂教学过程中参与者的角色，传授与转化环节被彻底颠覆，知识传授及拓展在课下完成，知识内化则在课上完成，形成课堂翻转；甚至随着教学过程的翻转，课堂学习过程中的各个环节都将发生变化。翻转课堂是在信息化环境中教师以教学视频为主要媒介的教学方式，观看视频讲座或阅读文献，教师与学生在课上通过答疑、协作探究和互动交流等方式完成教学活动。

（二）混合式教学

混合式教学源于上个世纪末的混合学习理论，最初是用于英特尔、微软等大企业的内部员工培训，以提高企业员工的技术水平和综合素质，使企业获得更大的收益。这种教学思想逐渐引起了国外教育学界的关注，众多学者认为混合式教学是指教学模式或传输媒介的混合、教学方法的混合、网络教学与线下教学的混合。相对于国外学者对混合式教学的研究，国内教育学界的研究起步较晚。北京师范大学何克抗教授于2003年全球华人计算机教育应用第七届大会上首次提出"混合式教学"的理念，认为"混合式教学"是未来教育技术的发展趋势，是国际教育技术界关于教育思想和教学观念的大提高与大转变。"混合式教学"为高校理论课创新教学模式、深化教学改革提供了新的思路。

目前，国内外专家对"混合式教学"定义的侧重点各不相同，归纳起来有多种教学理论的混合、多种学习环境的混合、多种教学方法的混合、多种教学资源的混合、多种教学风格的混合、多种学习评价的混合等。作者倾向于认为混合式教学侧重于将传统课堂教学和网络教学的优势相结合，改变教师和学生的角色，体现"以学生为主体，以教师为主导"的教学理念，教师起到引导、支持、监督、控制的作用，学生充分利用教师创建的环境，自由、自主地开展学习。同时，混合式教学可以充分利用各类教学资源，扩展学生的知识面，还可以对各种教学方法、教学媒体、教学策略等进行优化组合和合理利用，发挥学生的主体作用，培养学生的积极性和创造性。

（三）基于"翻转课堂"的线上线下混合式教学

2015 年，"互联网+"行动计划的提出，要求教育行业要响应政府要求，彰显互联网在理论课教学改革中的优化和集成作用。创建基于"翻转课堂"的线上线下混合式教学模式，成为理论课契合时代发展新趋势的现实需要。

基于"翻转课堂"的线上线下混合式教学是指在混合式教学中引入翻转课堂的理念，在将传统课堂教学与网络教学优势相结合的前提下，为学生提供更为个性化的学习时间、空间和网络渠道，使学生能根据自身情况完成课前自主学习任务，以便在课堂上有更多的时间和机会发挥主观能动性，更好扮演课堂教学过程的参与者角色，深入挖掘学习潜力，实现"以学生为主体，以教师为主导"的教学理念，从而切实提高教学质量。

基于"翻转课堂"的线上线下混合式教学需要实现线上、线下教学的有机结合。一方面，线上教学与线下教学是现实与虚拟的关系。线上教学虽然在网络虚拟空间进行但并非脱离现实实践。线上教学不能脱离线下教学多年来的理论积淀、实践经验、工作队伍以及形式手段，离开了这些基础性经验，线上教学就会如无本之木，难以稳固生长。而线上教学的实际效果也要以现实问题的解决为依据。网络上反应的政治、思想、道德以及价值观等问题往往来源于现实生活，是现实社会问题在网络上的集中反映和聚焦放大。线上教学要注重对现实问题的释疑解惑。另一方面，线上教学是对传统线下教学的延伸和拓展，是理论课教学发展的新形态。线上教学拓展了理论课教学的实践和空间，时效性不断提升，覆盖面不断扩大。互联网技术使理论课教学内容和素材得到了极大丰富，线上与线下共同作用于教育对象，对其塑造正确的三观起到了积极的作用。通过网络，大学生可以更加主动、全面地搜集学习资源，自主选择相关信息进行自我教育和对信息进行二次传播，激发了大学生在线上教学中的主体意识。同时，网络资源的快捷性和实时性也弥补和消除了线上线下教学的时差，更加凸显线上教学的有效性。因此，理论课利用信息化手段，充分借助和发挥网络技术优势，开展线上线下混合式教学，在师生之间架起更加广泛、更加迅速的沟通桥梁，使教学更贴近大学生，增强教学实效性。

基于"翻转课堂"的线上线下混合式教学需要建构互动相融模式。互动相融模式是一种基于互联网与教育深度融合的背景下，以"互动"为核心，将在线教育、面授学习、小组协作交叉互融实现意义建构的新型教育模式，使网络化学习与传统教育从二元对立转向二元融合。相融是指互联网与教育的真正相结合，使教学过程更加智能化、舒适化。一般而言，学习过程包括知识传输和知识内化两个阶段。在传统教学模式下，知识传输大都在课堂上通过教师讲授等方式来实现；知识内化过程则一般在课后完成，通过学生复习、做习题、参加社会实践和教师辅导答疑等方式来实现。而基于"翻转课堂"的线上线下混合式教学将互联网教学与线下课堂教学相结合，借助现代信息技术手段，将学习过程的两个阶段进行了"翻转"：知识的传输从课堂上迁移到课堂之外，通过学生课前个性化的线上学习来实现；而一部分知识内化的功能则从上课之后转移到课堂上，在教师引导下通过学生的合作探究、练习巩固、反思总结、自主纠错等方式来实现。显然，这种教学模式可以更加有效地激发学生的学习积极性和主动性，促进学生的自主学习和合作学习，有利于教学效率的提高和教学效果的改善。

三、构建"翻转课堂"混合式教学模式的可行性

（一）学习资源的拓展

互联网的迅速发展改变了人们的生活样态和学习方式，实现了学习资源的全互联网化，有力推进了"互联网+"时代教育信息化的建设。知识虽然不是教育的唯一目的，但是任何教育都需要以知识为中介才能得以实现，因此，知识的生产、知识的形态、知识的存储以及传播方式的变革，无疑都会直接影响和挑战原有的教育学习方式。"不理解一个时代人类已经达到的知识状况，就不能很好地理解那个时代教育活动的方方面面；分析一个时代教育所面临的问题也必然要分析那个时代所面临的知识问题。"

关联主义认为，知识是分布在信息网络之中的，以各种各样的数字化形式存储着。在网络时代，知识被众多的人创造、传播、挑战、修改、完善和更新与扬弃，随着知识半衰期的缩短，其更新速度的加快，又加剧了知识总量的增长，这已成为"互联网+"时代知识的基本形态。互联网推动人类知识急速扩充，带来了极为丰富的学习资源，开放性的资源、整合性的资源、碎片化的资源、生成性资源、移动化资源以及虚拟仿真化资源，各种资源导致巨量的数据和信息已经无法使用传统的方法进行存储和处理，改变了人们的学习方式和思维方式。文字、图片、图像、符号等类型多样的数据形态共存并持续性互动。传统教学模式依赖的书本已经无法承载海量的信息和知识。面对"互联网+"时代海量、多形态、急速扩充的学习资源，理论课教学需要探索通过何种方式重构教学内容，帮助学生既能获取大量有价值的资源，又能有效筛选和过滤庞杂的碎片化资源，并对其进行合理的重组生产，建立合理的知识结构，提升其相应的学习、思考和创新能力，实现课程教学目标。一方面，学习资源的拓展为线上线下混合式教学提供了充足的资源，可满足不同学生的学习需求；另一方面，数字化的资源形态也让知识的流通变得更为便利。学习资源的拓展为理论课利用网络平台，为学生构建丰富多元的学习资源库奠定了必要的基础。

（二）大数据的支持

在"互联网+"时代，一切皆可数据化，让人和物的一切状态和行为都能被量化。大数据为科学认识学习规律提供了有效工具，"通过对教育大数据的获取、存储、管理和分析，我们可以建构学习者学习行为相关模型，分析学习者已有学习行为，并对学习者的未来学习趋势进行科学预测"。大数据支撑下的教育，将根据每个人的特点，解放每个人本来就有的学习能力和天赋，让个性化教育成为可能。高校大学生管理理论课的意识形态性质，使其不仅要面对大数据教育的技术性革命，还必须面对由大数据教育带来的多元价值挑战。通过大数据的分析，理论课教师可以随时监控学生学习情况，了解学生学习习惯、学习规律和学习中存在的突出问题，深化对学生整体学习过程的认识和掌握，推动教学实践创新，构建新的教学模式，创新教学方法，强化教学效果。

（三）学生主体意识的提升

在人的生存需要尚未得到解决的条件下，解决基本的温饱问题，满足生存需要几乎是所有人主导的人生观，在这种状况下，人的发展需要处于一个相对不显著状态。而我国即将在 2020 年全面建成小康社会，当代大学生群体已经摆脱了需要解决基本温饱的生存压力，生存需要获得了较好的满足，发展需要成为主导性需要。这种发展需要催化主体性诉求，表现为一种强烈的自我发展意识。当代大学生特别渴望表现自我、展示自我，从自我表现、自我展示中获得"存在感"。他们更具有自我管理和自主探究的意识和能力，对于传统教育教学的说教，具有本能的反抗和拒斥。这种主体性诉求和需要既为大学生管理理论课教学带来更大的挑战，又比较适应翻转课堂教学模式对学习者具有自主学习能力的要求，有利于教师开展翻转课堂的教学探索。

（四）相关学习理论的发展

翻转课堂，是由课程教师提供相应学习资源要求学生在上课前完成学习，师生在课堂上一起完成协作探究、互动交流、作业答疑等活动的一种新型的教学模式。翻转课堂调整了课堂内外时间安排，重构了教学环节的教学，强调通过发挥学生的主体性来增进教学互动，实现学习个性化，有效突破了传统单向灌输为主的教学模式设计理念，对于促进学校实体教学模式设计创新具有重要借鉴和启发。20 世纪 90 年代以来，建构主义认识论在教学设计中日益成为主导性理论。建构主义学习理论强调学生在教学过程中的中心地位，认为学生是知识意义的主动建构者，而不是外界刺激的被动接受者；教师是教学过程的组织者、指导者、意义建构的帮助者、促进者，而不是知识的传授者、灌输者。中山大学王竹立教授在 2011 年又提出了新建构主义，主张网络时代对知识的学习、应用与创新三个阶段日趋合一，学习就是建构，而建构蕴含创新，创新是学习的最高目标。认为以"我"为中心、以创新为目的的、零存整取式的网络自主学习将成为学习的最主要形式。建构主义和新建构主义都强调学习是以学生为中心的，这为"翻转课堂"利用互联网平台，建构学生自主学习、主动探究的教学模式提供了理论上的支持和依据。

此外，近年来我国高校网络课程、精品课程、微课、大规模在线课程等的开发和建设，已经取得了较大进展，广大教师和学生对于应用信息技术进行教学和学习已不再陌生和排斥。随着各个高校校园信息化建设的推进，各种线上线下混合式教学所需要的配套设施和网络维护较为齐全和便利，为理论课开展基于"翻转课堂"的线上线下混合式教学改革提供了必要的基础条件。

四、构建"翻转课堂"混合式教学模式的框架设计与探索

(一)教学逻辑

教学是教师通过学科知识促进学生发展的实践过程。任何学科的教学都要由教师去影响学生,使其由现有状态向预期的状态发展和转变。在教学过程中,必定需要一定的教学逻辑对教学过程进行观念运演和操作。所谓教学逻辑是指教师基于对学科知识的把握以及对学生认知规律、情感发展规律和学习行为规律的了解,形成的关于教学内容、教学活动的构想,是决定教学过程和环节安排的重要思维。理论课教学逻辑就是指理论课教师在教学过程中,根据教学目标,对理论课教学内容进行选择、优化组合,确定具体教学任务,结合学生学习规律,设计有助于形成师生良性互动对话,能促进学生有效学习,并形成具有系统性和层次感教学环节的思维和设想。高校理论课构建基于"翻转课堂"的线上线下混合式教学的逻辑应从以下方面进行构思。

1. 依据教学大纲和教材,选择、优化组合教学内容

大学生教育管理的理论课采用"马克思主义理论研究和建设工程重点教材",其编写的系统性和完整性较强,观点鲜明、内容丰富、论证严谨。大学生教育管理理论课教材为教学提供了基本的理念和内容要素,是开展大学生教育管理理论课教学的依据和实现教学目标的保障。但因教材涵盖的基本理论多、知识覆盖面广,教师教学课时有限,不能直接作为教师的教学内容,必须将其进行转化。一方面,教材内容使用书面语言,注重准确性和规范性,具有客观性和抽象性,偏重理论阐释,难于理解。教师需要在线上线下的课堂教学中,深入解读教材内容并对其进行解码和重构,将意识形态话语或者理论话语转换成更生动、更直观、更接地气的话语,并与大学生生活实际进行紧密连接,使其减少与大学生的疏离感。尤其是在线上教学时要学会利用网络语言与学生进行交流互动,在线下课堂研讨中要注重语言的生活性,要让传输的信息"生活化"。另一方面,教材内容注重完整性,难以在教学中面面俱到,需要在教学中突出重点和难点内容,便于教师讲开、讲透,实现课程教学有重点、有深度、有效果的目的。在安排线上教学内容时,要根据教材的前后逻辑将教学内容模块化,对每一模块的重点内容和难点内容进行"微化"处理,录制时间长度为

15 分钟的教学视频供学生自主学习，满足学生碎片化和泛在化的学习需求。再者，教材内容是学科知识的高度浓缩，具有很强的延展性。教材由于纸质媒介的局限性，对学科知识的承载量有限，教师需要有意识地根据教学内容为学生提供充足的补充资料或是提供书名、文章名或是直接在线上为学生提供具体的补充资料和网络链接，丰富课程学习资源，供学生自主选择学习，帮助学生建立围绕教学内容的网状知识结构，加强知识之间以及知识与生活之间的关联性，扩充知识存储量。

2. 依据学生学习认知特点，设计有效的教学内容与活动

一方面，教学是围绕构建学生有意义的学习的过程。认知学习理论认为有意义的学习建立在新旧知识之间、知识与生活之间以及知识与个人之间的联系之上。要开展有效的教学，需要学生将新知识与已有的经验和知识以及能力相联结，才能更好地将新旧知识进行同化，这个同化的过程就是学生内部积极学习的过程。因此，教学逻辑需要关注学生新旧知识之间、知识与自身之间、知识与生活之间建立多重关系。在教学过程中必须尊重和了解学生已有认知结构的"先在性"知识，认识学生学习一般遵循的由熟悉到陌生、由简单到复杂的规律。不能只是简单传授结论性知识，更需要组织相关活动，让学生不断参与教学过程，主动建构知识，在自身原有积累性知识的基础上不断扩充并按照一定的顺序向前拓展，以便获得有意义的学习。教师在教学活动设计时，要充分考虑教学方式的适当性与学生学习的可接受性，要符合一定的顺序并有一定层次感与系统性。将教学内容有条不紊地体现层次、步骤和结构，以帮助学生将教学内容有效纳入其认知系统，促进学生的学习和发展。

另一方面，教学逻辑应关注对学生能力的提升。"翻转课堂"的教学逻辑应当促进学生由被动学习向主动学习转变。在教学过程中，要设计足够的自主学习、研讨学习、合作学习等教学环节，促进学生独立思考，学会反思与自我对话，让学生通过相关教学活动，逐渐实现由依赖学习向自主学习转变，由孤立式学习向合作式学习转变，由封闭式学习向开放的探究式学习转变，在思维的逐步推进和发展中实现知识的重组和归纳，以完善个人的认知结构。

3. 借助信息技术，促进师生有效对话与交流

大学生教育管理理论课教学是一个复杂的动态系统。在这个系统中，教学内容、教学方法、学习方式等的有效整合，需要教师和学生与教学内容之间实现有效的对话与交流。线上线下混合式教学要充分利用现代信息

技术，搭建师生对话的网络空间，设计相应的线上学习讨论交流任务，了解学生课前学习掌握情况和存在的问题。在线下课堂教学中，要针对线上学习的问题组织学生开展充分的研讨交流并及时给予指导和回应，促进学生与学生之间、学生与教师之间以及师生与教学内容之间的有效对话，推动整个教学系统的整合，深化学生思维认知。

综上，高校大学生教育管理理论课基于"翻转课堂"的线上线下混合式教学要将既定的教材内容转化为生活化、"微化"且具有整体性的教学内容，依据学生认知学习特点，借助信息技术突破单向灌输的教学模式，打破以往"教—学—考"的教学流程和教学环节，重构教学过程，创新教学秩序，将其转变为"学—教（导）—行"的教学流程，也就是，先让学生利用线上教学开展自主学习，再通过课堂研讨式互动和教师讲授，释疑解惑，引导学生正确认知，最后开展学生实践学习，内化知识，外化于行。而在这个过程中，教师的主要职能不再是知识的呈现，而是设计学习活动、准备学习资源和促进学生学习。

（二）教学过程设计

1. 教学具体流程

开课准备，基于"翻转课堂"的线上线下混合式教学在正式开课前需要教师做大量的准备工作。

教师要建设网络教学平台。线上教学的开展需要借助完善的网络教学平台。一方面，教师需要提前做好学生名单的导入、分班等管理工作，确保每个学生都能顺利开展线上学习。另一方面，教师需要按照教学进程的安排，上传并开放相关教学微视频和图片、文本等课程资源，设置一定量的闯关习题和作业，开辟学生线上讨论交流专区，发布学习通知和学习要求，为学生自主学习做好引导工作。

教师要根据本学科教学要求，依据学校规定的学时学分和知识难易程度，对教学内容进行科学合理的划分，以专题的形式将内容进行模块化，不同的模块之间要体现相关性，并确定每个模块中的重点、难点，制定具体的教学进度，合理安排教学进程。

教师要提前录制相关教学视频。教师需要按照教学内容的模块化要求，对每个模块的知识进行"微化"处理，录制数量不等的微视频，突出重点和难点内容。教学视频的录制需要提前准备好脚本，在其中要注重对学生"先在性"知识的衔接，内容安排要有一定的层次。不同的微视频要能共同构建每个模块完整的知识体系。

教师要进行学情分析。好的教学离不开好的教学设计，好的教学设计需要因"生"而设，提前做好学习对象、学习内容和学习目标的分析。高校大学生教育管理理论课教师要熟知学生的特点，了解学生先修课程的学习情况，依据学生的认知特点和教学内容确定每个模块的具体的学习目标。

2. 线上教学阶段

当教师完成开课的各项准备工作后，学生的自主学习要紧随其后。学生的学习活动：第一，学生根据教师提供的网络教学平台登录信息，登录并完善个人学习空间的资料。查看教师发布的学习通知和学习任务，首先学习基础教学资源，包括教师已开放的微视频、与此相应的 PPT、文本资料等，并在学习过程中随时记录学习问题和困惑，提交到讨论专区供教师和其他同学相互讨论和解答，为教师了解学生学习困惑，准备线下课堂活动提供素材。第二，学生根据要求，完成相关的闯关练习和作业，自我检测学习情况。在这一阶段里，教师也可采用分小组学习的方式，布置一些专题任务，要求学生在课前进行小型调查或资料查阅，由小组成员合作完成。

教师的教学活动：第一，做好对学生学习的监管工作。随时查看学生学习情况，对学习进度明显落后的学生要及时督促提醒其按时完成学习任务，以免影响后一环节的线下学习。第二，教师要及时回复学生提交的问题，鼓励学生大胆提问，并促进同学之间的交流，活跃线上教学氛围。第三，及时批阅学生提交的作业，并根据线上学习情况确定线下课堂讨论主题和需重点讲授和指导的内容。

3. 线下教学阶段

线下课堂教学是基于"翻转课堂"的线上线下混合式教学的关键环节之一。

梳理学生自主学习内容，组织学生开展讨论探究。教师在组织学生讨论之前，需要对前期学生线上学习主要内容进行必要的梳理，帮助学生重温知识，以便更好地将其带入课堂讨论情境。教师需要将全班学生分成若干个学习小组以便于学生充分讨论。教师根据前期搜集的学生自主学习记录的问题和需要研讨的困惑，将带有普遍性的问题分配给各个小组进行讨论交流。各个小组内部需要进行必要的分工，确定组内的组长、记录员、记分员和发言者，不同周次小组内部的记录员、记分员和发言者需要进行轮流更换。教师给予小组一定的讨论时间，一边掌控全班讨论秩序，一边参与学生讨论，有效组织和督促讨论环节。

讨论结束后进行各小组汇报展示。每个小组的发言人轮流向全班进行汇报，其他小组共同进行评判和分享。不同周次根据教学需要可汇报提前开展的专题调研报告等。

教师及时进行点评和引导。教师在学生讨论和展示环节中，要及时对学生观点进行点评和引导，尤其是对不一致的观点或错误观点进行肯定性评价或否定性评价，引导学生思想符合社会主义核心价值观的要求。

教师需要留出适当的时间对学生本次线下课堂讨论和展示成效进行总结和归纳，突出本模块或专题的主线、重点内容、形成的主要观点和最终师生所达成的共识等，帮助学生形成完整、系统的知识体系。

4. 课后实践阶段

线上线下教学结束后，大学生教育管理理论课要及时引导学生开展实践，将理论知识内化于心，外化于行。

教师按照教学要求，根据学校及社会资源条件，组织学生开展校内实践和校外社会实践以及网络实践。校内实践要与学校第二课堂进行紧密结合，包括组织辩论赛、读经典原著、进行演讲活动、参观校史馆、开展校园事件或人物调查等，充分利用校内资源，培养学生综合素质和能力；校外社会实践要充分利用周边社会资源，包括社会调查、参观活动、志愿者服务活动等，将课堂知识与社会实际相对接，让学生在丰富多彩的社会实践中感悟中国特色社会主义理论的精髓，践行社会主义核心价值观；网络实践包括开展网络调查、制作微视频等，要求学生将网络实践成果上传到教师指定空间，以便充分展示学生学习和实践成果。

教师要及时进行课程总结，对个别需要辅导的学生进行个性化指导，总结线上线下课堂经验，改进教学。同时，也要随时指导学生的实践活动，让学生的"行"落到实处。

5. 教学结果评价

基于"翻转课堂"的线上线下混合式教学模式需要建立综合的评价体系，评价指标要突出对学生自主学习和思考的激励，突出对学生协作能力的考察和小组内成员间的督促，关注学生在学习中的行为、态度和情感表现，评价要将学生自主学习、课堂讨论学习以及课后实践三个环节相结合，全面监控线上线下学习全过程，体现对学生学习的过程性评价。

（三）实践反思

某大学于 2016 年开展了线上线下混合式教学的改革，"思想道德修养与法律基础"课程被纳入学校改革试点课程。2016 年秋季对 3 个课程班作为"翻转课堂"的线上线下混合式教学改革试点，该教学模式得到了同学们的喜爱和认可，取到了较好的教学效果。经过一个学期的探索与尝试，高校大学生教育管理理论课线上线下混合式教学改革还需要做好以下方面工作的改进。

1. 教学模式改革要更新教学理念

"翻转课堂"实质上是"生成课程"这一全新理念的充分体现。"生成课程"是针对传统的预设课程而提出的教学模式改革，这种改革从根本上说是源于教学理念的改变。"生成课程"则注重课程的创造品质和生成品质，强调课程是在教师、学生、教材、环境等多种因素的持续相互作用中动态生长的建构性课程。它把课程的"既定的"目标变成"将成的"目标，课程成为师生展现与创造生命意义的动态生成过程，而不是单纯的认识活动。在课堂教学中，学生对已知的结论性知识的把握已经不是主要目的，教材成为学生迸发思想火花的资源，课堂成为学生体验生命意义、实现自我超越的空间，为自我的可持续发展奠定基础。因此，在"翻转课堂"里，对结论性知识的学习主要集中课前或者是在网络在线学习中去完成，而真正的课堂则会更加注重学生在教师的引导下，对知识的深度理解和实际体验，通过讨论等方式，激发学生思维，从而实现学生的自我超越，达到科学精神与人文精神的和谐与统一。正因如此，在"翻转课堂"里，课堂教学环节的设计将立足于学生学习需求，注重体现学生学习的"主体"地位，从而引导学生对课堂学习的深度参与，提高教学质量。

推进教学改革首先需要教师更新教学理念，突破对教学模式固定化的认识，吸纳富有建设性、创新性的教学理念，敢于改变传统教学模式，敢于探索多样化、全新的教学手段和方式方法，立足于当今大学生实际情况，努力探寻大学生实际需求，顺应时代发展趋势，充分利用"互联网+"时代的便利资源，大力拓展大学生教育管理教育教学的空间和平台，保障改革的顺利开展，不断为大学生教育管理理论课教学注入新鲜血液，使其保持旺盛的生命力和影响力。

2. 教学模式改革必须依赖团队

基于"翻转课堂"的线上线下混合式教学改革不是单纯的教学方法或

教学手段改革，而是对于整体教学模式的重新设计与探索，改革涉及教学理念的更新、教学进程的重新安排、教学内容的优化整合、教学空间的拓展、教学手段和方法的改进以及教学评价方式的改变等各个方面，是动一处牵动全身的全面改革。因此，改革工作的顺利开展绝不是一两个教师便能全部有效实现的。教学改革需要课程负责人带领教学团队进行充分讨论，群策群力，制订科学合理的改革实施方案，分工细化，明确每位教师的改革任务。从每段视频的精心录制到后期制作美化，从每个章节的作业发布到及时批阅反馈，从每个讨论议题的拟定到与学生的即时回复与互动，从后台数据的实时监控到对学生学习进度的掌控与督促，从教学内容的优化到评价体系的全面改革，每一个教学环节的改革工作都需要在团队成员的通力合作下及时沟通、解决问题，确保整体教学工作的各个环节都能顺利完成改革任务，以便达到更为理想的改革目标。

3. 教学模式改革需要师资培训的及时跟进

无论是"翻转课堂"教学理念的更新，还是线上线下混合式教学方式的转变，都需要对教师进行相关教育教学培训，更新教师教育教学理念，熟练掌握网络教学技术，掌握网络语境下与学生沟通的技巧和有效方式。因此，教学改革需要对师资队伍进行必要的培训，紧跟时代发展步伐，全面了解学生所学所求，才能更好地推进和深化教学各个层面、各个环节的改革。

4. 教学模式改革需要政策和制度的有效保障

基于"翻转课堂"的线上线下混合式教学模式改革涉及面广，改革力度大，教师用于网络在线课程的设计、制作、维护成本偏高，尤其是首次改革无论是教学视频的录制与编辑、教学内容的优化整合、教学环节的设计、有效评价方式的探索以及对学生学习的全面监控与跟进，都完全是从零开始，工作难度大，工作强度高，不少老师往往是心有余而力不足。因此，学校教务部门应对开展教学改革的团队进行必要的政策和制度保障，激发教师开展混合式教学改革的热情。

习近平总书记在 2016 年 12 月 7 日至 8 日的全国高校大学生教育管理工作会议上指出，大学生教育管理工作从根本上说是做人的工作，必须围绕学生、关照学生、服务学生，不断提高学生思想水平、政治觉悟、道德品质、文化素养，让学生成为德才兼备、全面发展的人才。基于"翻转课堂"的线上线下混合式教学改革正是基于在教学中突出学生学习的主体地位，关注学生在学习过程中学习动机的激发，突出促进学生在教学过程中的积极参与，从而创建更符合当代大学生实际和心理需求的教学模式改革。基于"翻转课堂"的线上线下混合式教学改革是拓展大学生教育管理理论课教学空间，改进教学方法和手段，提高第一课堂教育教学质量的重要探索和创新。

目前，全国范围内，无论是开展完全的慕课建设，还是开展混合式教学、微课教学等，都是对传统教学模式的突破和大胆创新，是对"互联网+"时代到来的积极应对。各个高校的改革与实践也都取得了一定的成效，为今后改革的不断深化奠定了良好的基础。但改革仍需更大范围、更大力度的创新和实践。一方面，各高校要提高认识，将大学生教育管理理论课的深化改革放在提高教育教学质量，全面培养中国特色社会主义合格接班人和建设者的高度，进行科学的顶层设计和整体规划，以确保大学生教育管理理论课教育教学改革的顺利开展。另一方面，千里之行始于足下，任何一项改革不仅需要创新的理念和大胆设想，更需要付诸实际的具体行动。在"互联网+"时代，及时转变教育理念，将互联网思维运用到具体的大学生教育管理教育模式改革和课堂教学中，使课堂教学变得更有效率，显得尤为重要。思政课教学改革要运用好"互联网+"的优势，积极开展网络教学与课堂教学相结合的具体实践，构建完善的教学改革模式，在教学中进行积极的推广应用，切实提高思政课教育教学质量，培养践行社会主义核心价值观的坚定信仰者、积极传播者和模范践行者。

第九章　高校大学生事务管理网站的建设及应用

就中国互联网应用的普及方面来看，高校学生的应用率最高；就互联网技术发展速度来看，高校发展最迅猛。高校网络实际上已经成了大学生事务管理的重要阵地，这开拓了高校大学生事务管理工作的新空间，同时也对其提出了挑战。

第一节　大学生事务管理网站的信息安全管理

大学生事务管理网站的建设和维护的重要方针是"积极发展、加强管理、趋利避害、为我所用"。信息安全管理是大学生事务管理网站重要的技术支撑和运行基础。为了保障高校校园网络的健康快速发展，需要不断创新管理制度体系、管理组织体系、安全技术手段，使网络信息安全管理逐步走向制度化、科学化，更好地发挥校园网的服务作用。

一、大学生事务管理网站信息安全管理制度体系

各项规章制度的建设和落实是大学生事务管理网站管理的规范化程度指标。大学生事务管理网站建设要统筹网络建设的全局，抓住网络建设的重点，制订相应的方案，切实考虑到组织参与人员的管理，主要是为大学生事务管理网站信息安全管理制度体系的有效运行提供保障。

（一）大学生事务管理网站管理制度的根据

制订大学生事务管理网站的各项管理制度，就是为了保障和规范网站的正常高效运行，保障大学生事务在网络环境中健康发展，切实为大学生自身利益的实现做好工作。大学生事务管理网站管理制度包括对管理制度的目的、依据、适用范围、基本原则等的说明和具体实施细则。这其中的

细则一定是参照国家有关的法律法规来制订的，我们总结其法律法规大致如下：《中华人民共和国计算机信息网络国际联网管理暂行规定实施办法》《全国人民代表大会常务委员会关于维护互联网安全的决定》《中华人民共和国计算机信息网络国际联网管理暂行规定》《关于加强计算机信息系统国际联网备案管理的通告》《中华人民共和国计算机信息系统安全保护条例》《计算机信息网络国际联网安全保护管理办法》《互联网站从事登载新闻业务管理暂行规定》《中国教育和科研计算机网暂行管理办法》《计算机信息系统国际联网保密管理规定》《互联网上网服务营业场所管理办法》《中华人民共和国治安管理处罚法》《中国互联网络域名注册实施细则》《互联网电子公告服务管理规定》《互联网信息服务管理办法》《中华人民共和国电信条例》《中华人民共和国刑法》。

高校大学生事务管理网站各项管理制度应向全校师生及工作人员公布，并且做好宣传工作，让所有管理者和用户在使用网络之前知道相关的管理规定，促其正确且安全地使用大学生事务管理网站。

（二）大学生事务管理网站管理制度的办法

高校大学生事务管理网站管理制度的总体办法有：大学生事务管理网站管理办法总则、网络和信息安全保密管理办法、接入用户管理办法、网络管理员管理办法等，具体如下：

（1）大学生事务管理网站管理办法总则。一般以《××大学大学生事务管理网站管理办法》或类似的名字出现，规定大学生事务管理网站的管理机构、适用范围以及各部门之间的任务分工，并对大学生事务管理网站的建设、使用的基本原则给出概要性的规定。

（2）网络和信息安全保密管理办法。为了实现网络和信息的保密管理，大学生事务管理网站应制订相应的网络和信息安全保密管理办法，其中应包括保密信息的界定和分类、保密工作的领导单位、责任分工等。对于涉及机密的科研单位或机要部门，一定要遵守国家保密工作的有关规定，原则上这些单位的计算机系统应该与大学生事务管理网站进行物理隔离。

（3）接入用户管理办法。大学生事务管理网站的用户可以分为单位用户和个人用户。大学生事务管理网站管理制度中应该规定接入用户的权利和义务、接入审批和注销程序、技术标准等内容。网络的管理者应该尊重用户的通信自由和个人隐私，但是用户必须遵从国家执法机关依照法律法规进行的管理和监督。

（4）网络管理员管理办法。为了规范网络的服务，制订网络管理员管理办法以规定各单位网络管理员的任务和责任。

大学生事务管理网站管理通过以上几方面的规范来制订相应的制度，基本上可以保证大学生事务管理网站安全健康运行。

（三）大学生事务管理网站信息服务管理

高校大学生事务管理网站的主要功能是信息交流，因此其信息服务方面的管理显得至关重要，不仅要保证信息交流的顺畅，还要保证信息交流的健康有效。所以，关于高校大学生事务管理网站信息服务管理的办法和制度比较细化，具体如下：

（1）网络信息服务的审批和备案制度。在大学生事务管理网站中长期开设的信息服务或者对外提供服务的服务器，应该在学校登记备案。审批和备案制度应规定学校的负责部门要按审批程序进行审批，备案时严格按照实名登记制度执行，以此来进一步加强校内网站与网络用户安全性合法性，做好网络信息服务的审批和备案的统一有序管理。

（2）各项网络信息服务管理办法。网络信息服务管理办法首先应说明管理的范围，比如校园内开设的各类 FTP 站点、媒体服务站点等，其次要督促各站点做好自我信息服务的管理工作。

（3）学生宿舍楼局域网管理办法。大学的宿舍楼局域网是大学生事务管理网站的重要组成部分，也是教学、科研和行政管理的基础设施之一。宿舍楼局域网的管理维护必须纳入学校整体大学生事务管理网站的管理规范之中，以保障它的正常运行和健康发展，并维护各方正当的权益，更好地为网络用户服务。宿舍楼局域网的管理办法应该明确规定局域网的管理机构，成立相关的责任部门进行专门化管理。对于宿舍内部的网络资源管理（如域名、IP 地址等）和信息服务管理等，要在全校网络资源管理的框架下制订详细的管理办法和管理程序。另外，由于宿舍用户主要是学生，所以还要做好学生校园网络的自我管理，加强其自律性，尤其是要加强学生对信息安全的警惕性和辨别度的培养。

（4）IP 地址和域名管理。高校大学生事务管理网站需要根据国家 IP 地址和域名的管理办法，组建管理团队，分级负责，并且要家里地址的数据库。对于动态 IP 地址，必须建立日志、审计系统和相关管理制度。

（5）电子公告服务 BBS 管理办法。高校 BBS 是校园信息交流的重要平台，要通过 BBS 的管理办法落实用户实名注册制度。具体做法：一是对于有社会影响的 BBS 站点，要在通信管理局备案，相关的责任部门承担 BBS 管理的法律责任；二是 BBS 的管理办法中应该明确规定系统的责任人、管理机构，并制订相应的管理制度，其中包括站务的管理、版面的管理、用户账号的管理等；三是 BBS 系统实行实名注册制度，加强对 BBS 系统的规范和管理。

（6）电子邮件服务管理。许多高校都为师生提供了集中的电子邮件服务。电子邮件服务的管理办法必须明确规定邮件服务的管理机构、服务对象、申请流程、使用方法、收费政策，并声明管理机构、用户的责任和义务。

（7）大学生事务管理网站有害信息处理办法。网络有害信息的处理办法首先应该明确什么是有害信息，然后指明处理办法的适用范围（一般限于校园网内部的主页、论坛、FTP 服务器等）。办法应该明确管理机构、相关人员的责任、工作程序、责任追查和处罚措施。

（8）网络行为违规处理制度。违规处理制度首先要声明哪些行为在大学生事务管理网站内是禁止的，其中当然包括法律明令禁止的行为，还应包括影响教学、科研和管理等正常网络服务的行为，比如大流量的媒体服务器、游戏站点或在校内开展的商业活动，如果影响学校的正常业务，就应该有规章制度来约束这些行为。违规处理制度或相关的管理办法应该明确管理机构、处理流程和处罚措施，并且要让所有用户知道，比如写入学生手册、研究生手册和教师手册。大学生事务管理网站违规处理办法不能与国家相关的法律法规相背，不能侵犯用户的隐私。

（9）管理员和用户培训制度。大学生事务管理网站的管理办法应该明确网络管理人员的上岗资质或技术水平要求，并且上岗前要经过培训。在管理过程中，也需要定期对技术人员和其他管理人员进行培训，提高管理和服务水平。同时广大师生用户的网络安全意识的培养，也是亟待解决的问题。管理员和用户应该定期、有针对性地进行培训。

总之，高校大学生事务管理网站由以上这些办法来保障，那么其信息服务方面的管理一定能行之有效，并能更好地为发挥其作用，从而服务于学校师生和工作人员。

二、大学生事务管理网站信息安全管理组织体系

大学生事务管理网站安全管理制度体系是与高校校园网管理工作的重要组成部分，要做好这项工作，就要加强校园网的管理工作，尤其是领导工作。因此要坚持"谁主管、谁负责，谁主办"的原则，管理机构统一化、部门分级协作化、管理队伍自足化，让学生普遍参与管理组织体系。

（一）管理机构统一化

加强大学生事务管理网站信息安全管理组织体系的建设，设立统一化的管理机构十分重要。以清华大学大学生事务管理网站信息管理为例，学校成立了党委领导下的网络信息管理委员会，由主管宣传工作的党委副书记任主任，主管网络建设的副校长、主管学生工作的副书记任副主任，成员包括来自宣传部、学生工作部、保卫处、网络中心、学生服务中心等相关负责人组成。网络信息管理委员会按照管理职能的分解职责和重点网站的建设要求成立若干工作小组，并常设办公室，设立专门的岗位负责日常工作。网络信息管理委员会的职能定位于统筹信息服务的资源，推进宣教阵地的建设，协调部门分工管理的职能，有效实现网络建设与信息管理同规划、思想政治教育队伍与网络技术队伍相配合、管理决策与工作部署相一致的管理体制和机制。网络信息管理委员会的主要职责包括以下几个方面：

（1）研究制订网络信息管理和网络宣传教育工作问题的相关政策和管理办法，完善各种规章制度。

（2）依照国家对互联网信息管理的有关法规精神，对校园网内具有公开性、共享性的网络信息服务活动（如建立网站、开设 BBS 等）进行审批备案。

（3）协调相关各部门工作，形成网络信息管理和网络宣传教育工作的整体优势。

（4）实施校内网站和论坛发布内容的监控，防止其中的有害信息转化为学校中的不稳定因素。

（5）及时处理由网络信息引发的突发事件，并逐步形成规范流程。

（6）规划和组织网上教育的理论学习、新闻宣传以及各类网络阵地的建设。

要做好大学生事务管理网站信息安全管理工作，消除网络负面影响，使网络健康发展，更好地服务人民，是业内外人士共同的追求。要达到这一目标有很多的困难需要克服，如网络科技的复杂性、信息的真实性、应用普遍等问题，让网络信息安全管理举步维艰。要使这一目标顺利实现，需要统筹整个管理体系，在每一过程的每一步骤中进行周密规划，形成高效的管理机制。

（二）部门分级协作化

高校各部门分级协作是指各部门之间的大学生事务管理网站信息安全

管理组织，既分门别类、专项专责，又相互协作、互通互助。

网络和信息的分布式特点决定了大学生事务管理网站信息安全管理需要分级、分布式的管理体系。这就需要高效网络技术部门与其他高校管理部门进行合作管理，使信息安全技术平台，保障网络安全平稳运行其他工作部门负责网上舆论引导、网络信息监控、网络文化建设等工作。

除了学校集中维护的重点网站以外，高校各院系一般都有各自的网络交流平台，包括主页、论坛、FTP 和电子邮件服务期，提供信息发布、讨论沟通、课件下载、文件中转、软件共享等服务，形成了用户主体为本院系的网站群。

针对这些特点，具有一定规模的院系单位要建立自己的网络信息管理机构，结合本单位的实际，在全校网络信息管理领导机构的领导下制订本单位的工作岗位、规章制度，保证管理与责任两个体系的各司其职又紧密协作。另外，也要借鉴其他院校的优秀的大学生事务管理网站信息安全管理工作的经验，用以完善自身，甚至可以与其协作共同做大学生事务管理网站的信息安全管理工作。

（三）管理队伍自足化

高校大学生事务管理网站信息管理队伍的自足化，是指学校网络信息安全管理的工作任务可以适当地下放到学生群体中。不可否认，高校大学生事务管理网站信息管理工作的落实需要一支强干队伍。要培养的人员组成符合要求的队伍，就要做到最基本的两点要求，一是要培养队伍成员的网络化思维和网络科技，同时建立合理的管理工作考评与激励机制；二是要培养成员的自我提升的学习积极性，并发掘正确的自我教育能力培养模式，要达成在网络上自我教育并且管理、服务的一体化，只有这样才能达到管理队伍的自足化。

以清华大学为例，学校在加强网络信息安全管理上组建了四支学生参与的工作队伍。第一支是网络辅导员队伍，网络辅导员由网络技术好、思想水平高、熟悉网络文化、在网上有影响力的学生辅导员担任，由他们再依靠一批学生网络技术骨干，积极开展网络宣传教育及管理工作；第二支是由校系两级学生科协骨干组成的网络技术队伍，他们参与各类网站的技术维护和功能改进工作；第三支是由学生志愿者组成的学生宿舍楼网络管理员队伍，他们参与院系局域网的运行维护、信息管理和网络文明建设等工作；第四支是由学生通讯社、学生网络电视等社团成员组成的采编队伍，他们积极参与校园新闻采访、热点事件报道等工作，协助舆论引导的任务。学校为这四支队伍提供活动场地、硬件设施和专项经费。队伍的建立，使学校的网络思想政治教育有了可靠的组织保证。网络辅导员和广大学生网络管理员也在参与校园网运行维护、服务同学、引导舆论、信息安全管理和网络文明建设等工作过程中接受教育和培养，提高了思想素质、增长了才干，实现了学校网络信息管理队伍的自足化。

三、大学生事务管理网站信息安全技术体系

大学生事务管理网站信息安全技术体系的保罗范围广泛，大致来说包括六个方面，分别是：用户上网的身份认证系统，用户上网行为的审计系统，用户管理、IP 地址、域名及信息服务管理系统，网站的监控和管理系统，信息内容的过滤系统，网络安全监测和病毒防范系统。大学生事务管理网站信息安全的管理必须构建技术防范体系，除了上述提到的几个方面，还有建设大学生事务管理网站安全防护、信息实时监测与跟踪、路由控制等系统。

（一）用户上网的身份认证系统

用户上网的身份认证是大学生事务管理网站信息安全技术体系的首要防线，它为控制、追踪、审计、计费与管理等安全措施的后续环节的顺利开展提供支持。所以，一定要做好大学生事务管理网站的用户上网认证。当前，很多大学生事务管理网站往往在校园网内可以自由访问，只有在访问校园网以外的资源时才需要认证。这种情况导致的后果是，用户在校内的上网行为不受控制，在网内的违规行为甚至违法行为也难以追查；特别是用户若以代理服务的途径访问校外资源时的违法行为更加难以追查。做好身份认证是解决这些问题的关键。

当前，身份认证的网络接入认证的主流技术方案有三种，分别是：基于 Web 的认证、基于 PPPoE 的认证和基于 802.1X 的端口认证。其中基于 Web 的认证是大学校园网上普遍实施的技术，但是不能限制对大学生事务管理网站内部资源的访问。基于 PPPoE 的方案对以太网交换机的处理能力要求很高，因而投资较高。基于 802.1X 的端口认证系统中，如图 9-2-1 所示的用户认证信息存储在认证服务器上，包括用户账号、加密后的口令以及账号类型、计费信息、IP 地址等信息。没有账号的用户（即未授权用户）无法上网，这主要是通过在交换机上实施的端口控制技术来实现的。

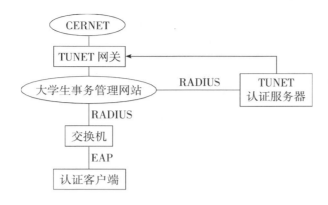

图 9-2-1　大学生事务管理网站身份认证系统

　　大学生事务管理网站身份认证在交换机上实施的端口控制技术操作如下所述。网络接入认证的用户计算机所连接的交换机端口在默认状态下是逻辑关闭的，用户无法上网。授权的用户需要在计算机上安装专用的认证客户端软件。软件通过 EAP 协议把自己的账号、加密后的口令等信息提交交换机，交换机再通过 RADIUS 协议转交给认证服务器。如果用户的认证信息正确而且 IP 地址信息等符合上网规定，则用户计算机所连接的交换机端口从逻辑上打开，允许用户访问大学生事务管理网站；否则，交换机端口维持逻辑上的关闭状态，用户无法上网。

　　大学生事务管理网站用户上网的身份认证主要是基于 802.1X 的端口认证系统来实现的，这一系统广泛应用于高校，在大学生事务管理网站信息安全技术体系中发挥重要作用。

（二）用户上网行为的审计系统

　　用户上网的审计系统与用户管理、IP 地址的分配与管理、用户认证系统是不可分割的整体。只有这些信息的综合，才能提供完整的用户上网审计记录，才能有效追查校内有害信息的来源。

　　动态地址分配技术（DHCP）和地址转换技术（NAT）给用户行为审计带来了一定的困难，因此如果网络实行动态地址分配和地址转换，一定要保留相关的日志信息，比如时间、分配地址、物理端口等，而且还要设计信息和用户账号的关联分析系统。

　　用户上网行为的审计系统对网络信息安全的追查、威慑网络违规或违法活动起到非常重要的作用，是大学生事务管理网站信息安全技术防范体系必不可少的系统。

（三）用户、IP、域名的信息系统

用户信息管理、网络地址、域名等资源的管理是大学生事务管理网站管理的重中之重。要实现其系统的合理化作用，需要以下信息：

（1）单位用户信息，包括联系人及联系信息、分配地址段等。

（2）个人用户信息，包括用户身份、单位、联系信息、分配地址、上网权限等。

（3）IP 地址段信息，包括使用单位或个人、访问权限等。

（4）域名信息，包括使用单位或个人联系信息、用途等。

对于动态分配的地址信息，DHCP 服务器上应该保留相关日志，并能够通过用户管理系统相关信息，根据 IP 地址查询到相应时间的使用者。以此来保证日后如有追踪必要时能顺利进行，这也是对用户的一种警醒。

（四）网站的监控和管理系统

许多网络安全事件的根源是大学生事务管理网站内大量的计算机系统存在安全漏洞，或是系统入侵、病毒感染等。一方面，软件在实现过程中可能存在着安全漏洞；另一方面，用户在使用过程中没有对系统进行安全合理的配置，这些问题都可能被黑客或病毒用来入侵计算机或者发动攻击，从而引发网络安全问题。

针对网络安全问题微软公司提供了三种方案。微软公司的 Windows 操作系统的补丁管理提供了自动 Update、SUS、SMS 等三种方案，许多高校选择了适合大学生事务管理网站管理体制的 SUS 方案。但是网络管理者立该认识到，微软的补丁管理方案只能支持微软公司的产品更新，而且仅限于有限软件产品的更新。虽然这样还是不能解决其他软件产品存在的问题，但是提供了一种借鉴方案。

高校大学生事务管理网站络中心或类似机构应该组建团队或者聘请专门人员，建立大学生事务管理网站主要网站的管理和监控系统，及时发现服务器的安全隐患、运行故障、主页被篡改等安全事件。

（五）信息内容过滤系统

网络信息安全的重点问题是不良信息的传播与扩散。在一定情况下，防止有害信息传播的重要技术手段是内容过滤。高校大学生事务管理网站上的不良信息可能会成为全社会关注的焦点，必须严加监测、认真管理。为解决这一问题，当前普遍采用的技术包括垃圾邮件过滤、关键字过滤和先审后发、网络流量过滤等。

目前的内容过滤技术在防范有害信息传播方面所发挥的作用不明显。防范有害信息的根本性措施，还在于加强网络的实名使用管理、事后的审计和追查系统的建设上，通过一定的威慑力预防网络不法行为和违规行为。网络信息安全还需要各个系统共同发力才更加有效。

（六）安全监测和病毒防范系统

大学生事务管理网站信息安全中的网络安全监测和病毒防范系统的技术是在各种不安全因素层出不穷中被推着进步更新的。网络科技在不断进步，网络中的病毒也随着技术的发展而发展，病毒、蠕虫、特洛伊木马等多种形式的破坏性代码也在扩大其恶意侵袭的广度与深度，它们的传播也更加快速，给人们带来的危害也越来越显著。在此情况下，网络安全监测和病毒防范系统技术，只能持续更新做出应对措施，或者超前预估漏洞、完善系统。

网络系统的自身安全与信息安全密切相关，其中的安全隐患极容易为有害信息的传播提供条件。网络安全监测系统能有效地应对网络上出现的大范围的侵入。目前，对网络和主机系统安全最大的威胁是系统自身的漏洞、黑客和病毒的攻击。通过安全监测系统，如网络流量分析系统、入侵检测系统、网络管理系统等，能够查验一大部分网络危机。通过系统安全漏洞扫描软件，能够做出危机发生前的修补与防范，这就是网络安全监测系统的重要功能。

安全监测与病毒防范是不可分割的，必须一起起作用。统一管理的病毒防范系统是加强主机安全的重要保障。随着病毒、木马等恶意代码技术的发展，普通用户在防病毒软件的选购、使用和维护方面的知识和技术越发不足。在安全监测系统检测出漏洞和病毒之后，统一管理的病毒防范系统开始进行各种功能的防范措施，以此来加强大学生事务管理网站的安全是非常关键的环节。

第二节　大学生事务管理网站的建设

中国第一个采用 TCP/IP 体系结构的大学生事务管理网站是 1992 年 12 月底的清华大学校园网（TUNET）。它于 1989 年 11 月由中关村地区教育与科研示范网络 NCFC 正式启动，由中国科学院主持，联合北京大学、清华大学共同参与完成，用时三年。中国教育和科研计算机网络 CERNET 在高校校园网建设和发展中作用关键。1994 年 7 月初，由清华大学等六所高校建设的"中国教育和科研计算机网"试验网开通，并通过 NCFC 的国际出口与互联网互联。1995 年 12 月，"中国教育和科研计算机网（CER-NET）示范工程"建设完成。1996 年，一年之内，建成了 CERNET 全国网络中心、八大地区网络中心和两个主节点，实现了国际联网，完成了一批网络资源和应用系统。2006 年，CERNET 的联网高等院校及其他教育科研单位已超过 2000 个，网络用户达到 2000 多万人。中国高校大学生事务管理网站至今经历了近三十年的发展历程，展示了它旺盛的生命力和极大的影响力。

依据教育部科技发展中心公布的"高校教育信息化建设与应用水平调查"，结合北京高校大学生事务管理网站的调研情况，以全面了解中国高校大学生事务管理网站近阶段的建设、管理和应用情况。

一、高校大学生事务管理网站的建设阶段

根据网络技术的发展和应用特点，高校大学生事务管理网站建设实际上有三个重要的科技进阶，即"内容传输技术"阶段、"群体互动技术"阶段和"用户个性化技术"阶段。高校大学生事务管理网站工作也在时代的进步中不断演进着，伴随着网络信息环境的变迁而不断深入。

（一）"内容传输技术"阶段

内容传输技术指的是 20 世纪 90 年代中后期，以文件传输技术（FTP）、万维网技术（WWW）等技术形式在大学生事务管理网站中得以广泛应用的时期。

文件传输技术 FTP 服务器可以比喻为网络世界中的"超市"，它使不同的信息能够清楚地分类储藏，如计算机软件、音频视频、网络游戏、电子书、学习材料等，所有这些类型，用户经授权后可以下载使用。尽管后来 WWW 技术替代了 FTP 的大多数功能，但 FTP 技术仍然作为基于社区的信息共享方式而得以广泛应用。从高校网络的应用情况看，学校各院系、部门以及学生组织都有自己的 FTP 服务器，涉及内容广泛，很多都是高校师生学习生活中不可或缺的重要信息材料。

在传输技术 FTP 之后，万维网技术 WWW 提供了丰富多彩的界面，方便了用户的操作，并且提供大量自信息资源，因而在诞生后的五年内就从一种发布高能物理数据的方式演变为全球网，在整个世界范围内得到快速发展和广泛应用。在我国高校大学生事务管理网站工作中，万维网是最主要的网络应用，包括理论网站、新闻宣传网站、学生工作网站等各类教

育网站。

在"内容传输技术"这一阶段，大学生事务管理网站工作的基本经验就是用先进的网络文化占领网络阵地，用正面的信息内容在互联网上凝聚和引导青年学生。在具体的工作思路上，就是要以"内容"，主动发挥教育网站在内容上的综合性、真实性以及导向性。

在工作思路上有以下几种。第一，以互联网丰富多彩的信息凝聚受众的注意。以互联网为媒介铺展各种形式、内容的教育，让互联网成为大学生学习的重要阵地，更好地发挥网络的连接作用。最大化网络教育的优势。第二，用信息内容的真实性赢得大学生的信赖感。信息的接受者在一定程度上参与了网络信息的创建，也是信息的来源知情人。所以，作为信息接受者就可以把信息内容与信息发布者和信息发布的把关人对应起来，增加了网络信息在受众中的可信度。第三，凭借网络信息内容的号召力满足学生成长中的方向性需要。教育的方式很多，通过信息传递教育理念是重要的方式之一，有声望的教学者的言传身教也可以由文字、视频、音频等信息的形式传递给受教育者，而且教育者还可以通过更加及时互动的方式与受教育者进行沟通，进行有效的教育。大学生事务管理网站的建设把现实中的教育活动延伸到了网络空间。

在"内容传输技术"阶段，高校大学生事务管理网站工作的不足和难点主要在于网站的教育覆盖面问题。换句话说，近年来，高校大学生事务管理网站在学校的教育方面有了很大的进步，但是网络教育的涉及领域如何延展与深化，无论是实践操作方面还是理论研究方面都还需要努力。

（二）"群体互动技术"阶段

"群体互动技术"阶段指的是以 BBS 为代表的互动技术蓬勃发展和广泛应用的时期。此类网络技术的主要功能在于其互动功能强大，在信息传播中能够发挥出良好的人际传播、群体传播以及组织传播的效果。据调查，在 2001 年前后，知名论坛、社区、高校 BBS 等逐步展现出社会影响力，这就使大学生事务管理网站工作者深入到校 BBS、网络论坛，参加到网络群体的交往活动和网络社区的管理工作中，逐渐形成了群体互动的模式，这相较于单纯的内容传输模式，影响力更大。

在"群体互动技术"这一阶段，大学生事务管理网站教育工作的基本经验就是主动深入网络社区，与青年学生进行平等对话和交流，以"互动"制胜，把握网络社群建设和舆论发展的主导权。在这一技术的加持下，学生事务的管理活动，从线下一下子挪移到了线上，教育资源的共享、教育结构域的网络化，形成了为网络教育工作组织基础。二是正确引导网络群体的发展。以不同方式引导不同网络群体的发展与进步，如对学习型群体要采取鼓舞激励的方式、对兴趣型群体提供发展的材料与空间、对偏离主流价值和行为规范的消极群体予以关照。三是完善多层次的沟通渠道，加强师生互动，注重发挥网络论坛作为青年思想晴雨表的作用，引导大学生事务管理网站舆论的发展方向。群体互动模式的方式和方法重在互动，实时把握学生的动向加以正向引导，是大学生事务管理网站工作中的重点。

在"群体互动技术"阶段，疏导性原则在大学生事务管理网站教育活动中凸显其中的作用。它体现了网络环境下大学生事务管理工作"合目的性"和"合规律性"的统一教育工作具有明确的目标指向性和价值取向性，大力弘扬先进文化，积极运用一切网络手段去影响网络舆论。另外，网络是一个全新的育人环境，与传统的教育环境相比，有大量未知的规律性问题需要深入地研究和把握。大学生事务管理网站工作只有在遵循其规律的同时坚持德育的要求，才能输、引结合，达到教育的目的。群体互动的教育模式更加要注意方式方法的灵活性。

在"群体互动技术"阶段，BBS所形成的网络新社区具有显著的虚拟性、交互性和自组织等特性，使大学生事务管理网站工作面临着如何发挥教育者在虚拟社群中影响的难题。面对网络交互技术而产生的新型交往空间和舆论空间，现实中的方式不能直接挪放到网络空间，要从实际情况出发，灵活运用方式方法才能行之有效地做好网络的教育工作。

（三）"个性化网络技术"阶段

"个性化网络技术"阶段指的是传播学研究中称之为互联网模式的Web2.0时期，是指以博客、播客、网摘等新兴的"个性化"网络应用技术蓬勃发展的时期。

进入"个性化网络技术"这一阶段，网络技术呈现特色化、真实化、社会化的特点。用户通过博客、播客等形式充分展示自己的个性特色，与此同时也成了这种网络形式的建设者，而且有自主选择信息的主动权，实现了个性新闻和服务订制，门户网站对新闻信息的控制被削弱。虚拟化的形式相对淡化，博客是个人真实生活记录，虚拟与现实有了一一对应的关系，社会网络软件网上的交流群体在现实中也有接触。社会化是指网络中的人不仅是能充分展示个性而且能在网络交往中以个人为中心形成一个个社交小团体，这种中心辐射的团体更加具有个性化和可信度。

个性化网络技术在大学生事务管理网站工作中的广泛应用尚处在酝酿和探索阶段。根据这些网络技术的特点及其应用状况，它们对于大学生事务管理网站工作具有极大的价值。大学生事务管理网站管理者或教育者在理论知识、思想观念、能力素质、经验阅历、人格魅力等方面的素质是否能够实现不断提升，从而把握住新兴网络技术所带来的机遇和挑战，这是在网络技术不断创新的新形势下实现全面化教育的关键。

个性化网络科技的普及对大学生事务管理网站管理带来的问题已经初现端倪。以 P2P 的流媒体技术为例，它们的广泛应用使得不良信息内容的传播变得难以控制。P2P 的技术特性使得任何一个通过该技术下载影视的计算机同时扮演着内容服务器的角色，而且下载的人越多速度就越快。P2P 技术也是一把双刃剑在一定程度上也为不健康网络信息的传播做了掩护。正如博客技术引发了新闻出版领域的真正变革，作为"自媒体"的个人博客，将会以"现场目击者"身份的第一人称报道消解传统媒体的新闻权威性和影响力，因而其影响作用首先将出现在新闻宣传领域。当前，大学生事务管理网站运用学校网站的权威性发挥着针对突发事件的舆论引导作用，但是我们不得不考虑，高时效性和可信度的网络科技加入新闻传播的领域，必将对现有的网络舆论引导模式产生冲击。

二、高校大学生事务管理网站建设现状

（一）高校大学生事务管理网站硬件建设现状

1. 网站建设基本情况

根据调研情况和"高校教育信息化建设与应用水平调查"显示，我国高校大学生事务管理网站建设情况基本如下：

（1）92%的高校已建立大学生事务管理网站，少数高职院校民办高校还未建立。

（2）64.9%的高校拥有 1000M 主干带宽，北京市已达到 91%。

（3）50%以上的院校开通了无线互联网，存在尚未广泛开放给学生使用的情况。

2. 网站建设硬件特点

通过分析调查结果，发现我国高校大学生事务管理网站在硬件建设上有以下几方面特点：

（1）高校大学生事务管理网站规模不断扩大，硬件环境逐渐完善，但区域之间存在水平上的差别。

（2）CERNET 在高校互联网接入服务中优势较明显，特别是在办公区互联网服务中，而其他互联网运营商在学生宿舍接入服务方面开始渗透。

（3）高校在教学、科研、行政信息化建设等方面的投入较大，建设效果明显，而在学生宿舍建设方面投入不足。

（4）各高校对建无线网的需求程度不一，综合类大学应用需求旺盛。

（5）目前高校对大学生事务管理网站建设重视程度很高，但对于建立同区域内各高校联合的网络建设结构投入不足。

（6）高校用户对于系统外包服务的接受程度很低。主要原因来自于系统维护费用过高，高校用户承受有限。

（二）高校大学生事务管理网站用户接入现状

高校大学生事务管理网站接入的用户包括学生、行政、教学、科研几个组成部分。目前高校学生使用的计算机的数量，已经超过行政、教学、科研使用的计算机数量，而且呈逐年增加态势。

高校大学生事务管理网站接入的用户学生、行政、教学、科研综合来看。有关科研报告显示，综合类高校接入大学生事务管理网站的计算机数量最多，平均每所高校接入计算机数量为约为 8000 台，学生使用数量与其他（教学、科研、管理）部分使用数量呈一半一半的态势。

高校大学生事务管理网站接入的用户在逐年攀升，这就为高校的大学生事务管理网站建设提出了新的要求。在硬件设施必须跟上的同时，各种配套的服务设施也必须跟上步伐，为高校大学生事务管理网站的用户提供良好的用户体验。

第三节　大学生事务管理网站的应用

本节从高校大学生事务管理网站应用途径、高校大学生事务管理网站应用特点、高校大学生事务管理网站应用模式三个方面来阐明高校大学生事务管理网站的应用状况以及对高校大学生事务管理网站的应用有较全面的认识。

一、高校大学生事务管理网站应用途径

相关调查结果显示，高校教学、科研、行政办公等已经基本上全部接入大学生事务管理网站，综合类大学达到 100%。在学生宿舍总体达

74.3％，其中综合类大学宿舍联网比例最高。根据对高校的调研，大学生事务管理网站的主要应用途径有电子校务系统、BBS/论坛系统、宣传教育网站、电子邮件系统等，具体状况如下。

（1）电子校务系统，主要用于教学、科研和学生管理。75％的北京高校已经通过大学生事务管理网站建成了电子校务系统（用于高校的教学、管理、科研的信息系统），包括教学、财务、学生、人事劳资、科研、后勤服务等管理系统。电子校务系统各类应用基本完善，但是需要加强科研资源共享和后勤服务等方面的应用。

（2）BBS/论坛系统，主要用于信息和学术的交流。BBS在中国高校学生中有不可低估的影响力。所调查的北京69所高校中，32所具有校级的BBS站33个，占46.4％，注册用户总数达到639461人，但其中84.8％的BBS日访问量在5000人以下。绝大多数高校的BBS仅仅作为校内的信息交流平台，主要进行学术交流和师生之间的信息沟通。

（3）电子邮件系统，主要用于师生的信息交流。调查显示92.8％的北京高校开通了面向教工的电子邮件服务，其中84.4％的高校提供免费服务；60.9％的高校开通了面向在校生的电子邮件服务，其中88.1％的高校是免费的。高校电子邮件系统为高校师生的信息交流创造了良好的条件。

（4）宣传教育网站，主要用于网络教育。目前82.6％的北京高校建立了83个面向学生的宣传教育类网站，60.3％的高校建立了其他宣传教育类网站81个。通过这一结果认识到，绝大多数高校把大学生事务管理网站工作提到了一定高度。

二、高校大学生事务管理网站应用特点

（一）信息分布传播多样

大学生事务管理网站属于互联网的一部分，所以大学生事务管理网站必然有互联网的一些特点。大学生事务管理网站也有互联网的分布性特点，信息及其服务在大学生事务管理网站中也是分布式的。从理论上讲，只要网络畅通，在大学生事务管理网站的任何一个子网中都可以提供某种信息资源或服务。虽然大部分高校都有类似网络中心或信息中心这样统一管理学校网络或信息资源的机构，但仍有大量的信息和服务系统分布在其他各个二级单位，如图书馆、各院系、研究中心、实验室等，甚至学生个人就可以在宿舍或实验室中架设一台服务器，提供FTP、BBS或论坛等服务。P2P技术和应用的发展进一步强化了信息的分布性。

　　大学生事务管理网站信息的分布性在一定程度上决定了它的多样性。在大学生事务管理网站中广泛传播着各种文本、图片、视频、音频和应用程序。这些信息资源中，有些是教学、科研或管理必需的，有些是师生的业余的兴趣和爱好相关的，消遣或娱乐性的，可能涉及不良信息。另一方面，大学生事务管理网站中信息传播的渠道也是多种多样。既包括一对一的传播方式，如电子邮件、在线聊天软件（如 QQ 和 MSN 等）；也包括一对多的广播方式，如群发邮件、Web 网站、BBS 论坛等；既包括实时性、交互性的传播方式，如网站、论坛等；也包括非实时的、传统媒体的传播方式，如电话、短信口头传播等。

　　网络信息分布且传播多样，在给学校师生或者说用户带来极大便捷的同时，也给信息安全管理者的工作带来了一些问题。首先，信息的分布特性给信息安全管理带来了巨大的挑战。一方面，信息安全管理者不仅要顾及大学生事务管理网站的边界、重要的服务系统，还要考虑到大学生事务管理网站中的各个角落，必须防微杜渐；另一方面，由于信息分布性越来越强，从技术上屏蔽不健康信息的传播有很大困难。其次，信息的多样性和信息传播途径的多样性要求信息安全管理者充分认识信息传播的规律，并且利用其规律提高网络宣传教育的技术含量，保障信息健康传播。信息安全管理者既要让大学生事务管理网站信息保持分布性和传播多样性的特点，又要保障网络信息健康安全，任务艰巨。

（二）网络开放用户自主

　　高校大学生事务管理网站的性质决定了它的开放性和自主性。高校大学生事务管理网站都是应用于高校整个运作系统的网络服务，是非营利性的网络，大学生事务管理网站的开放性与自主性更强，相比之下限制措施较少。

　　大学生事务管理网站的开放性特点表现为：大学生事务管理网站通常是对公众互联网开放的，就像大学的校园也是对社会开放的一样，除了少数涉及敏感信息的网站以外，大学生事务管理网站上很多都是可以从外部可以访问的，比如图书馆的书目查询、各院系研究方向的介绍等。大学生事务管理网站链接互联网的边界通常采取"缺省允许"的原则，也就是除非明确被禁止的服务，其他服务都是被允许的。这是由于大学生事务管理网站的性质主要是服务于教学、科研和管理以及师生的生活，所以很难确定哪些服务是允许的、哪些服务是禁止的。在大学生事务管理网站中，开设一种用于教学或科研的目的的服务通常是比较宽松的，特别是学生出于娱乐或兴趣开设一些临时的服务站点，其服务的内容、访问控制的权限往往只有靠服务提供者本人来控制，自主化程度较大。在企业或政府网络中的情形恰恰相反。企业或政府网络，连接互联网的边界访问控制措施一般是"缺省拒绝"的原则，也就是说，没有明确允许的访问都是被拒绝的，只有业务必需的服务才可以经过网络边界，比如很多企业规定只有电子邮件、内部发起的 Web 访问才可以穿越网络边界。

多种因素决定高校大学生事务管理网站的用户具有较强的自主性。"自己管理自己""自己对自己负责"等对个体意志与品格在网络环境中得到充分的锤炼。与社会其他群体的网民相比，青年大学生用户的自主性意识要更为明显，更加注重独立思考与创造性思维，对新生事物比较敏感，一些有争议的话题很快会在高校大学生事务管理网站中广泛讨论。大多数高校学生在宿舍内上网的计算机系统是自己购置的，学校很难规定学生在计算机上必须安装什么软件，或者不能进行什么操作。

所以，大学生事务管理网站的性质决定了它比企业网、政府网具有更强的开放性，同时也给高校的信息安全的管理工作带来了挑战。高校大学生事务管理网站信息安全管理者既要让校园网络信息保持网络开放性和用户自主性的特点，又要保障网络信息健康安全与教育工作，需要较高的专业素质。

三、高校大学生事务管理网站应用模式

"积极发展、加强管理、趋利避害、为我所用"是我们开展互联网建设的重要方针。互联网技术发展和应用的普及对高校大学生事务管理网站工作提出了一系列新的挑战，同时也拓展了的空间和渠道。在高校大学生事务管理网站中，信息内容、网络媒介、用户群体这三个要素相互联系、相互作用，以三要素为依据，归纳和提出高校大学生事务管理网站应用的三种模式。

（一）信息内容中心模式

信息内容中心模式是以大学生事务管理网站信息内容为中心来构建三个要素之间作用关系的一种应用模式。其中，大学生事务管理网站信息内容处于中心地位，是选择教育对象、设计和制定教育方法的立足点和出发点。网络媒介的形式和传播对象的范围以及类型都是由信息内容的特点和要求来决定，所以大学生事务管理网站应用的信息内容要在此之前现行。

信息内容中心模式体现出大学生事务管理网站应用的实效性原则。实效性是大学生事务管理网站应用的直接目的和最终目的，也是大学生事务管理网站应用的出发点和归宿。

信息内容中心模式主要应用于学校的正面引导教育工作，要以事实类信息来影响大学生思想和行为的教育方式。作为事实类信息内容，新闻信息的及时性、客观性和真实性是吸引大学生注意力、实现有效传播的关键因素。在新闻事实的报道上，学校新闻宣传网站是最为重要的媒介渠道。学校在新闻报道中要立足新闻宣传网站和学生网站，建立起来源真实、报道及时、内容客观的新闻报道机制，通过学校网站的权威性和公信力优势，赢得广大学生的认同感、吸引大学生的注意力，实现对大学生思想和行为的积极影响。

在新闻信息内容的传播过程中，要注重不同类型大学生群体在信息接受上的特点，加强新闻宣传教育的覆盖面和影响力。针对新生群体缺乏大学生事务管理网站使用经验的特点，要通过多种教育方式引导他们关注学校的网络媒介，养成正确的网络行为习惯，并发挥报纸、宣传刊物等传统宣传渠道的作用。对于高年级学生群体，要注重校园 BBS 的信息传播作用。对于学生干部，要注重通过学校正面新闻宣传主动引导他们的思想和行为，把他们在校园网上组织起来，并发挥他们在校园网络新闻的制作和传播中的作用，引导他们主动在校园 BBS 上弘扬正面声音，在广大学生中发挥"舆论领袖"的作用。

（二）网络媒介中心模式

网络媒介中心模式是以大学生事务管理网站媒介为中心来构建三个要素之间作用关系的网络教育模式。师生关系场所、熟人世界、公共论坛是大学生事务管理网站媒介的三种基本类型，利用这三类网络媒介的不同传播特点和功能，可以建立它们在大学生事务管理网站信息传播过程中的互动机制，形成网络教育合力。

网络媒介中心模式体现出教育的疏导原则。疏与导相结合的原则，是中国共产党在解决人民内部的思想、认识问题时，为了达到团结一切可以团结的人，调动一切积极因素的目的，而坚持的广开言路、集思广益与说服教育、循循善诱相结合的指导思想和行为原则。这一原则是处理人民内部矛盾的基本原则之一。毛泽东同志在《关于正确处理人民内部矛盾的问题》中指出："凡属于思想性质的问题，凡属于人民内部的争论问题，只能用民主的方法去解决，只能用讨论的方法、批评的方法、说服教育的方法去解决，而不能用强制的、压服的方法去解决。"在校园突发事件中，往往会出现一些利益冲突、矛盾问题需要沟通和解决；在社会重大事件过程中，大学生在思想认识上也会出现一些不良倾向需要说服教育和沟通引导。大学生事务管理网站是这些现实冲突和思想问题集中展现的平台，也是解决这些矛盾和问题的重要场所。在围绕这些思想焦点和热点问题的高校大学生事务管理工作中，必须坚持疏导原则，通过充分讨论、说服教育、正面引导相结合的方式来解决大学生的思想认识问题。在不同类型的媒介场所，网络主体之间互动关系具有特殊性和差异性，这为思想沟通和教育引导工作的开展提供了有利条件。

大学生事务管理网站是有着较为稳定的交往关系的网络媒介场所，因其用户基本稳定一般彼此熟识。现实生活中的各类学生组织和基于网络交往形成的网友群体是此类媒介中的主要交往群体，公共论坛是大学生事务管理网站上的信息集散地和校园舆论场。熟人世界的媒介特点是，媒介使用者之间有比较紧密的人际关系和情感联系，能够进行比较深入的思想交流和心理沟通。各类学生组织通过网上集体的建设增强了其成员的集体归属感，促进了大学生相互之间的沟通和交流。根据此类媒介的特点，学校思想政治教育工作者可以用它来实现学生集体在突发事件处理中的自我教育作用，加强思想工作的深入性和细致性。在校园突发事件的处理过程中，要在大学生事务管理网站上的学生集体空间营造出理性讨论、平等沟通的交流氛围，帮助当事人稳定情绪和进行理性的思考，通过辅导员、班主任、学生干部、党员的主动参与形成正确的舆论导向，从而发挥出学生集体的自我教育功能。在网上营造良好的交流氛围的同时，要从网下寻找问题的根源，及时发现学生中潜在的矛盾，通过现实手段解决问题，从而实现网上和网下相结合的教育工作。

（三）学生用户中心模式

学生用户中心模式是以大学生事务管理网站用户为中心来构建三个要素之间作用关系的网络教育模式。其中，大学生事务管理网站用户即大学生的思想和行为的实际状况是教育的出发点，不同类型学生群体在媒介使用、信息内容获取、网络人际交往等方面的特殊性和差异性，决定了教育内容和方式的选择。

学生用户中心模式体现出教育的针对性原则。教育的针对性原则强调从实际出发，针对教育对象的特点和思想实际状况，做到有的放矢，即用不同的方式对待不同的对象，用不同的方法解决不同的问题。这一原则实际上就是实事求是原则在教育工作中的应用。"从中外教育史上来看，教育对象个性特点的差异性和特殊性以及在智力、思想、道德等方面发展水平的不平衡性，始终是客观存在的。但是，任何时代的青年在思想、道德上的多样性和复杂性都不如当代青年表现得如此明显。"因而，高校教育工作要取得理想的效果，就要不断加强调查研究，正确认识教育对象的差异性和层次性，并在此基础上有针对性地选择教育内容和教育方式。尤其是在当前信息网络化的条件下，大学生群体的分化进一步加大，不但原有的一些学生群体类型仍然在网络上显示出其思想观念和行为方式上的差异性和特殊性，而且由于网络行为发展上的特殊性，还产生了新的群体类型。

互联网的发展逐渐改变了当代大学生成长的环境，他们在学习与生活的方式、接受信息的形式、交往活动的方式、个性心理与思想观念的发展等方面都发生和正在发生着重大的变化。在当前形势下，高校教育者要主动走上网络，积极探索网络教育的规律性，充分发挥校园网络阵地的作用，努力实现对大学生思想和行为发展的有效引导。"在马克思看来，科学是一种在历史上起推动作用的、革命的力量。"对于我们的思想政治教育工作而言，网络技术的不断创新、发展与应用是一种推动教育实践发展和进步的积极力量，只要我们以马克思主义的理论为指导，坚持思想政治教育的基本原理，在教育实践中努力增强科学性，掌握规律性，坚持用正确的方式方法来开展工作，就一定能够把握教育的主动权，做好大学生事务管理网站的工作，为培养国家高素质高科技人才做出应有的贡献。

第四节　大数据时代高校大学生事务管理的机遇与挑战

高校大学生事务管理在大数据时代有其时代特点，管理内容和主体客体都有了很大的变化。而且在大数据时代的背景下，高校大学生事务的教育管理既面临机遇也迎来了挑战。

一、大数据时代高校大学生事务管理的特点

高校历来就是知识和思想的先锋阵地，它所表现出来的活跃的生命力是其他任何社会的组成部分所不可替代的。在大数据时代高校大学生事务管理表现出四方面的特点，首先是管理主客体的全面性，其次是管理内容的繁杂性、相惯性和数据化。这些特点也在大学生的高校生活中彰显着。

（一）大学生事务管理主客体的全面性

大数据时代大学生事务管理主体和客体的全面性主要是两个层面，一

个层面是指教育的主体不是随机样本，而是全体样本，全体学生都是学生教育的主体；另一个层面是指学生教育的客体更多，不是一个学生的单一数据信息，而是全体学生的全部数据信息。

在大数据时代，做教育分析时，采样数据呈现的特点就是：样本＝全体，样本内容＝全部数据。准确分析所有学生的所有教育状况对我们来说正在成为可能。大数据分析方法可以在学生完全不知情的情况下，在最自然、最真实的状态中被调查、分析，这样显然是能够相对准确地了解学生的全部教育动态和行为走向。这是科技进步为科学研究带来的巨大便利。而且这样的便利不仅仅体现在研究采样上，很多研究方面都因为大数据，应运而生了高效的研究方式和工作方法。

（二）大学生事务管理内容的繁杂性

大数据时代大学生事务管理内容的繁杂性是指在大数据时代背景下，获取学生网上的所有数据变得可能，但是同时带来的不便就是越来越多的数据信息进入数据库，信息的准确度，真实度有待考量。数据是繁杂的，不仅指内容方面的混乱，还是指格式方面的繁杂。大数据时代要求我们不要执迷于数据的精确性。要想获得大规模数据带来的教育的好处，繁杂的数据信息应该是一种标准途径，它给我们提供了一个比较独特的思考方式，让人们明确，只有一个答案的回答，有时候是不对的。繁杂的内容，在另一方面说，就是学生提供给世界的独一无二的个性展示。只有接受繁杂存在的事实，才能充分地了解学生的各种动态，才能有针对性地开展教育。

（三）大学生事务管理内容的相关性

大数据时代大学生事务管理内容的相关性，主要表现在相关关系的强和弱两个方面。大数据时代，就要给数据"话语权"，深入了解数据之间的相关关系，这可以促进我们开展大学生事务管理工作。相关性的核心是量化两个数据之间的关系。

1. 相关性强

相关性强也就是说一个数据增强时，另外一个数据也会随之增强。例如，当一个学校的众多学生在 BBS 讨论评优评奖，那说明评优评奖中的问题需要关注。这时就要求我们在一个显性数据的依据下去考量与之相关的另一种数据，以此种方式找到数据提供给我们的解决问题的直接方式，这种方式通常是及时有效的。

2. 相关性弱

个人的身高和学校评优评奖基本不会产生关系，这就是相关关系弱的表现。所谓的"问题"学生的思想出现大的变化，不是瞬间的，而是日积月累的。所以在日常表现和心理变化这种相关关系弱的情况下，通过收集分析学生的所有数据我们可以预先捕捉到学生要出问题的信号。

比如学生酷爱某明星，某明星这几天晚上有见面会的活动，学生那几日连续多没来上课，即使来上课也会在课堂睡觉，或者精神不集中，说明失眠或晚睡；学生家庭问题，这段时间课堂学习表现和学习测验数据都不理想，系统把这些异常情况和平时的正常情况相比，就会知道学生在哪些地方遇到了问题。尽早地发现异常，教师就可以在学生出现思想问题之前为学生展开教育，解决他的问题和矛盾。尽量在学生思想行为发生重大异常之前，找到相关的蛛丝马迹，在弱的相关关系中找到症结所在，化解矛盾，让事情顺利进行。

（四）大学生事务管理内容的数据化

大学生事务管理内容的数据化，就是要注重大数据在信息内容上的不同地方提取出来，并且都要进行"数据化"检索分析。数据化是指把一种现象转变为可以制表分析的量化形式的过程。量化一切信息，这就是数据化的核心。大学生事务管理内容的数据化主要表现在以下几个方面。

1. 文字的数据化

大学生事务管理内容的文字数据化，我们以"流行词"的出现到流行的过程为例来进行说明。文字的数据化操作是通过对学生交流信息的文字进行文本分析，也可以看出一个词或者词组在第一次出现的时间以及后来成为流行词的时间，以此发现学生思维发展和思想传播的过程。这可以广泛应用于大学生事务管理的其他方面，以文字的数据化分析来帮助我们了解大学生的动态，从而进行适当的管理，调整方式方法。当文字数据化之后，大学生事务管理工作者既可以阅读文字进行分析，又可以运用大数据分析软件进行分析。

2. 方位的数据化

大学生事务管理内容的方位数据化，是通过定位学生常去的，或者说通过观察学生常聚集的地点来分析学生的行为趋向。例如，通过方位可以看出一个学生主要是在实验室、图书馆，还是在宿舍，进而分析学生去了哪里、和怎样的群体在一起、会有怎样的活动，从而预测出他将来的行为。

3. 沟通信息的数据化

大学生事务管理内容沟通信息的数据化，使管理人员能够拿到学生的人际关系、经历和情感等的数据，而且可以将学生的态度和情绪转变成一种可分析的形式，如许多学生在遇到恋爱、外出旅游、参加比赛活动等情况时，人人网、微博、社交软件的状态和搜索引擎经常会成为他们表达思想、寻求解决办法的途径，也是我们获得其数据的途径。

当经过数据挖掘、数据分析、数据计算后，我们可以预测有哪些人的思想行为波动比较大，进而可以对其有针对性地进行高校大学生事务管理或者心理辅导。如有些学生行为习惯的数据与正常的相左，而且是极具异常，那管理者就要及时采取相应的措施来预防可能会发生的意外。

二、大数据时代高校大学生事务管理的机遇与挑战

信息数据技术的运用在日常生活中接触到的方方面面都有涉及，在提供给予的同时，也对行业的发展带来了挑战，这是大数据时代的现状。在这样的大环境下，学校自然也深受其影响，教育工作已经具备了大数据的特征，校园中针对数据和数据分析的价值更是随处可以得到体现。比如，学生交流使用的校园网络平台上每天都会产生由照片、视频、对话留言、电子邮件等构成的海量的数据，这些数据集中反映了学生的思想情况、情感走向和行为动态，包含着丰富的信息和规律性的内容；再如随着校园办公方式网络化的发展，各单位的信息系统每天都会产生大量的数据，如何对这些数据进行科学的存储、管理并在以后得到有效的分析利用，对大学生事务管理效率和服务质量的提高有着重要的意义。

（一）以大量数据为机遇，以科学存储为挑战

大数据时代高校大学生事务管理，以大量的数据为机遇，以数据的科学存储为挑战。

"大数据"的首要特点是来源广泛、种类多样、数据量大。以高校大学生事务管理网站为例，其掌握的学校电子网络信息、学生交流使用的网络电子平台、校园各单位为方便服务管理而统计保存的各种信息汇总以及校园安全服务网络使用的摄像头、门禁器等都是信息数据的重要来源。种类多样的数据源能够在瞬时产生巨量的数据，如果没有明确的单位或个人

去存储和管理，大部分信息数据在产生之后将暂时处于"待处理状态"。这是因为大数据在具有数据量大的特点的同时，还具有高价值、数据信息分布广泛、密度较低以及信息价值不确定性的特点。以校园安全网络使用的视频安全监控器为例，在 24 小时不间断的监控信息数据流中，有重大价值或者对分析决策有帮助的信息数据流往往只有几分钟或者几秒钟的时间长度；再如，教育工作者要经常利用手机短信、微博、QQ 等多种网络交流平台，随时搜集校园时事舆论，了解学生的思想动态。所以，要想挖掘利用多来源、有价值的信息数据，必须首先保证信息搜集的异源性和异构性，以保证信息数据涵盖范围的全面性和可信性，其次要保证储存暂时处于"待处理状态"的信息数据超过一定的数量和时间。

数据存储是指"把数据流在加工过程中产生的临时文件或加工过程中需要查找的信息、数据以某种格式记录在计算机内部或外部存储介质上"。数据存储要命名，这种命名要反映信息特征的组成含义。数据流反映了系统中流动的数据，表现出动态数据的特征；数据存储反映系统中静止的数据，表现出静态数据的特征"。当前的教育工作，需要充分了解学生的需求以便个性化地服务于学生的成长成才，而了解学生需求及反馈的最好的办法就是挖掘利用学生产生的信息数据、分析学生的行为，这就要考虑如何在大量的信息数据中去粗取精、去伪存真以及如何科学存储筛选之后的学生信息数据。在这一过程中，与学生身心安全密切相关的信息数据的安全也是必须要注意的方面，要保证学生的相关信息不被泄露，以免被其他机构和人员恶意使用，保障大学生事务管理工作顺利进行。

（二）以数据素材为机遇，以信息处理为挑战

大数据时代高校大学生事务管理，以数据素材为机遇，信息处理为挑战。

麻省理工学院的教授布伦·乔尔森曾比喻说，"大数据的影响，就像 4 个世纪之前人类发明的显微镜一样。显微镜把人类对于自然界的观察和测量水平推进到了细胞的级别，给人类社会带来了历史性的进步和革命。"大数据已经成为人们分析自己思想、观察自身行为的显微镜，因为大数据不只停留在事物性质的描述层次上，更能够通过挖掘和分析来具体量化人们思想和行为的各个方面。在大数据时代，可以毫不夸张地说数据就是信息、就是"决策源"，谁能够充分挖掘利用大数据蕴藏的价值，谁就能够更有把握做出精确的决策。"在科学研究领域，基于密集数据分析的科学发现成为继实验科学、理论科学和计算科学之后的第四个范例。"大学生事务管理教育工作不仅需要经验指导，更需要科学引领，就这个角度而

言，如果思想政治教育工作能更有效地运用数据来分析问题、做出决策，那么工作的质量必将大大改善。

以学生的社会实践调研过程为例，调研类别有学生寒暑假社会实践、党建主题社会实践、社会志愿服务活动、专业实习实践等，实践活动能够动员大部分在校学生，实践的主题丰富、项目多样、目的地覆盖全国各地。随着互联网的迅速发展，在实践调研过程中更多地采用信息网络手段，比如视频拍摄、摄影摄像、录音拍照等，同时利用诸如问卷发放、现场访谈手记等传统形式。在实践调研活动的后期，要根据实践目的对前期获得的信息数据进行初步的汇总整理，而这些以不同形式获得的异源异构的信息数据之间的联系错综复杂，很难用传统、简单的方法进行统计和描述。有资料显示，"原始的大数据呈现出一片混乱的状态。从事数据工作的人普遍认为80%的精力都用在了数据清理上。"如何科学合理地分析、整理、汇总信息数据，最终以直观、便于决策的形式呈现分析结果，对目前的大学生事务管理工作来说存在一定的困难。

（三）以数据价值为机遇，以人才技术为挑战

大数据时代高校大学生事务管理，以数据价值为机遇，人才技术为挑战。

大数据在具有量大、来源种类多样、价值分布密度低的特点的同时，还具有信息增长速度快、信息获取持续不断的特点。当前，计算机、手机等数据来源，互联网和物联网等数据承载方式以及云计算等数据处理技术得到了很大的发展。"人类存储信息量的增长速度比世界经济的增长速度快4倍，而计算机数据处理能力的增长速度则比世界经济的增长速度快9倍。"随着办公网络化的飞速发展，目前大多数高校大学生事务管理工作者能够及时调整自己的工作理念、方式方法，充分利用网络信息化给工作带来的便利条件，提高工作的效率和质量。然而在大数据时代的大学生事务管理工作中，现有的技术手段还只能对数量较小、类别相似、结构成型的信息数据进行分析，尚不能对大数据进行现代意义上的收集、存储、分析以及视觉化的结果呈现，数据分析技术还尚未广泛使用，不为多数工作人员熟悉利用。

世界上很多大型销售集团能够通过分析大量的销售数据，了解顾客的购物习惯，进而细分顾客群体，针对不同群体的需求差异提供个性化的销售服务，而在目前的思想政治教育工作中则很难投入大量的精力和财力运用这样的技术来分析学生的学习、发展的个性化需求。大数据的开发及利用价值毋庸置疑，然而分析人才和技术运用的限制暂时难以使数据价值得

以充分的体现。在大学生事务管理工作中，专业的数据挖掘、整合、分析的人才相当稀缺。

三、大数据时代高校大学生事务管理的强化措施

在互联网对社会影响日益深入的时代背景下，高校大学生事务管理工作需要新的方法。美国著名的未来学家阿尔温·托夫勒曾说："谁掌握了信息，控制了网络，谁就拥有整个世界。"随着信息技术的快速发展，网络正在改变着人们的学习和生活模式，因此，互联网条件下的高校大学生事务管理离不开网络，网络将成为高校大学生事务管理的重要载体和手段。在大数据时代，如果科学利用大数据技术，可以获得明显的竞争优势和广泛的影响力。对于高校大学生事务管理来说，科学的信息化手段收集、存储、分析并利用大量数据，进而利用分析结果指导科学决策，是值得从长远考虑的重要问题。

（一）强化大数据意识，提高管理的针对性

强化大数据意识下高校大学生事务管理的针对性，就是在强化管理中的大数据意识的同时，还要提高高校大学生事务管理者对数据信息的敏感性和高校大学生事务管理的创新性。

我国移动互联网用户、手机用户拥有量均居全世界第一。互联网和手机都是信息数据的重要来源，然而我国拥有的数据量绝对值却较小。美国等数据大国很早开始就已经非常重视信息数据的积累和利用，如 1940 年罗斯福引进的民意调查、1962 年启动的海浪监测计划以及 1973 年诞生的最小数据集。而在中国，直到进入 21 世纪才有类似的政府或组织行为产生，即 2003 年政府启动的医疗系统的最小数据集和中国人民大学发起的第一个全国性的大型社会调查项目——"中国综合社会调查"。可见，在我国目前最为缺乏的不是数据的来源和收集数据的手段，而是收集和利用大数据的意识。近些年来，欧美发达国家的政府部门、大财团和学术研究机构更加积极地尝试"数据收集""数据管理""数据决策"和"数据创新"，在尝试的过程中，利用大数据技术的新方法和新应用也不断地产生。

对高校大学生事务管理工作来说，充分发挥大数据的价值，要进一步强化大数据意识，不断提高高校大学生事务管理的针对性，提高高校大学生事务管理者对数据信息的敏感性和高校大学生事务管理的创新性。这就需要高校大学生事务管理者提高对数据信息的敏感性，主动收集、整理信息数据并认真分析。例如，通过对学校图书馆图书目录检索信息的汇总分

析，可以清楚地了解学生的学习和发展的需求，进而为不同的学生群体推荐不同类型的书籍，提高学生培养教育的针对性和实效性。高校大学生事务管理者要不断创新工作的方式方法，更加重视学生的不同信息数据之间的关系。例如，通过对近些年人才招聘单位信息的汇总、整理和分析，可以明确不同行业岗位需求的变化，从而为学生提供更为实用的就业指导和信息服务，帮助学生尽早树立正确的就业观念，并根据自己的专业特点、兴趣爱好以及求职环境的变化做好职业生涯规划。

全国的高校大学生事务管理网站自开通以来，广受人们的关注和欢迎，在社会中影响非常大，真正提高了高校大学生事务管理的针对性、实效性、主动性，扩大了覆盖面，增强了影响力。通过建设高校大学生事务管理网站的实践，我们深切地感受到建设高校大学生事务管理网站给我们带来的启示。

（二）强化技术运用能力，挖掘管理深层规律

强化大数据技术运用能力，挖掘高校大学生事务管理深层规律就要壮大高校大学生事务管理队伍，并且运用大数据的优势充分挖掘高校大学生事务管理的深层规律，从而指导大学生事务管理。

大数据时代的来临需要更多具备数据技术能力的复合型人才。就我国目前高校大学生事务管理者的队伍结构来看，很难在短时间内充实一支既具有大数据技术知识背景，又熟悉高校大学生事务管理规律的队伍。因此，要充分发挥大数据技术在高校大学生事务管理中的作用，就需要大力培养原有人员的技术能力。如开展统计学、网络技术等专业知识的培训，使其尽快掌握运用大数据技术的能力。

利用网络平台的力量，充分挖掘高校大学生事务管理的深层规律。例如，通过不断建设和完善高校大学生事务管理的主题网站，可以逐步实现新闻信息发布和互动渠道的立体化，帮助学生树立正确的世界观、人生观、价值观。当前互联网的影响充斥着学生学习、生活中的各个方面。互联网作为一种传播媒介，是当前高校大学生事务管理发挥作用的重要纽带，以科学开放的工作理念、与时俱进的教育模式、人文个性的传播方式来规范高校大学生事务管理的全过程，对人才培养目标的实现具有重要的意义。充分利用 QQ、微博、微信、博客等网络个人空间，经常性地开展网上谈心活动，以获取更多、更直观的信息数据，从而及时发现有心理健康隐患的学生，有针对性地帮助他们塑造良好的心理品质和优良品格，不断提高学生的思想认识和精神境界。

（三）完善管理制度，保障技术应用

大数据技术的充分运用不仅需要高校大学生事务管理者强化数据意识，提高相应的技术素质，发掘其规律指导实践，同时还需要不断探索完善规章制度，提供相应的高校大学生事务管理数据技术运用的保障。这就需要建立完善的数据信息管理制度，并且完善高校大学生事务管理者的工作流程。

逐步建立完善数据信息的管理利用制度是当下的趋势。比如互联网技术的发展使人们发现了大数据的价值，但同时，个人信息的安全也受到了严重的威胁。大量的个人信息数据在网络上如不能得到妥善地保存和处理，被某些组织或个人利用。其结果轻则收到各种垃圾信息，重则使个人成为网络、手机等媒体诈骗的对象。界定数据挖掘、利用的权限和范围的管理制度也需要及时建立和完善。可以肯定的是，在高校大学生事务管理工作中，在不侵犯学生个人隐私、防止学生信息数据被滥用的基础上，有利于学生成长成才和人才培养目标实现的数据挖掘、分析的行为值得鼓励和提倡。

高校大学生事务管理者的工作流程要完善，这是保障大数据技术顺利运行的条件之一。高校大学生事务管理者要在继承传统工作经验的基础上，根据实际工作需求和发展趋势逐步探索构建一整套数据收集、管理以及决策的标准化流程，要整合利用大数据技术，将相关的技术人才合理地组织起来，着力避免条块分割、力量分散等不足之处，进一步强化数据意识，科学利用数据技术，积极应对大数据时代的到来，才能深入探寻高校大学生事务管理工作的深层规律，不断提高高校大学生事务管理的质量。

（四）完善网络构架，建设管理网站

完善网络构架，健身管理网站，就是要完善大学生事务管理网站的构架，建设完善的网站管理流程和数据采集渠道。这就要高校大学生管理事务的管理者要精心策划和设置网站频道和栏目，增强学生精神家园的生命力；发挥高校大学生事务管理主题网站的动感与个性，增强网站的吸引力；学生队伍共同参与网站建设与管理，保持网站发展的可持续性。

首先要积极主动地设置高校大学生事务管理类栏目，抢占舆论阵地的制高点，弘扬主旋律。网络高校大学生事务管理阵地，一定要有正面的声音，向师生群体传递正能量。要在世界观、人生观、价值观上给大学生有益的东西。高校大学生事务管理应与大众传媒结合和互补，拓宽高校大学生事务管理的信息资源。因此，网站管理者要把校内外、国内外的新闻信

息传递给网民，提高他们对各种纷繁复杂信息的分析能力，增强高校大学生事务管理的吸引力、辐射力和感染力。

其次，管理者可以设置服务类栏目，发挥网络服务育人的作用。如开设网上辅导员流动站、心理指导中心、就业指导中心、校园文化活动服务中心、网民网上社团活动中心、家教服务中心等栏目。同时应考虑开设"同学录""聊天室""留言板""网上调研"等交互性频道和增加友情链接、个人主页、搜索引擎等栏目。通过设置服务类栏目，在高校大学生事务管理中实现"教书育人、管理育人、服务育人、环境育人"的有机结合。

最后，高校大学生事务管理主题网站是高校大学生事务管理的网上阵地。没有这些阵地，高校大学生事务管理的数据化就无从谈起。自互联网登陆中国以来，特别是近年来，高校大学生事务管理研究非常重视互联网对高校大学生事务管理的影响，建立高校大学生事务管理主题网站已经成为众多研究者的共识。高校大学生事务管理主题网站，具有栏目众多、信息量大、主题鲜明等特点，能更好地展开数据化管理。

四、大数据时代高校大学生事务管理应注意的问题

（一）转变教育理念，树立服务意识

高校在教育理念上一定要实现以学生为本的教学服务理念。强调以学生为本，就是强调高校大学生事务管理工作者在教育中要善于总结事物发展的规律。作为受教育者的学生，其思想变化也有其内在的规律可循，如果能够恰当地把握这种规律，确实以学生为中心，必将有利于高校大学生事务管理工作的开展。因此，无论是网站栏目的设计还是信息选择，都要切实体现对学生的人文关怀，把服务意识贯穿于网络高校大学生事务管理工作的全过程，把网上的虚拟平台转化为真心实意为学生办实事的现实利益。在解决学习、生活具体问题的同时解决他们的思想问题，激发其参与网络管理工作的热情，增强认同感，这样才能达到网络高校大学生事务管理润物细无声的效果。

（二）改善网络教学方式，发挥主观能动性

高校要致力于改进网络教育方法，将单纯灌输教育转变为主动接受教育，充分发挥学生的主观能动性。在网络化时代，灌输式的传统教育方法难以收到实效。高校大学生事务管理网站的开通，为加强和改进高校大学

生事务管理提供了一个崭新的平台和手段。我们应充分利用互联网所具有的及时、互动、灵活等优势，改进教育方式方法。要善于整合各种有效资源，借助多媒体计算机的一切手段，将单纯灌输教育转变为受教育者主动接受教育。要向学生提供信息，增强网站的吸引力，并引导学生积极参与，正确选择学习内容信息，增加自我教育在网络高校大学生事务管理中的分量，使网络高校大学生事务管理更具亲和力，进一步增强高校大学生事务管理的实效性。

（三）拓宽网教领域，拓展管理内容

高校要努力拓宽网络教育领域，实现高校大学生事务管理内容、对象和覆盖面的新拓展。互联网具有信息含量大、资源共享性强和速度快、范围广的优势。利用网站开展高校大学生事务管理，不仅是为了运用一种新的技术手段，更重要的是要用先进文化占领新的思想阵地。因此，要注意充分运用高校大学生事务管理网站的优势，不断拓宽高校大学生事务管理领域。我们应当不断增加网络高校大学生事务管理的知识含量和科技含量，充分利用先进的网络技术将高校大学生事务管理内容设计成吸引人、教育人的，易为受教育者接受的信息，使高校大学生事务管理的内容因多媒体技术的承载，打破地域和空间限制，从静态变为动态；使教育对象在教育内容的不断拓展中受到先进文化潜移默化的感染和熏陶，从而实现高校大学生事务管理内容、对象和覆盖面的新拓展。

（四）培养管理队伍，建立工作团队

大数据时代需要一批专业化管理人员，运用高新科技来进行高校大学生事务的高效合理管理，实现数据化管理技术的革新式运作。所以必须培养一支既具有较高的管理理论水平、熟悉大数据技术应用规律，又能较有效地掌握网络文化特点，在网络上进行高校大学生事务管理工作的队伍，这是做好高校大学生事务管理进网络工作的重要保证。

建设高校大学生事务管理的工作团队的过程中，既需要理性的思考以明晰方向，又需要大胆地实践并总结经验。同时，有把两者紧密结合起来，才能少走弯路，成功地迎接大数据时代所带来的机遇和挑战，不断实现高校大学生事务管理的发展创新。

参考文献

［1］李肖鸣，朱建新．大学生创业基础［M］．2版．北京：清华大学出版社，2013.

［2］张立刚．高校学生事务管理中的法律问题相关案例研究［M］．济南：山东大学出版社，2015.

［3］王艳芳．多元视阈下的高校学生事务管理［M］．广州：中山大学出版社，2013.

［4］吴惠．顺理举易：高校学生事务管理理论与实务［M］．北京：中央编译出版社，2012.

［5］中山大学学生处．高校学生事务管理小言［M］．广州：中山大学出版社，2015.

［6］林彬．中美学生事务管理的比较［M］．北京：知识产权出版社，2014.

［7］漆小萍．中国高校学生事务管理［M］．广州：中山大学出版社，2011.

［8］吴晓义．创业基础：理论、案例与实训［M］．北京：中国人民大学出版社，2013.

［9］郎宏文等．创业管理［M］．北京：科学出版社，2011.

［10］张晓京．美国高校学生事务管理［M］．北京中国传媒大学出版社，2010.

［11］张文松，裴晓东，陈永东．创业学［M］．北京：机械工业出版社，2012.

［12］褚祖旺．高校学生事务管理教程［M］．北京：科学出版社，2008.

［13］李时椿．创业管理［M］．北京：清华大学出版社，2010.

［14］唐伯武．创业就业指导［M］．北京：中国经济出版社，2008.

［15］武春友．创业管理［M］．北京：高等教育出版社，2008.

［16］吴晓波，周伟华，杜健．创业管理［M］．北京：机械工业出版社，2011.

［17］宋建峰，王翠，朱超．大学生网络心理、行为调查及对策研究［J］．视听，2015（06）．

［18］谭秀森．高校学生教育管理法律问题研究［M］．北京：人民出版社，2015.

［19］李林英，郭丽萍．新媒体环境下高校思想政治教育教学研究［M］．北京：人民出版社，2015.

［20］刘东燕．创业基础［M］．重庆：重庆大学出版社，2013.

［21］王建利．大学生创业学［M］．合肥：安徽教育出版社，2014.

［22］陈志勇．新媒体时代的大学生思想政治教育［M］．北京：中国文史出版社，2014.

［23］郑炳章，朱燕空，张红保．创业研究——创业机会的发现、识别与评价［M］．北京：北京理工大学出版社，2009.

［24］罗群，王彦长．大学生创业基础［M］．合肥：安徽大学出版社，2015.

［25］崔家生．网络思想政治教育研究［M］．济南：山东画报出版社，2016.

［26］吴丽芳．当前高校学生管理工作研究综述［J］．现代企业教育，2010（14）：1—2.

［27］邓旭周．高校学生事务组织结构的改进与创新［J］．思想理论教育，2007（05）：3.

［28］云炜恒．我国大学生事务管理存在的问题及解决途径［J］．内蒙古师范大学学报，2007（03）：2.

［29］朱炜．发达国家高校学生事务管理比较及其启示［J］．黑龙江高教研究，2003（06）：4.

［30］段珊珊．基于翻转课堂理念线上线下混合式教学实践探索［J］．高校学刊，2017（09）：2—3.

［31］张爽．大数据时代下高校学生事务管理育人研究［J］．现代交际，2018（07）：4.

［32］宫承波．《新媒体概论》．北京：中国广播电视出版社，2009：2.

［33］熊澄宇．中国新媒体与传媒改革：1978—2008［J］．清华大学学报（哲学社会科学版），2010（1）.

［34］陈永东．微信之于微博：是互补而非替代［J］．新闻与写作，2013（4）.

［35］刘钢．我国新媒体产业发展瓶颈及对策［J］．国际贸易，2008

（2）.

［36］汤杏林. 论新媒体时代共青团工作的着力点. 中国青年政治学院学报. 2012（5）.

［37］张耀灿，郑永廷，刘书林，吴潜涛. 现代思想政治教育学［M］. 北京：人民出版社，2001.

［38］毛泽东. 毛泽东著作选读（下册）［M］. 北京：人民出版社，1986.

［39］［德］马克思，恩格斯. 马克思恩格斯全集（第19卷）［M］. 北京：人民出版社，1979.

［40］郭晓科. 大数据［M］. 北京：清华大学出版社，2013.